全国计算机技术与软件专业技术资格（水平）考试指定用书

信息处理技术员
2014至2019年试题分析与解答

全国计算机专业技术资格考试办公室 主编

清华大学出版社
北京

内 容 简 介

信息处理技术员考试是全国计算机技术与软件专业技术资格（水平）考试的初级职称考试，是历年各级考试报名的热点之一。本书汇集了2014至2019年的所有试题和权威解析。欲参加考试的考生认真读懂本书的内容后，将会更加了解考试的出题思路，发现自己的知识薄弱点，使学习更加有的放矢，对提升自己通过考试的信心会有极大的帮助。

本书适合参加信息处理技术员考试的考生备考使用。

本书扉页为防伪页，封面贴有清华大学出版社防伪标签，无标签者不得销售。
版权所有，侵权必究。举报：010-62782989，beiqinquan@tup.tsinghua.edu.cn。

图书在版编目（CIP）数据

信息处理技术员2014至2019年试题分析与解答/全国计算机专业技术资格考试办公室主编. —北京：清华大学出版社，2020.12（2023.1 重印）
全国计算机技术与软件专业技术资格（水平）考试指定用书
ISBN 978-7-302-56919-0

Ⅰ.①信… Ⅱ.①全… Ⅲ.①信息处理－资格考试－题解 Ⅳ.①G202-44

中国版本图书馆 CIP 数据核字(2020)第 226743 号

责任编辑：杨如林
封面设计：常雪影
责任校对：胡伟民
责任印制：丛怀宇

出版发行：清华大学出版社
网　　址：http://www.tup.com.cn, http://www.wqbook.com
地　　址：北京清华大学学研大厦 A 座　　邮　编：100084
社 总 机：010-83470000　　邮　购：010-83470235
投稿与读者服务：010-62776969，c-service@tup.tsinghua.edu.cn
质量反馈：010-62772015，zhiliang@tup.tsinghua.edu.cn
印 装 者：三河市铭诚印务有限公司
经　　销：全国新华书店
开　　本：185mm×230mm　　印　张：22.5　　防伪页：1　　字　数：550 千字
版　　次：2020 年 12 月第 1 版　　　　　　　　印　次：2023 年 1 月第 3 次印刷
定　　价：85.00 元

产品编号：089255-01

前　言

根据国家有关的政策性文件，全国计算机技术与软件专业技术资格（水平）考试（以下简称"计算机软件考试"）已经成为计算机软件、计算机网络、计算机应用、信息系统、信息服务领域高级工程师、工程师、助理工程师、技术员国家职称资格考试。而且，根据信息技术人才年轻化的特点和要求，报考这种资格考试不限学历与资历条件，以不拘一格选拔人才。现在，软件设计师、程序员、网络工程师、数据库系统工程师、系统分析师、系统架构设计师和信息系统项目管理师等资格的考试标准已经实现了中国与日本互认，程序员和软件设计师等资格的考试标准已经实现了中国和韩国互认。

计算机软件考试规模发展很快，年报考规模已超过 50 万人，二十多年来，累计报考人数超过 500 万。

计算机软件考试已经成为我国著名的 IT 考试品牌，其证书的含金量之高已得到社会的公认。计算机软件考试的有关信息见网站 www.ruankao.org.cn 中的资格考试栏目。

对考生来说，学习历年试题分析与解答是理解考试大纲的最有效、最具体的途径之一。

为帮助考生复习备考，全国计算机专业技术资格考试办公室汇集了信息处理技术员 2014 至 2019 年的试题分析与解答，以便于考生测试自己的水平，发现自己的弱点，更有针对性、更系统地学习。

计算机软件考试的试题质量高，包括了职业岗位所需的各个方面的知识和技术，不但包括技术知识，还包括法律法规、标准、专业英语、管理等方面的知识；不但注重广度，而且还有一定的深度；不但要求考生具有扎实的基础知识，还要具有丰富的实践经验。

这些试题中，包含了一些富有创意的试题，一些与实践结合得很好的佳题，一些富有启发性的试题，具有较高的社会引用率，对学校教师、培训指导者、研究工作者都是很有帮助的。

由于作者水平有限，时间仓促，书中难免有错误和疏漏之处，诚恳地期望各位专家和读者批评指正，对此，我们将深表感激。

编　者

目 录

第 1 章　2014 上半年信息处理技术员上午试题分析与解答 1
第 2 章　2014 上半年信息处理技术员上机考试试题分析与解答 25
第 3 章　2014 下半年信息处理技术员上午试题分析与解答 32
第 4 章　2014 下半年信息处理技术员上机考试试题分析与解答 56
第 5 章　2015 上半年信息处理技术员上午试题分析与解答 63
第 6 章　2015 上半年信息处理技术员上机考试试题分析与解答 87
第 7 章　2015 下半年信息处理技术员上午试题分析与解答 94
第 8 章　2015 下半年信息处理技术员上机考试试题分析与解答 116
第 9 章　2016 上半年信息处理技术员上午试题分析与解答 124
第 10 章　2016 上半年信息处理技术员上机考试试题分析与解答 148
第 11 章　2016 下半年信息处理技术员上午试题分析与解答 155
第 12 章　2016 下半年信息处理技术员上机考试试题分析与解答 178
第 13 章　2017 上半年信息处理技术员上午试题分析与解答 185
第 14 章　2017 上半年信息处理技术员上机考试试题分析与解答 206
第 15 章　2017 下半年信息处理技术员上午试题分析与解答 213
第 16 章　2017 下半年信息处理技术员上机考试试题分析与解答 234
第 17 章　2018 上半年信息处理技术员上午试题分析与解答 241
第 18 章　2018 上半年信息处理技术员上机考试试题分析与解答 262
第 19 章　2018 下半年信息处理技术员上午试题分析与解答 269
第 20 章　2018 下半年信息处理技术员上机考试试题分析与解答 290
第 21 章　2019 上半年信息处理技术员上午试题分析与解答 298
第 22 章　2019 上半年信息处理技术员上机考试试题分析与解答 318
第 23 章　2019 下半年信息处理技术员上午试题分析与解答 325
第 24 章　2019 下半年信息处理技术员上机考试试题分析与解答 347

第1章 2014上半年信息处理技术员上午试题分析与解答

试题（1）

以下关于信息和数据的叙述中，不正确的是 __(1)__ 。

（1）A. 信息社会是充满数据的社会

　　B. 数据是新知识的素材

　　C. 信息时代的许多事物可以用数字来度量和操控

　　D. 大数据指的是富含知识的大型数据文件

试题（1）分析

本题考查信息与信息技术基本概念。

信息社会是充满数据的社会，许多事物可以用数字来度量和操控。从数据中往往可以提取知识，因此，也可以说，数据是新知识的素材。大数据是指大量的数据，用传统的数据库系统和工具难以处理，而其中隐藏着有价值的知识等待挖掘。淘宝网天天收到的货物订单，就是大数据。门户网站发布的新闻消息积累起来也是大数据。这些大数据并不一定是大型的数据文件，可能只是大量的数据碎片。每一个数据碎片其价值不一定高，但大量的数据汇总起来，就可能隐藏着重要的价值。人们常说，大数据的价值密度不高就是这个意思。

参考答案

（1）D

试题（2）

以下关于信息化发展的叙述中，不正确的是 __(2)__ 。

（2）A. 信息的传输越来越快捷　　　　　　B. 信息化建设越来越便捷

　　C. 人与人之间的沟通方式越来越多　　D. 信息资源越来越丰富

试题（2）分析

本题考查信息与信息技术基本概念。

现在的世界，信息化程度越来越高，人与人之间的沟通方式越来越多，信息的传输越来越快捷，信息资源越来越丰富。但信息化建设需要根据越来越多的需求，在越来越大的范围内，做好系统规划、系统设计。从单个开发者的系统实施角度看，可能有更多更好的开发工具可用，但从总体上说，系统规划、系统架构设计、系统安全性设计、系统调试等各方面的技术难度应该是更高了。信息化建设不能说越来越快捷，应该说，系统的规模更大了，要求更高了，更需要加强管理，加强组织。

参考答案

（2）B

试题（3）

随着社会信息化程度的提高， __(3)__ 。

(3) A．信息产品和服务的价格逐渐上升，信息消费在总消费额中的比重逐渐上升
　　 B．信息产品和服务的价格逐渐上升，信息消费在总消费额中的比重逐渐下降
　　 C．信息产品和服务的价格逐渐下降，信息消费在总消费额中的比重逐渐上升
　　 D．信息产品和服务的价格逐渐下降，信息消费在总消费额中的比重逐渐下降

试题（3）分析

本题考查信息与信息技术基本概念。

随着社会信息化程度的提高，各种具体的信息产品（例如某一款智能手机）和服务（例如查杀病毒）的价格在逐渐下降，但信息消费的面越来越广，重要性越来越突出，信息消费在总消费额中的比重在逐渐上升。

参考答案

（3）C

试题（4）

四位二进制数（从 0000 到 1111）中，不含连续三位相同数字的数共有　(4)　个。

(4) A．6　　　　　　B．8　　　　　　C．10　　　　　　D．12

试题（4）分析

本题考查数学的应用。

四位二进制数（从 0000 到 1111）共有 16 个。其中，含连续三位数字 0 的有：0000，0001，1000 三个；含连续三位数字 1 的有：1111，1110，0111 三个。因此，不含连续三位相同数字的数共有 10 个。

参考答案

（4）C

试题（5）

某网店今年销售的一种商品 2 月份与 1 月份相比，价格降低了 5%，而销量增加了 5%，因此销售额　(5)　。

(5) A．略有降低　　　B．没有变化　　　C．略有增加　　　D．增加了 10%

试题（5）分析

本题考查数学的应用。

设该网店的这种商品 1 月份的价格为 P，销量为 N，则一月份的销售额为 PN。按照题意，2 月份的价格为 P(1−5%)，二月份的销量为 N(1+5%)，因此，二月份的销售额为 (1−5%)(1+5%)PN=(1−0.0025)PN，比一月份的 PN 略小。

参考答案

（5）A

试题（6）

甲买了 3 条围巾、7 条布带和 1 条毛巾，共花了 32 元。乙买了同样的 4 条围巾、10 条布带和 1 条毛巾，共花了 43 元。丙欲买同样的围巾、布带和毛巾各一条，需要　(6)　元。

(6) A．10　　　　　B．11　　　　　C．17　　　　　D．21

试题（6）分析

本题考查数学的应用。

设围巾、布带和毛巾的单价分别为 a、b 和 c，根据题意，

3a+7b+c=32 ①，4a+10b+c=43 ②

②−①得 a+3b=11，所以 3a+9b=33 ③

②−③得 a+b+c=10。

参考答案

（6）A

试题（7）

数据收集的基本原则中不包括__(7)__。

（7）A．符合时间要求　B．符合统计结果　　C．按计划进行　　D．数据真实

试题（7）分析

本题考查信息处理基础知识。

数据收集的基本原则包括：收集的数据必须符合规定的时间要求，要按计划收集，数据要真实可靠。数据收集时并不知道统计的结果，待数据收集、整理、输入、加工、统计分析以后，才能获得统计结果。如果按照预设的统计结果来收集数据，那么，这种统计就是虚假的。社会上存在这种虚假统计的情况，其中必然隐藏着某种企图，这是我们必须反对的。

参考答案

（7）B

试题（8）

信息系统中信息的存储结构有两类：集中式存储和分布式存储。与分布式存储比较，集中式存储的优点是__(8)__。

（8）A．信息安全性强　　　　　　　　　　B．系统健壮性强
　　　C．网络传输量少　　　　　　　　　　D．便于管理维护

试题（8）分析

本题考查信息处理基础知识。

信息系统中信息的存储结构有两类：集中式存储和分布式存储。集中式存储要求将系统中的主要数据都集中存放在数据中心，这样做的好处当然是便于统一管理和维护。但是，一旦数据中心的机器或存储器出故障，数据就容易出问题，安全性不强。系统也会停止运行，系统的健壮性也不强。各个部门都需要向数据中心上传数据，也都需要从数据中心下载数据，网络传输量就很大，甚至经常发生拥堵。

参考答案

（8）D

试题（9）

若企业今年 4 月份的销售额与 3 月份相比增加了 5%，我们就说 4 月份销售额__(9)__增加了 5%。

（9）A．同比　　　　　　B．环比　　　　　　C．正比　　　　　　D．反比

试题（9）分析

本题考查信息处理基础知识。

在统计上，同比就是同去年同期相比，环比就是同上个参考期相比，一般就是上个月。从字义上就可区分，环就是连续的意思，同就是同期。若企业今年4月份的销售额与3月份相比增加了5%，我们就说4月份销售额环比增加了5%。

参考答案

（9）B

试题（10）

联机事务处理是指利用计算机对企业日常业务活动进行处理。为了 （10） ，除了进行联机事务处理外，还需要对数据进行联机分析处理。

（10）A．提高工作效率　　　　　B．动态反映数据处理情况
　　　　C．增强企业竞争力　　　　D．提高数据准确度

试题（10）分析

本题考查信息处理基础知识。

联机事务处理是指利用计算机对企业日常业务活动进行处理。与人工处理相比较，其优点是提高工作效率，动态反映数据处理情况，提高数据的准确度。但要提高企业竞争力，则还需要对数据进行联机分析处理，对决策提供支持。

参考答案

（10）C

试题（11）

最终用户通过信息系统的 （11） 使用信息系统。

（11）A．内核　　B．数据库　　C．底层功能　　D．人机交互界面

试题（11）分析

本题考查信息处理基础知识。

最终用户通过信息系统的人机交互界面使用信息系统。用户输入数据，操作加工数据，系统会提示有关的操作，并显示处理情况。在用户与信息系统的会话过程中，完成所需的处理。

参考答案

（11）D

试题（12）

信息检索的作用不包括 （12） 。

（12）A．获取知识的捷径　　　　B．创新思维的源泉
　　　　C．科学研究的向导　　　　D．终身教育的基础

试题（12）分析

本题考查信息处理基础知识。

在网络时代，信息检索是获取知识的重要途径。通过信息检索，了解所关心领域科学研究的进展和存在的问题，目前各国探索的情况等，这些都可以作为科学研究的向导。网上的

知识，包括许多教学课程，都是终身教育所需的。终身教育需要经常搜索这些知识和课程。信息检索虽然对创新思维有一定的启发作用，但不能称为创新思维的源泉。创新思维的源泉应该是实际应用的需求，或者遇到的问题和障碍，再经过反复思考、推理、计算、探索，有所顿悟。

参考答案

（12）B

试题（13）

信息加工后就要进行信息输出。设计信息输出时，首先要__（13）__。

（13）A．确定需要输出的内容　　B．决定使用的输出设备

　　　C．明确输出的要求　　　　D．决定信息输出的形式

试题（13）分析

本题考查信息处理基础知识。

设计信息系统的输出时，需要确定输出的内容，决定使用的输出设备，决定信息输出的形式，但这些都需要有前提，就是要明确输出的要求。要根据实际应用对输出的要求，来决定输出的内容、输出的设备和输出的形式。

参考答案

（13）C

试题（14）

以下关于实时系统的叙述中，不正确的是__（14）__。

（14）A．实时系统的任务具有一定的时间约束

　　　B．多数实时系统对可靠性要求较低

　　　C．实时系统的正确性依赖系统计算的逻辑结果和产生这个结果的时间

　　　D．实时系统能对实时任务的执行时间进行判断

试题（14）分析

本题考查信息处理基础知识。

实时系统要求对用户发出的请求快速响应。例如，联机订购飞机票时，用户发出订票信息后，要求系统能尽快答复是否有票，如有票，则要求立即出票或立即订座。又例如，导弹的控制系统，要求在导弹飞行过程中，不断根据当前的情况立即改变导弹的飞行参数。因此，实时系统的任务具有一定的时间约束（响应时间的要求）。为此，实时系统要能对实时任务的执行时间进行判断。实时系统执行结果的正确性依赖于系统计算的逻辑结果和产生这个结果的时间，如果产生结果的时间超出预期时，该结果就可能没有用了。实时系统对系统可靠性的要求更高。实时控制系统的不可靠将会产生难以估量的问题。

参考答案

（14）B

试题（15）

计算机硬件的"即插即用"功能意味着__（15）__。

（15）A．光盘插入光驱后即会自动播放其中的视频和音频

B. 外设与计算机连接后用户就能使用外设
C. 在主板上加插更多的内存条就能扩展内存
D. 计算机电源线插入电源插座后，计算机便能自动启动

试题（15）分析

本题考查计算机硬件基础知识。

计算机硬件的"即插即用"功能意味着外设与计算机连接后用户就能使用外设，也就是说，计算机系统能自动识别新插入的硬件，并自动选择相应的驱动程序。例如，各种U盘、移动硬盘、数码设备等，插入USB口后，就能直接使用。

参考答案

（15）B

试题（16）

以下关于计算机硬件的叙述中，不正确的是 __(16)__ 。

（16）A. 四核是指主板上安装了4块CPU芯片
　　　B. 主板上留有USB接口
　　　C. 移动硬盘通过USB接口与计算机连接
　　　D. 内存条插在主板上

试题（16）分析

本题考查计算机硬件基础知识。

四核处理器意味着一块处理器芯片中含有4个能并行处理的CPU，用以加快程序的运行。现在流行的微机一般都是多核的，主板上一般都留有插内存条的槽口，一般都留有USB接口。U盘以及移动硬盘等都可以通过USB接口与计算机相连。

参考答案

（16）A

试题（17）

以下关于喷墨打印机的叙述中，不正确的是 __(17)__ 。

（17）A. 喷墨打印机属于击打式打印机
　　　B. 喷墨打印机需要使用专用墨水
　　　C. 喷墨打印机打印质量和速度低于激光打印机
　　　D. 喷墨打印机打印质量和速度取决于打印头喷嘴数量和喷射频率

试题（17）分析

本题考查计算机硬件基础知识。

喷墨打印机依靠打印头上的多个喷嘴喷出墨水的点阵形成字符或图像，其打印质量和速度取决于打印头上喷嘴的数量和喷射的频率，一般低于激光打印机而高于针式打印机，采用的墨水是专用的。喷墨打印机属于非击打式打印机。击打式打印机包括针式、锤式、鼓式打印机，针式打印机依靠多个钢针打印点阵，常用于三联单票据的打印。早期的菊花瓣打印机依靠选择字符模锤直接打印字符（现已淘汰），行式打印机依靠转动带有字符模的鼓逐行打印（早期计算中心采用）。

参考答案

(17) A

试题 (18)

__(18)__ 是一种主要基于移动终端的多功能移动通信工具，支持多人聊天、位置信息服务、视频通话、在线支付等。

(18) A. 微信　　　B. 微博　　　C. 博客　　　D. 播客

试题 (18) 分析

本题考查计算机软件基础知识。

微信是一种主要基于移动终端（智能手机、平板电脑等）的多功能移动通信工具，支持多人聊天、位置信息服务、视频通话、在线支付等。现在，全国已有半数人在使用微信，对人际交流、科普、商业应用发挥着巨大的作用。

参考答案

(18) A

试题 (19)

__(19)__ 用黑白矩形图案表示二进制数据，用手机扫描后可获取包括图像的相关信息。

(19) A. 条形码　　　B. 二维码　　　C. Flash 动画　　　D. 数字化图形

试题 (19) 分析

本题考查计算机软件基础知识。

二维码用黑白矩形图案表示二进制数据，用手机扫描后可获取包括图像的相关信息。现在已逐步流行于广告、宣传品、名片等场合。

参考答案

(19) B

试题 (20)

软件升级或更新的类型不包括 __(20)__ 。

(20) A. 安装新版本软件，增加新功能，提高性能
　　B. 安装补丁，替代已安装软件中的部分代码
　　C. 安装服务包，修正发现的错误和处理漏洞
　　D. 安装插件，增添模板、工具箱中的工具等

试题 (20) 分析

本题考查计算机软件基础知识。

软件升级或更新的类型包括：①安装新版软件，以便增加新功能，提高性能；②安装补丁，以便替代已安装软件中的部分代码；③安装服务包，以便修正发现的错误和处理漏洞。用户可以根据应用需求，随时安装插件，增添模板以及工具箱中的工具。这些工作不属于软件升级或软件更新。

参考答案

(20) D

试题（21）

以下关于计算机维护的叙述中，不正确的是__(21)__。

(21) A．许多部件会产生热量，温度过高会导致部件和芯片老化

B．多数台式计算机的电源上安装了散热风扇

C．需要定期清除风扇上的灰尘和污垢

D．需要定期用喷雾清洁剂直接对机箱内和屏幕进行清洗

试题（21）分析

本题考查计算机维护常识。

计算机的许多部件使用时会产生热量，温度过高会导致部件和芯片老化。为此，多数台式计算机的电源上安装了散热风扇。但这种风扇容易累积灰尘，降低效率，增大噪声，为此，需要定期清除风扇上的灰尘和污垢。不能用喷雾清洁剂直接对机箱内和屏幕进行清洗，那样会腐蚀、损伤电子设备。

参考答案

(21) D

试题（22）

为将报纸上一篇文章输入计算机以便做文摘，可以__(22)__。

(22) A．用数码相机拍照，再将文件传输到计算机

B．用数字化仪将该文章输入计算机形成文件

C．用扫描仪将该文章扫描形成磁盘文件保存

D．用扫描仪进行扫描，再用软件做文字识别

试题（22）分析

本题考查计算机使用常识。

为将报纸上一篇文章输入计算机，形成文档，供文字处理使用，可以先用扫描仪进行扫描，形成图像文件，再用文字识别软件做文字识别，形成文档。如果文章的篇幅较大，扫描加识别的办法比手工直接录入方便得多。虽然现在的印刷字符识别率仍不能达到100%，但毕竟远远高于手写体的识别率。文字识别后，只要经过适当校对编辑，就能达到要求。这种方法现在也比较常用，也很有效。

参考答案

(22) D

试题（23）

容灾的目的是__(23)__。

(23) A．数据备份　　　　　　B．保持信息系统持续运行的能力

C．规范数据使用　　　　D．防范信息系统漏洞

试题（23）分析

本题考查信息系统维护基础知识。

信息系统很容易受到各种灾难的威胁。为使信息系统在灾难中尽量减少损失，并迅速恢复运行，需要采用容灾技术，以便保持信息系统持续运行的能力。容灾包括数据级容灾、应

用级容灾和业务级容灾。国家多个部门发布了《重要信息系统灾难恢复指南》和《信息系统灾难恢复规范》，这是保护信息系统的重要措施。

参考答案

（23）B

试题（24）

关于计算机操作系统的引导，以下叙述中，不正确的是__(24)__。

(24) A．计算机的引导程序驻留在 ROM 中，开机后便自动执行
　　 B．引导程序先做关键部件的自检，并识别已连接的外设
　　 C．引导程序会将硬盘中存储的操作系统全部加载到内存
　　 D．若计算机中安装了双系统，引导程序会与用户交互加载有关系统

试题（24）分析

本题考查计算机使用知识。

个人计算机开机后，首先要进行操作系统的引导，包括自动执行驻留在 ROM 中的引导程序；对关键部件进行自检，识别已连接的外设，将操作系统内核调入内存运行并常驻。若计算机中安装了双操作系统，引导程序会与用户交互选择加载指定的系统。

操作系统很大，常驻内存的只是操作系统内核，其他部分只在需要时才调入，不需要时可以被其他部分覆盖。

参考答案

（24）C

试题（25）

以下关于操作系统中回收站的叙述中，不正确的是__(25)__。

(25) A．回收站是操作系统自动建立的磁盘文件夹
　　 B．回收站中的文件不能直接双击打开
　　 C．用户修改回收站的属性可调整其空间大小
　　 D．操作系统将自动对回收站中的文件进行分析，挖掘出有价值的信息

试题（25）分析

本题考查计算机使用知识。

回收站是操作系统自动建立的磁盘文件夹。凡是删除的文件，默认存入回收站。在回收站中双击文件名，可以打开该文件查看其内容。在回收站中的文件可以被彻底删除，也可以被恢复。清空回收站则彻底地删除了其中的全部文件。回收站的大小可以由用户调整（修改回收站的属性）。操作系统不会对回收站中的文件内容进行分析。

参考答案

（25）D

试题（26）

PDF 格式和 RM 格式的文件可以分别用软件__(26)__打开。

(26) A．Acrobat Reader 和 RealMedia Player　　B．MS Word 和 Flash
　　 C．MS Excel 和 3D Max　　　　　　　　　D．Photoshop 和 CorelDraw

试题（26）分析

本题考查计算机使用常识。

PDF 格式和 RM 格式是两种常见的文件格式。PDF 格式的文件是只读的，不让阅读者编辑修改再利用，这有利于保护知识产权。PDF 格式的文件可以用 Acrobat Reader 软件打开阅读并打印。RM 格式是一种视频格式，现在流行的播放器一般都能打开播放 RM 格式的视频。RealMedia Player 是常用的视频播放器之一。

参考答案

（26）A

试题（27）

在 Windows 7 中，__（27）__可以让用户方便快捷地查看笔记本电脑的电池用量、调节笔记本电脑的屏幕亮度、打开或关闭无线网卡等。

(27) A．Windows 移动中心　　　　　　B．设备管理器
　　　C．屏幕显示管理　　　　　　　　D．账户管理

试题（27）分析

本题考查 Windows 7 基础知识。

Windows 移动中心是 Win 7 系统专门为笔记本设置的一个功能模块，通过这个功能模块，可以非常快捷的设置显示器亮度、声音音量、电源状态、无线网络、屏幕输出模式、同步功能以及投影演示等相关功能。

参考答案

（27）A

试题（28）

在 Windows 7 中，下列关于屏幕显示管理的叙述中，不正确的是__（28）__。

(28) A．Windows 7 系统能帮助用户为显示器选择标准的分辨率设置
　　　B．显示器的刷新频率固定为 60Hz，不能进行更改
　　　C．校准显示器的颜色可以确保屏幕呈现相对正确的色彩
　　　D．可以对显示的文本大小进行单独调节，不需要通过降低显示器分辨率来增大文本的显示尺寸

试题（28）分析

本题考查屏幕显示管理基础知识。

60Hz 是 LCD 显示器的最佳设置。目前，较新的 LCD 显示器在中等分辨率下都能提供高于 70Hz 的刷新频率设置，用户可以根据实际需要设置刷新频率，以满足实际使用的需要。

参考答案

（28）B

试题（29）

在 Windows 7 中，下列关于"操作中心"的叙述中，不正确的是__（29）__。

(29) A．"操作中心"能对系统安全防护组件的运行状态进行跟踪监控
　　　B．"操作中心"比过去的"安全中心"增加了维护功能，可对运行状态进行监控

C."操作中心"对消息提示方式进行了改进，使其更加人性化
D."操作中心"不能关闭 Windows 7 自带的防火墙程序

试题（29）分析

本题考查 Windows 基础知识。

操作中心能够对系统安全防护组件的运行状态进行跟踪监控，如 Windows 防火墙、用户账户控制、病毒防护软件，相对于过去的"安全中心"还增加了对维护功能运行状态的监控，如疑难解答、问题报告等。

参考答案

（29）D

试题（30）

用网址 http://www.rkb.gov.cn/浏览网页时采用的网络协议是__（30）__。

（30）A．HTTP   B．FTP   C．WWW   D．HTTPS

试题（30）分析

本题考查网络基础知识。

浏览器一般情况下使用 HTTP（超文本传输协议）协议来加载网页中的文件及缓存信息，一些重要的需要保护的网页使用 HTTPS 协议来进行加载。

参考答案

（30）A

试题（31）

下列关于 TCP/IP 协议的叙述中，不正确的是__（31）__。

（31）A．地址解析协议 ARP/RARP 属于应用层
　　　　B．TCP、UDP 协议都要通过 IP 协议来发送、接收数据
　　　　C．UDP 协议提供简单的无连接服务
　　　　D．TCP 协议提供可靠的面向连接服务

试题（31）分析

本题考查网络基础知识。

地址解析协议（Address Resolution Protocol，ARP）是在仅知道主机 IP 地址时确定其物理地址的一种协议。其主要作用是将 IP 地址翻译为以太网的 MAC 地址，但其也能在 ATM 和 FDDIIP 网络中使用。从 IP 地址到物理地址的映射有两种方式：表格方式和非表格方式。ARP 具体来说就是将网络层（IP 层，也就是相当于 OSI 的第三层）地址解析为数据连接层（MAC 层，也就是相当于 OSI 的第二层）的 MAC 地址。

参考答案

（31）A

试题（32）

下列关于有损压缩和无损压缩的叙述中，不正确的是__（32）__。

（32）A．无损压缩的压缩率不高   B．有损压缩是一种可逆压缩方式
　　　　C．BMP 属于无损图像压缩格式   D．有损压缩的数据还原后信息有失真

试题（32）分析

本题考查多媒体基础知识。

无损压缩是对文件本身的压缩，和其他数据文件的压缩一样，是对文件的数据存储方式进行优化，采用某种算法表示重复的数据信息。文件可以完全还原，不会影响文件内容。对于数码图像而言，也就不会使图像细节有任何损失。

有损压缩是对图像本身的改变，在保存图像时保留了较多的亮度信息，而将色相和色纯度的信息和周围的像素进行合并，合并的比例不同，压缩的比例也不同。由于信息量减少了，所以压缩比可以很高，图像质量也会相应地下降。

参考答案

（32）B

试题（33）

下列关于 Word 文本编辑的叙述中，不正确的是 __（33）__ 。

（33）A．移动文本是将文本从一个位置转移到另一个位置，属于文本的绝对移动

B．复制文本是将该文本的副本移动到其他位置，属于文本的相对移动

C．将光标定位在需要删除文本的结尾处，按 Backspace 键可从前往后删除文本

D．多次使用撤销命令可以依次撤销刚做的多次操作

试题（33）分析

本题考查 Word 基础知识。

将光标定位在需要删除文本的结尾处，按 Backspace 键只能从后往前依次删除字符。

参考答案

（33）C

试题（34）

下列关于 Word 2007 查找和替换的叙述中，不正确的是 __（34）__ 。

（34）A．查找和替换命令可以可在所选文本块中查找和替换全部文本

B．使用查找命令可以设置忽略大小写字母的区别

C．在查找选项组中可以设置使用通配符

D．使用查找命令时，不能忽略空格，查找结果会受到空格的影响

试题（34）分析

本题考查 Word 基础知识。

Word 2007 查找和替换查找内容时将忽略空格，因此查找结果不会受空格的影响。

参考答案

（34）D

试题（35）

下列关于 Word 文本格式设置的叙述中，不正确的是 __（35）__ 。

（35）A．字号度量单位主要包括"号"与"磅"两种

B．字体效果中的上标功能可以缩小并抬高指定的文字

C．纵横混排是将选中的字符按照上下两排的方式进行显示

D．除可使用系统自带的水印效果外，还可自定义图片水印和文字水印效果

试题（35）分析

本题考查 Word 基础知识。

纵横混排可以改变选中文本的排列方向，由原来的纵向变为横向，原来的横向变为纵向。

参考答案

（35）C

试题（36）

下列关于 Word 分栏设置的叙述中，不正确的是__（36）__。

（36）A．文档中不能单独对某段文本进行分栏设置

B．用户可以根据版式需求设置不同的栏宽

C．设置栏宽时，间距值会自动随栏宽值的变动而改变

D．分栏下的偏左命令可将文档竖排划分，且左侧的内容比右侧的少

试题（36）分析

本题考查 Word 基础知识。

分栏是指把选中的文字或段落模块化，使之符合实际需要或视觉上的美化作用。如使用 Word 制作简报、宣传海报的时候，为了内容的需要，经常会把 Word 文档分成两栏或者三栏。

参考答案

（36）A

试题（37）

Word 2007 默认的文件扩展名是__（37）__。

（37）A．dot　　　　B．doc　　　　C．docx　　　　D．dacx

试题（37）分析

本题考查 Word 基础知识。

Word 2007 之前的 Word 的默认扩展名是".doc"，Word 2007 及之后的 Word 的默认扩展名是".docx"。

参考答案

（37）C

试题（38）

在关闭 Word 时，如果有编辑后未存盘的文档，则__（38）__。

（38）A．系统会直接关闭

B．系统自动弹出是否保存的提示对话框

C．系统会自动将文档保存在桌面

D．系统会自动将文档保存在当前文件夹中

试题（38）分析

本题考查 Word 基础知识。

关闭 Word 时，如果有编辑后未存盘的文档，则系统自动弹出是否保存的提示对话框，供用户选择是否保存以及保存的地方。

参考答案

（38）B

试题（39）

在 Word 的编辑状态下，连续进行了多次"插入"操作，当单击一次"撤销"命令后，则___（39）___。

（39）A．多次插入的内容都会被撤销

B．第一次插入的内容会被撤销

C．最后一次插入的内容会被撤销

D．多次插入的内容都不会被撤销

试题（39）分析

本题考查 Word 基础知识。

在 Word 的编辑状态下，点击一次撤销命令将对最后一次操作的内容进行撤销，点击两次撤销命令就会对最后两次操作的内容进行撤销，依次类推。

参考答案

（39）C

试题（40）

假设当前已打开一个 Word 文档，若再打开另一个 Word 文档，则___（40）___。

（40）A．已打开的 Word 文档被自动关闭

B．后打开的 Word 文档内容在先打开的 Word 文档中显示

C．无法打开，应先关闭已打开的 Word 文档

D．两个 Word 文档会同时打开，后打开的 Word 文档为当前文档

试题（40）分析

本题考查 Word 基础知识。

Windows 允许用户同时打开多个 Word 文档，最后一次打开的文档为当前文档。如果用户对某个打开的文档进行了编辑，则正在编辑的文档为当前文档。

参考答案

（40）D

试题（41）

在 Excel 中，___（41）___是组成工作表的最小单位。

（41）A．字符　　　　B．工作簿　　　　C．单元格　　　　D．窗口

试题（41）分析

本题考查 Excel 基础知识。

Excel 中的每一张工作表都是由多个"存储单元"（单元格）组成。这是 Excel 最小的单位。输入的数据就保存在这些单元格中。这组数据可以是字符串、数字、日期、公式等不同类型的内容。

参考答案

（41）C

试题（42）

在 Excel 工作表中，第 5 列第 8 行单元格的地址表示为 __(42)__ 。

（42）A．E8　　　　B．58　　　　C．85　　　　D．8E

试题（42）分析

本题考查 Excel 基础知识。

Excel 使用字母标识列，从 A 到 IV，共 256 列，这些字母称为列标；使用数字标识行，从 1 到 65536，共 65536 行。每个单元格通过"列标+行号"来表示单元格的位置。如：E8，就表示第 5 列第 8 行的单元格。

参考答案

（42）A

试题（43）

在 Excel 中，下列符号属于比较运算符的是 __(43)__ 。

（43）A．&　　　　B．^　　　　C．<>　　　　D．：

试题（43）分析

本题考查 Excel 基础知识。

运算符用来对公式中的各元素进行运算操作。Excel 包含算术运算符、比较运算符、文本运算符和引用运算符 4 种类型。

（1）算术运算符：算术运算符用来完成基本的数学运算，如+（加）、–（减）、*（乘）、/（除）、%（百分比）、^（乘方）。

（2）比较运算符：比较运算符用来对两个数值进行比较，产生的结果为逻辑值 True（真）或 False（假）。比较运算符有=（等于）、>（大于）、<（小于）、>=（大于等于）、<=（小于等于）、<>（不等于）。

（3）文本运算符：文本运算符"&"用来将一个或多个文本连接成为一个组合文本。例如"Micro" & "soft"的结果为"Microsoft"。

（4）引用运算符：引用运算符用来将单元格区域合并运算。引用运算符为：

区域（冒号），表示对两个引用之间，包括两个引用在内的所有区域的单元格进行引用，例如，SUM(BI:D5)。

联合（逗号），表示将多个引用合并为一个引用，例如，SUM(B5, B15, D5, D15)。

交叉（空格），表示产生同时隶属于两个引用的单元格区域的引用。

参考答案

（43）C

试题（44）

在 Excel 中，若 A1、A2、B1、B2 单元格中的值分别为 100、50、30、20，在 B3 单元格中输入函数"=IF(A1<=60,A2,B2)"，按回车键后，则 B3 单元格中的值为 __(44)__ 。

（44）A．100　　　　B．50　　　　C．30　　　　D．20

试题（44）分析

本题考查 Excel 基础知识。

函数 "=IF(A1<=60,A2,B2)" 的含义是如果 A1 单元格中的值小于等于 60，就返回 A2 单元格中的值；否则返回 B2 单元格中的值。题目中 A1 单元格中的值为 100，大于 60，因此返回 B2 单元格中的值 20。

参考答案

（44）D

试题（45）

在 Excel 中，若 A1 单元格的格式为 000.00，在该单元格中输入数值 36.635，按回车键后，则 A1 单元格中的值为__（45）__。

（45）A．36.63　　　　B．36.64　　　　C．036.63　　　　D．036.64

试题（45）分析

本题考查 Excel 基础知识。

格式为 000.00 的含义是保留 5 位有效数字，且小数点后保留 2 位小数，并进行四舍五入计算，因此 36.635 计算后的结果为 036.64。

参考答案

（45）D

试题（46）

在 Excel 中，若 A1、B1 单元格中的值分别为 80、35，在 A2 单元格中输入函数 "=IF(and(A1>70,B1>30),"及格","不及格")"，按回车键后，则 A2 单元格中的值为__（46）__。

（46）A．及格　　　　B．不及格　　　　C．True　　　　D．False

试题（46）分析

本题考查 Excel 基础知识。

函数 "=IF(and(A1>70,B1>30),"及格","不及格")" 的含义是：若 A1 单元格中的值大于 70 且 B1 单元格中的值大于 30 为及格，否则不及格。题目中 A1 单元格中的值为 80，大于 70，B1 单元格中的值 35，大于 30，因此返回的结果为 "及格"。

参考答案

（46）A

试题（47）～（50）

在 Excel 中，A1 到 C3 单元格中的值如下图所示：

	A	B	C
1	10	20	30
2	30	20	10
3	50	40	30

在 D1 单元格中输入公式 "=B1+C1"，按回车键后，则 D1 单元格中的值为__（47）__；
将 D1 单元格中的公式复制到 D2 单元格中，按回车键后，则 D2 单元格中的值为__（48）__；
在 D3 单元格中输入众数函数 "=MODE(A1:C3)"，按回车键后，则 D3 单元格中的值为__（49）__；
在 D4 单元格中输入函数 "=SUM(A1:C3)-MAX(A1:C3)–MIN(A1:C3)^2"，按回车键后，则 D3 单元格中的值为__（50）__。

（47）A．20　　　　B．30　　　　C．40　　　　D．50

(48) A. 20 B. 30 C. 40 D. 50
(49) A. 20 B. 30 C. 40 D. 50
(50) A. 10 B. 50 C. 90 D. 180

试题（47）～（50）分析

本题考查 Excel 基础知识。

公式"=B1+C1"的含义是计算 B1 单元格和 C1 单元格的和，题目中 B1 单元格的值为 20，C1 单元格中的值为 30，因此计算结果为 50。

将 D1 单元格中的公式复制到 D2 单元格中，因为是相对引用，单元格的地址会发生相应的变化，公式复制后变为"=B2+C2"。题目中 B2 单元格的值为 20，C2 单元格中的值为 10，因此计算结果为 30。

函数"=MODE(A1:C3)"的含义是返回 A1:C3 单元格中出现频率最多的数值，计算结果为 30。

函数"=SUM(A1:C3)–MAX(A1:C3)–MIN(A1:C3)^2"的含义是 A1:C3 单元格区域的和减去 A1:C3 单元格区域的最大值减去 A1:C3 单元格区域最小值的平方，计算结果为 90。

参考答案

（47）D （48）B （49）B （50）C

试题（51）

在 Excel 中，设 A1 单元格中的值为 information，若在 A2 单元格中输入文本函数"=RIGHT(A1,4)"，按回车键后，则 A2 单元格中的值为__（51）__。

(51) A. info B. orma C. tion D. rmat

试题（51）分析

本题考查 Excel 基础知识。

RIGHT 的功能是从字符串右端取指定个字符。函数"=RIGHT(A1,4)"的含义是从 information 右端取 4 个字符，因此结果为"tion"。

参考答案

（51）C

试题（52）

在 Excel 中，设 A1 单元格中的值为 2014-5-24，若在 A2 单元格中输入日期函数"=DAY(A1)"，按回车键后，则 A2 单元格中的值为__（52）__。

(52) A. 2014-5-24 B. 2014 C. 5 D. 24

试题（52）分析

本题考查 Excel 基础知识。

DAY 函数的作用是将指定单元格中的日期（年-月-日）取其中的日值。函数"=DAY(A1)"的含义是显示出 A1 单元格中的日值，计算结果为 24。

参考答案

（52）D

试题（53）

在 PowerPoint 中，执行插入新幻灯片的操作后，被插入的幻灯片将出现在__（53）__。

(53) A．当前幻灯片之前　　　　　B．当前幻灯片之后
　　　C．最前　　　　　　　　　　D．最后

试题（53）分析

本题考查 PowerPoint 基础知识。

在 PowerPoint 中，执行插入新幻灯片的操作后，被插入的幻灯片将出现在当前幻灯片之后。

参考答案

（53）B

试题（54）

在 PowerPoint 中，不属于文本占位符的是__（54）__。

(54) A．标题　　　　B．副标题　　　　C．图表　　　　D．普通文本框

试题（54）分析

本题考查 PowerPoint 基础知识。

在母版中预先定义好各种各样的版式有利于方便制作过程中迅速调用。各种各样的版式可能都会有标题和文本框，但不同的版式中定义的位置、大小、字体和颜色都不太相同。占位符就是在编辑"母版"过程中预先定义输入标题、文本、图片、表格、SmartArt 图形和图表的地方。

参考答案

（54）C

试题（55）

PowerPoint 可以通过插入__（55）__来完成统计、计算等功能。

(55) A．图表　　　　B．Excel 表格　　　　C．所绘制的表格　　　　D．Smart 图形

试题（55）分析

本题考查 PowerPoint 基础知识。

Office 系列软件中的 Excel 具有强大的统计和计算功能，PowerPoint 没有统计和计算功能。用户需要在 PowerPoint 中进行统计和计算时，可以插入 Excel 表格来完成。

参考答案

（55）B

试题（56）

有时 PowerPoint 中的幻灯片内容充实，但每张幻灯片中的表格和数据太多，放映时给人非常凌乱的视觉感受。为使其能给人优美的视觉感受，合理的做法是__（56）__。

(56) A．用动画分批展示表格和数据
　　　B．减小字号，重新排版，以容纳所有表格和数据
　　　C．制作统一的模板，保持风格一致
　　　D．以多种颜色和不同的背景图案展示不同的表格

试题（**56**）分析

本题考查 PowerPoint 基础知识。

PPT 广泛应用于培训、演讲、讲座、开会等场合，可使展示的内容更加形象生动、简洁而有条理。因此，幻灯片的整体布局应力求简洁、专业和清晰；文本规范；图表清晰合理，服务于整个内容。若图表较多，又确实需要保留，则可采用动画进行分批展示。要有效控制并减少颜色的应用，突出报告内容，达到整齐划一的效果。

参考答案

（56）A

试题（**57**）

关系代数运算是以集合操作为基础的运算，其5种基本运算是并、差、__(57)__、投影和选择。

（57）A．交　　　　　B．连接　　　　　C．逻辑运算　　　　　D．笛卡尔积

试题（**57**）分析

本题考查数据库基础知识。

关系代数运算是以集合操作为基础的运算，其5种基本运算是并、差、笛卡尔积、投影和选择。

参考答案

（57）D

试题（**58**）

在一个含有教师、所在学院、性别等字段的数据库中，若要统计每个学院男女教师的人数，应使用__(58)__。

（58）A．选择查询　　　B．操作查询　　　C．参数查询　　　D．交叉表查询

试题（**58**）分析

本题考查数据库基础知识。

在一个含有教师、所在学院、性别等字段的数据库中，若要统计每个学院男女教师的人数，应使用选择查询。

参考答案

（58）A

试题（**59**）

在数据库处理过程中，执行语句 S=int(50*rnd)后，S 的值是__(59)__。

（59）A．[0,49]的随机整数　　　　　B．[0,50]的随机整数
　　　　C．[1,49]的随机整数　　　　　D．[1,50]的随机整数

试题（**59**）分析

本题考查数据库基础知识。

rnd 是产生 0<S<1 之间的随机整数，因此，语句 S=int(50*rnd)中的含义是产生 0≤S<50 之间的随机整数，即为 0,1,…,49 中随机选择的一个。

参考答案

(59) A

试题（60）

影响信息系统中信息安全的因素一般不包括__(60)__。

(60) A．自然因素（自然灾害、自然损坏、环境干扰等）
　　　B．系统崩溃（系统死锁、系统拥挤堵塞等）
　　　C．误操作、无意泄露
　　　D．非法访问、窃取、篡改、传播计算机病毒

试题（60）分析

本题考查信息安全常识。

影响信息系统信息安全的因素一般包括：自然因素（自然灾害、自然损坏、环境干扰等）、非法访问、窃取、篡改、传播计算机病毒，以及误操作、无意泄露等。系统崩溃（系统死锁、系统拥挤堵塞等）时，常由系统操作员采取特殊的措施（例如，修改作业优先级或修改作业运行优先策略，终止某些作业运行，增加某些资源，重新启动系统等），不算安全威胁因素。

参考答案

(60) B

试题（61）

计算机机房的环境要求中一般不包括__(61)__。

(61) A．将温度控制在一定范围　　　B．将湿度控制在一定范围
　　　C．将噪声控制在一定范围　　　D．避免较大的震动和冲击

试题（61）分析

本题考查计算机维护常识。

计算机机房的环境要求一般包括：将温度和湿度控制在一定范围，避免较大的震动和冲击（附近有放炮、爆破等），供电比较稳定等，一般并没有对噪声控制的要求。

参考答案

(61) C

试题（62）

电信业务经营者、互联网信息服务提供者在提供服务的过程中收集、使用用户个人信息时，应当遵循的原则中不包括__(62)__。

(62) A．合法原则　　B．正当原则　　C．必要原则　　D．充分原则

试题（62）分析

本题考查有关的法律法规知识。

不论什么单位，按职能收集用户个人信息时，应当遵循以下三条原则：合法原则、正当原则、必要原则（只能收集相关工作所必要的信息，不能收集对相关工作无关的信息）。

参考答案

(62) D

试题（63）

根据国务院 2012 年颁发的通知，节能环保、新一代信息技术、生物、高端装备制造、新能源、新材料、新能源汽车等产业列入 (63) 。

(63) A．国民经济支柱产业　　　　　　B．国民经济先导产业
　　　C．国家战略性新兴产业　　　　　D．国民经济基础性产业

试题（63）分析

本题考查有关的法律法规知识。

根据国务院 2012 年颁发的通知，节能环保、新一代信息技术、生物、高端装备制造、新能源、新材料、新能源汽车等产业列入国家战略性新兴产业，重点支持其发展。

参考答案

(63) C

试题（64）

2013 年，国务院发布了《关于促进 (64) 扩大内需的若干意见》的文件。这是有效拉动需求，催生新的经济增长点，促进消费升级、产业转型和民生改善的重大举措。

(64) A．信息消费　　　B．电子消费　　　C．信息产业　　　D．软件产业

试题（64）分析

本题考查有关的法律法规知识。

2013 年，国务院发布了《关于促进信息消费扩大内需的若干意见》的文件。这是有效拉动需求，催生新的经济增长点，促进消费升级、产业转型和民生改善的重大举措。

参考答案

(64) A

试题（65）

为调查居民上下班出行的交通方式，宜采用 (65) 调查方法。

(65) A．报刊问卷　　　B．人员访问式　　　C．邮寄式问卷　　　D．网上问卷

试题（65）分析

本题考查信息处理实务知识。

为调查居民上下班出行的交通方式，宜采用网上问卷调查方法。这种方式，调查的面比较大，成本比较低，效果比较好。报刊问卷和邮寄式问卷的回收率很低，人们已不大习惯邮寄回执了。人员访问式调查需要动员的人较多，调查量也难于很大。

参考答案

(65) D

试题（66）

以下关于信息存储的叙述中，不正确的是 (66) 。

(66) A．存储器单位容量的价格在不断下降，信息系统的存储量在不断膨胀
　　　B．对信息系统存储容量的需求越来越大
　　　C．信息存储最关键的问题是选择存储设备和存储介质
　　　D．良好的信息存储可以延长信息的寿命，提高信息使用效益

试题（66）分析

本题考查信息处理实务知识。

随着社会各方面信息化程度的提高，信息量大大增加了，对信息存储容量的需求越来越大，各行业信息系统的存储量在不断膨胀。随着存储技术的发展，存储器单位容量的价格在不断下降。良好的信息存储有利于延长信息的寿命，提高信息的使用效益。信息存储最关键的问题是设计良好的信息架构，适于动态的应用需求，存取方便快捷，安全性强，有利于备份与恢复。

参考答案

（66）C

试题（67）

为防止重大灾难毁灭重要数据，大型数据中心应实行 （67） 制度。

（67）A．脱机备份　　　B．异地备份　　　C．增量备份　　　D．差异备份

试题（67）分析

本题考查信息处理实务知识。

大型数据中心的信息量大，重要性强，因灾难破坏数据的危害性将会很严重。为此，大型数据中心必须实行异地备份制度，即使当地发生大的灾难，利用异地备份也可以迅速恢复数据。美国911事件的教训表明，实行异地备份的金融机构恢复运营最快。

参考答案

（67）B

试题（68）

以下叙述中，针对应用需求， （68） 选用了不适当的信息处理方法。

（68）A．为便于查询检索，对数据记录按关键字进行了排序
　　　B．为加速信息传输，大文件传输前后进行了压缩和解压
　　　C．为了增强信息的抗干扰能力，对信息编制了适当的索引
　　　D．为提高信息的可用度，对信息进行了计算、推理和预测

试题（68）分析

本题考查信息处理实务知识。

对数据记录按关键字进行排序，可缩短查询检索的时间；大文件传输比较费时间，传输前对文件进行压缩，可以减少传输的信息量，缩短传输时间。在传输完成后，再解压，恢复正常的使用。为提高信息的可用度，常常需要对信息进行必要的计算、推理和预测，使数据更清晰，更便于决策。对信息编制索引有利于查询检索，与提高信息抗干扰能力关系不大。

参考答案

（68）C

试题（69）

信息系统升级后，需要将数据从旧系统（包括手工系统）转换到新系统。以下关于数据转换的叙述中，不正确的是 （69） 。

（69）A．数据转换工作需要用户和系统开发项目组成员的参与

B．数据转换工作包括数据格式转换和数据载体转换等
C．按现在的技术，数据转换可以全部由软件来自动实现
D．为保证数据的正确性，转换后需要检查、验证和纠错

试题（69）分析

本题考查信息处理实务知识。

信息系统升级后，最重要的事就是数据转换，将旧系统中的数据转移纳入新系统。数据转换工作包括数据格式转换和数据载体转换等。数据转换工作不单是技术问题，更重要的是应用问题、业务问题。数据转换工作需要用户和系统开发项目组成员的共同参与。为保证数据的正确性，转换后需要检查、验证和纠错。在实际企业应用中，数据转换工作十分复杂，很难全部依靠软件来自动完成。

参考答案

（69）C

试题（70）

数据分析处理项目完成后，一般要撰写工作总结和数据分析报告。数据分析报告中应包括__（70）__。

（70）A．经费的使用情况　　　　　　B．项目组各成员的分工和完成情况
　　　C．计划进度和实际完成情况　　D．数据分析处理方法和数据分析结论

试题（70）分析

本题考查信息处理实务知识。

数据分析处理项目完成后，一般要撰写工作总结和数据分析报告。数据分析报告重点是技术问题，应包括项目的要求、数据来源、数据收集方法、数据质量状况、数据分析处理方法和数据分析结论等。数据处理工作总结重点包括项目启动和执行过程、经费来源和使用情况、人员分工和完成情况，工作计划进度和实际完成情况，工作的经验和教训等。

参考答案

（70）D

试题（71）

　　__（71）__ is especially valuable in locations where electrical connections are not available.

（71）A．Microcomputer　　　　　　B．Minicomputer
　　　C．Mainframe　　　　　　　　D．Notebook PC

参考译文

在没有电源插座的地方，笔记本电脑是特别有用的。

参考答案

（71）D

试题（72）

Your computer runs more __（72）__ if you limit the number of open applications.

（72）A．reliably　　　B．slowly　　　C．secure　　　D．accurate

参考译文

如果限制同时打开的应用数量，计算机会运行得更可靠。

参考答案

（72）A

试题（73）

The insert point or ___(73)___ shows you where you can enter data next.

(73) A．icon B．cursor C．menu D．button

参考译文

插入点或光标显示随后数据的输入处。

参考答案

（73）B

试题（74）

A computer ___(74)___ allows users to exchange data quickly, access and share resources.

(74) A．device B．network C．storage D．database

参考译文

计算机网络使多个用户能快速交换数据，存取和共享资源。

参考答案

（74）B

试题（75）

___(75)___ has become the market trend of the century.

(75) A．E-commerce B．E-mail C．E-government D．E-journal

参考译文

电子商务已成为 21 世纪的市场趋势。

参考答案

（75）A

第2章 2014上半年信息处理技术员上机考试试题分析与解答

试题一（15分）

用 Word 软件录入以下文字。按题目要求完成后，用 Word 的保存功能直接存盘。

历史是最好的教科书

以习近平同志为总书记的党中央高度重视对党的历史的总结运用。在中国共产党成立92周年前夕，习近平同志在主持中央政治局第七次集体学习时强调指出："历史是最好的教科书。""学习党史、国史，是坚持和发展中国特色社会主义，把党和国家各项事业继续推向前进的必修课。"这就把学习党史进一步提高到事关全局的重要地位。

要求：

1. 将文章标题设置为宋体、二号、加粗、居中，并添加"亦真亦幻"的文字效果；正文设置为宋体、小四。
2. 页面设置为横向，纸张宽度 21 厘米，高度 15 厘米，页面内容居中对齐。
3. 为文档添加文字水印，文字为"历史是最好的教科书"，并设置为灰色-25%、仿宋、半透明、斜式。
4. 为文档添加页眉，内容为"历史是最好的教科书"，字体颜色为红色，字形倾斜。

试题一分析

【考查目的】

- 文字录入及编排。
- 格式菜单的使用。
- 视图菜单的使用。

【要点分析】

本题要点：文档格式（包括字体和字号）操作、文字效果设置、页眉设置、添加文字水印、页面设置。

【操作的关键步骤】

（1）文档格式。选定文档对象，通过"格式"菜单下的"字体"命令进行文档格式和文字效果设置。

（2）页眉设置。通过"视图"菜单下的"页眉和页脚"命令进行页眉设置。

（3）添加文字水印。通过"格式"菜单下的"背景"命令进行文字水印设置。

（4）页面设置。通过"文件"菜单下的"页面设置"命令进行设置。

参考答案

历史是最好的教科书

历史是最好的教科书

以习近平同志为总书记的党中央高度重视对党的历史的总结运用。在中国共产党成立 92 周年前夕，习近平同志在主持中央政治局第七次集体学习时强调指出："历史是最好的教科书。""学习党史、国史，是坚持和发展中国特色社会主义，把党和国家各项事业继续推向前进的必修课。"这就把学习党史进一步提高到事关全局的重要地位。

试题二（15 分）

用 Word 软件制作如图示的个人简历。按题目要求完成后，用 Word 的保存功能直接存盘。

个人简历

姓 名		性 别		
毕业学校		专 业		
学 历		学 位		
E-mail		电 话		
家庭住址				
教育情况				
技能水平				
获奖情况				
自我评价				
求职意向				

要求：

1. 利用制表工具绘制如图示的个人简历。
2. 将标题设置为宋体、小三、黑色、加粗、居中；其他文字设置为宋体、五号、黑色、加粗、居中。
3. 绘制完成的个人简历与图示基本一致。

【考查目的】
- 绘制图形。
- 文字设置和编排。
- 绘制表格。

【要点分析】
本题要点：绘制表格、字体设置、录入文字并进行编排。

【操作的关键步骤】
（1）文字编排。使用"格式"菜单下的"字体"命令进行字号、字体的设置。
（2）表格菜单的使用。使用"表格"菜单下的"绘制表格"命令绘制表格。

参考答案

个人简历

姓 名		性 别		
毕业学校		专 业		
学 历		学 位		
E-mail		电 话		
家庭住址				
教育情况				
技能水平				
获奖情况				
自我评价				
求职意向				

试题三（15分）

用 Excel 创建"学生成绩表"和"成绩统计表"（内容如下图所示）。按题目要求完成后，用 Excel 的保存功能直接存盘。

学生成绩表

班级	语文	数学	英语	总分
1	135	111	146	
1	104	122	120	
1	127	116	144	
1	109	133	126	
1	131	104	107	
2	148	91	120	
2	92	129	118	
2	137	127	141	
2	119	91	128	
2	117	103	123	
3	137	96	120	
3	136	104		
3	119	123	110	
3	137	102	135	
3	118	128	131	
3	140			

成绩统计表

班级		实考人数	最高分	最低分
语文	1			
语文	2			
语文	3			
数学	1			
数学	2			
数学	3			
英语	1			
英语	2			
英语	3			

要求：
1. 表格要有可视的边框，并将表中的文字设置为宋体、12磅、黑色、居中。
2. 用函数计算总分，将计算结果填入对应的单元格中。
3. 用函数统计各科、各班的实考人数，无成绩的空白单元格为缺考，将统计结果填入对应的单元格中。
4. 用函数计算各科、各班的最高分，将计算结果填入对应的单元格中。
5. 用函数计算各科、各班的最低分，将计算结果填入对应的单元格中。

试题三分析

【考查目的】

- 用 Excel 创建工作表。
- 单元格格式设置。
- 底纹设置。
- 函数计算。

【要点分析】

本题要点：文字的编排（包括字形、字号、颜色等）、单元格格式设置、简单的公式计算、函数计算。

【操作的关键步骤】

（1）文字的编排。使用"格式"菜单下的"单元格"命令，在其下级菜单中选择"字体"命令进行设置。

（2）单元格格式设置。使用"格式"菜单下的"单元格"命令进行设置。

（3）函数计算。以学生成绩表中第一列第三行的学生成绩为例，计算总分的函数为："=SUM(B3:D3)"；以成绩统计表中第一列第三行为例，实考人数统计函数为："{=SUM(($B$3:

$B$18=I3)* ($C$3: $C$18>0))}"；最高分统计函数为："{=MAX(IF(($B$3: $B$18)=I3,$C$3: $C$18))}"；最低分统计函数为："{=MIN(IF(($B$3: $B$18=I3)*($C$3: $C$18<>0), $C$3: $C$18))}"。

参考答案

学生成绩表

班级	语文	数学	英语	总分
1	135	111	146	392
1	104	122	120	346
1	127	116	144	387
1	109	133	126	368
1	131	104	107	342
2	148	91	120	359
2	92	129	118	339
2	137	127	141	405
2	119	91	128	338
2	117	103	123	343
3	137	96	120	353
3	136	104	0	240
3	119	123	110	352
3	137	102	135	374
3	118	128	131	377
3	140	0	0	140

成绩统计表

班级		实考人数	最高分	最低分
语文	1	5	135	104
语文	2	5	148	92
语文	3	6	140	118
数学	1	5	133	104
数学	2	5	129	91
数学	3	5	128	96
英语	1	5	146	107
英语	2	5	141	118
英语	3	4	135	110

试题四（15分）

根据系统提供的资料，用 PowerPoint 创意制作演示文稿。按照题目要求完成后，用 PowerPoint 的保存功能直接存盘。

资料：

鹿柴

作者：王维

空山不见人，但闻人语响。返景入深林，复照青苔上。

要求：

1. 第一页演示文稿：用资料中的标题和作者。
2. 第二页演示文稿：用资料中的正文内容。
3. 将正文内容调整为每句一行，居中排列。
4. 演示文稿的模板、版式、图片、配色方案等自行选择。
5. 为第二页演示文稿的内容设置整体飞入动画效果。
6. 制作完成的演示文稿美观、大方。

试题四分析

【考查目的】

用 PowerPoint 模板制作演示文稿并对文稿进行"插入动画""动画效果"和"配色方案"设置等。

【要点分析】

本题要点：PowerPoint 的基本操作。

【操作的关键步骤】
（1）熟悉 PowerPoint 的基本操作。
（2）应用"插入"菜单下的"图片"命令插入图片。
（3）应用"幻灯片放映"菜单下的"动画"命令进行动画设置。
（4）应用"幻灯片放映"菜单下的"观看放映"命令查看演示文稿的整体效果。

参考答案

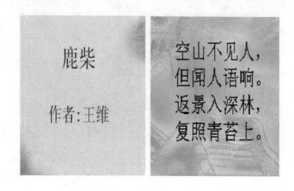

试题五（15 分）

按照题目要求完成后，用 Access 保存功能直接存盘。

要求：

1. 用 Access 创建"培训信息表"（内容如下表）。

序号	培训名称	部门	讲师
1	领导管理艺术培训	培训部	郑婷
2	企业内审员培训	培训部	郑婷
3	Flash Builder 开发培训	开发部	何梦蝶
4	Oracle 系统优化及管理培训	信息部	吴晓丹
5	Java 基础开发培训	开发部	何梦蝶

2. 用 Access 创建"培训类别表"（内容如下表）。

序号	培训类别
1	管理
2	管理
3	技术
4	技术
5	技术

3. 通过 Access 的查询功能，生成"公司内部培训明细表"（内容如下表）。

序号	培训类别	培训名称	部门	讲师
1	管理	领导管理艺术培训	培训部	郑婷
2	管理	企业内审员培训	培训部	郑婷
3	技术	Flash Builder 开发培训	开发部	何梦蝶
4	技术	Oracle 系统优化及管理培训	信息部	吴晓丹
5	技术	Java 基础开发培训	开发部	何梦蝶

试题五分析
【考查目的】
用 Access 创建表、汇总表和用主键建立关系查询的方法。
【要点分析】
本题要点：在"培训信息表""培训类别表"的基础上生成"公司内部培训明细表"。
【操作的关键步骤】
（1）分别建立"培训信息表""培训类别表"。并选择序号为主键。
（2）选择"工具"菜单下的"关系"命令，在弹出"显示表"对话框中选择，把"培训信息表""培训类别表"等通过"添加"按钮加到"关系"表中。
（3）通过序号建立表间联系，选择"培训信息表"中的"序号"并拖动鼠标到"培训类别表"的序号，在弹出"编辑关系"对话框中单击"创建"按钮，建立表间联系。
（4）单击"查询"标签，选择"在设计视图中创建查询"，建立"培训信息表""培训类别表"间的关系。
（5）通过"查询"菜单下的"运行"命令生成"公司内部培训明细表"。

参考答案

培训信息表：表

序号	培训名称	部门	讲师
1	领导管理艺术培训	培训部	郑婷
2	企业内审员培训	培训部	郑婷
3	Flash Builder开发培训	开发部	何梦蝶
4	Oracle 系统优化及管理培训	信息部	吴晓丹
5	Java基础开发培训	开发部	何梦蝶

培训类别表：表

序号	培训类别
1	管理
2	管理
3	技术
4	技术
5	技术

公司内部培训明细表：选择查询

序号	培训类别	培训名称	部门	讲师
1	管理	领导管理艺术培训	培训部	郑婷
2	管理	企业内审员培训	培训部	郑婷
3	技术	Flash Builder开发培训	开发部	何梦蝶
4	技术	Oracle 系统优化及管理培训	信息部	吴晓丹
5	技术	Java基础开发培训	开发部	何梦蝶

第 3 章 2014 下半年信息处理技术员上午试题分析与解答

试题（1）

以下关于数据的叙述中，不正确的是 (1) 。

(1) A．大数据技术革命带来的机遇和挑战已经上升到国家战略层面

B．大数据爆发促使新技术产生，新技术应用促进产品更新换代

C．现代化企业中，数据资源体系是"用数据驱动业务"的基石

D．决策依赖于数据，因此企业的数据中心成为企业的决策机构

试题（1）分析

本题考查信息与信息技术基本概念。

由于集成电路芯片存储能力和运算能力的大幅度提高，导致海量存储器成本下降，CPU 运算速度加快，使大数据处理成为可能，人类进入了大数据时代。传统的以实验为基础的小数据处理方式被颠覆了，云计算又将大量计算能力集中到大型数据中心，大数据分析并挖掘其中的潜在价值成为现实，从而一批批令人惊奇的成果出现了。大数据技术革命已经上升到国家战略层面，大数据爆发促使新技术产生，新技术应用促进产品更新换代加速。现代企业中，数据资源已成为企业的核心竞争力。用数据说话，用数据驱动业务已是人们的共识。决策依赖于数据，企业数据中心所做的数据分析报告是企业决策的依据，但企业的决策机构还是企业管理层。

参考答案

(1) D

试题（2）

以下关于企业信息化建设的叙述中，不正确的是 (2) 。

(2) A．企业信息化建设是提升企业核心竞争力的重要工具和手段

B．企业信息化建设是企业实现转型升级的引擎和助推器

C．企业业务流程的不断完善与优化是企业信息化建设的基础

D．企业信息化建设是企业发展的必然趋势，并不存在风险

试题（2）分析

本题考查信息与信息技术基本概念。

企业信息化建设存在风险。不少企业花了大笔钱，买了很多设备和软件，但运营后发现与业务有些脱节，也难以适应市场和业务变化，所建的网络也常拥堵，系统常常崩溃，安全性也常出问题，备份与恢复也困难，实际效益低。

参考答案

(2) D

试题（3）

以下关于信息资源的叙述中，不正确的是__(3)__。

(3) A. 信息资源是关于国家资源的所有信息的集合

B. 信息资源是战略性资源

C. 信息资源开发利用的能力体现了综合实力

D. 信息资源开发利用的程度是衡量现代化水平的标志

试题（3）分析

本题考查信息与信息技术基本概念。

国家有信息资源，每个企业也有自己的信息资源。信息资源不但包括信息（数据、软件、文档、音频视频记载等），也包括信息处理设备、网络、相关的技术人员等。

参考答案

(3) A

试题（4）

某商场在节日期间推出以下几种可供客户选择的促销方式：①100 元可以购买标价 130 元的商品；②满 100 元立减 10 元，再打 8 折；③打 7 折；④满 100 元即可参加抽奖，中奖率 100%。10%为一等奖，退 100 元；30%为二等奖，退 50 元；60%为三等奖，退 10 元。小王想买一件标价 130 元的衣服，她选择促销方式__(4)__更为有利。

(4) A. ①　　　　　B. ②　　　　　C. ③　　　　　D. ④

试题（4）分析

本题考查初等数学应用能力。

小王想买一件标价 130 元的衣服，选择不同的促销方式花的钱不同。方式①需要花 100 元。方式②需要花(130–10)×0.8=96 元。方式③需要花 130×0.7=91 元。方式④需要花 130–(10%×100+30%×50+60%×10)=99 元。

参考答案

(4) C

试题（5）

足球比赛规定：胜一场得 3 分，平一场得 1 分，负一场得 0 分。某足球队共赛 12 场，只输了 2 场，要使总分能得 21 分以上，至少需要胜__(5)__场。

(5) A. 5　　　　　B. 6　　　　　C. 7　　　　　D. 8

试题（5）分析

本题考查初等数学应用能力。

该足球队胜和平的场数之和为 10。如果胜 5 场平 5 场，则总分为 20；如果胜 6 场平 4 场，则总分为 22 分；胜的场数更多时总分更大。

参考答案

(5) B

试题（6）

某单位需要使用浓度为 15%的盐水 750 克，但只有浓度 20%和 5%的两种盐水。经过计算,将浓度20%和5%的盐水分别取__(6)__克混合后就能达到要求。

(6) A. 350和400　　　B. 400和350　　　C. 450和300　　　D. 500和250

试题(6)分析

本题考查初等数学应用能力。

浓度为15%的盐水750克其含盐量为750×0.15=112.5克。供选答案D得到的混合溶液750克中,含盐量为500×0.2+250×0.05=112.5克。

参考答案

(6) D

试题(7)

以下关于信息处理的叙述中,不正确的是__(7)__。

(7) A. 用户需求是信息处理和服务的出发点和归宿
　　B. 信息存储是为了检索,信息检索则依赖于存储
　　C. 信息处理的最终目的是对信息进行良好的管理
　　D. 信息维护的目的是始终保持信息处于安全适用的状态

试题(7)分析

本题考查信息处理基本概念。

信息处理最终目的是为用户或决策者提供信息处理的结果,作为决策的依据。对信息进行良好的管理也服务于该目的。

参考答案

(7) C

试题(8)

测量数据时,因测量系统本身的缺陷所导致的数据误差属于系统误差。以下原因产生的误差中,__(8)__不属于系统误差。

(8) A. 由测量方法本身的缺陷所造成的误差
　　B. 由测量仪器本身的缺陷所造成的误差
　　C. 由某些无法控制的不确定因素造成的误差
　　D. 由于操作者个人的习惯与偏向造成的误差

试题(8)分析

本题考查信息处理基本概念。

测量系统包括测量者、测量设备、测量方法、测量处理过程等。测量者个人习惯与偏向有可能造成系统误差。测量方法和测量仪器也可能会产生系统误差(例如仪器零点没有矫正)。系统误差一般是经常性偏大或偏小,需要对测量结果做统一的纠偏。大量微小的不确定因素造成的偶然误差是随机的,偏大与偏小的概率相当,不属于系统误差。

参考答案

(8) C

试题(9)

人口普查规定统一的人口核定时间是为了__(9)__。

(9) A. 避免登记的重复和遗漏　　　　　B. 确定调查对象的范围
　　　C. 确定调查对象的属性值　　　　　D. 统一进行调查行动

试题（9）分析

本题考查信息处理基本概念。

全国人口普查的难度很大，普查填表的时间不一，人口是流动的，为避免登记的重复和遗漏，需要规定统一的核定时间。

参考答案

（9）A

试题（10）

随着互联网的发展，企业对数据存储和管理的要求越来越高，其原因不包括__（10）__。

(10) A. 数据量迅速增长，数据形式多样化　　B. 数据价值密度越来越高
　　　C. 数据请求的响应时间要求越来越短　　D. 数据需求越来越广泛

试题（10）分析

本题考查信息处理基本概念。

互联网数据通常是网上的订单、网上发表的意见、网上的调查问卷等，这些数据的价值密度不高，即每个数据的价值非常小，可能只对特定某个人有用，但大量数据分析后，就能发现某些规律，就有较大的价值。

参考答案

（10）B

试题（11）

一般企业的职工工资处理系统采用的是__（11）__方式。

(11) A. 集中式、实时处理　　　　　　　B. 集中式、批处理
　　　C. 分布式、实时处理　　　　　　　D. 分布式、批处理

试题（11）分析

本题考查信息处理基本概念。

职工工资每个月发一次，确定工资的有关信息有时需要收集多个部门的数据（例如请假信息、业绩和效益计算等），因此，宜采用分散收集、集中成批处理。

参考答案

（11）B

试题（12）

数据展现常需要图表化。美化图表的原则不包括__（12）__。

(12) A. 感人（多彩色，多动画）　　　　B. 简约（清晰明了）
　　　C. 整洁（不能杂乱无章）　　　　　D. 对比（突出重点）

试题（12）分析

本题考查信息处理基本概念。

数据处理得到的图表注重实事求是：清晰、明了、易懂。因此要求正确、简约、整洁、突出重点。多彩色、多动画不是基本原则。

参考答案

(12) A

试题（13）

一般来说，信息处理过程中，最费时间和成本的阶段是 __(13)__ 。

(13) A．数据收集　　B．数据整理　　C．数据加工　　D．数据表达

试题（13）分析

本题考查信息处理基本概念。

由于原始数据很分散，还可能有些差错，收集数据很费时间。例如收集调查问卷、大量走访、寻找、查阅文献都需要很多时间，还要考虑收到的数据是否属于收集范围，是否有问题。

参考答案

(13) A

试题（14）

企业信息系统的用户一般不包括 __(14)__ 。

(14) A．管理人员　　　　　　　　B．系统操作人员
　　　C．系统维护人员　　　　　　D．业务人员

试题（14）分析

本题考查信息处理基本概念。

系统操作人员直接使用信息系统。业务人员将信息系统作为工具（例如会计常使用财务信息系统），管理人员常通过信息系统来查看重要的信息。系统维护人员一般作为信息系统运行机制的一部分，不算用户。如果信息系统建立了运维管理平台，则系统维护人员是该平台软件的用户。

参考答案

(14) C

试题（15）

许多计算机在暂停一段时间不用时会自动进入待机状态。这种状态的特点不包括 __(15)__ 。

(15) A．硬盘停止运转　　　　　　B．断网
　　　C．不耗电　　　　　　　　　D．可以由键盘或鼠标操作唤醒

试题（15）分析

本题考查计算机硬件基础知识。

许多计算机在暂停一段时间（可以预先设置时间段长）不用时会自动进入待机状态。在待机状态下，程序停止运行，硬盘停止运转，网络断开，屏幕变黑，耗电很少（只要不断电就会耗电），等待用户操作将计算机唤醒，恢复正常的运行状态。

参考答案

(15) C

试题（16）

以下关于 USB 接口的叙述中，不正确的是 __(16)__ 。

(16) A．通过 USB 接口可以给某些手机充电
　　　B．通过 USB 接口可以连接 USB 集线器，提供更多 USB 接口
　　　C．通过 USB 接口可以连接移动硬盘
　　　D．通过 USB 接口可以扩展内存

试题（16）分析

本题考查计算机硬件基础知识。

通过 USB 接口不能扩展内存。内存的扩展常常需要在断电后在主板上加插内存条。

参考答案

（16）D

试题（17）

以下关于针式打印机的叙述中，不正确的是　（17）　。

(17) A．针式打印机打印速度比喷墨打印机慢
　　　B．针式打印机的打印质量以每英寸打印的点数来衡量
　　　C．针式打印机打印时的噪音比喷墨打印机小
　　　D．针式打印机适用于打印三联单

试题（17）分析

本题考查计算机硬件基础知识。

目前针式打印机只是用于打印三联单、ATM 机上打印凭条等特定场合。这种打印机依靠若干根针，击打特殊的纸呈现字符，其速度慢一些，噪声大一些，但击打的力度足以复写三联。此外无需墨水或墨粉，比较节省耗材。

参考答案

（17）C

试题（18）

人们常说的基础软件不包括　（18）　。

(18) A．操作系统　　　　　　　　　B．办公软件
　　　C．数据库管理系统　　　　　　D．财务软件

试题（18）分析

本题考查计算机软件基础知识。

基础软件是指大多数计算机上普遍安装的通用软件，例如，操作系统、浏览器、办公软件、数据库管理软件等。财务软件属于特定应用领域需要安装的软件，不属于基础软件。

参考答案

（18）D

试题（19）

信息家电中一般都安装了　（19）　。

(19) A．桌面操作系统　　　　　　　B．网络操作系统
　　　C．嵌入式操作系统　　　　　　D．分时操作系统

试题（19）分析

本题考查计算机软件基础知识。

信息家电（例如智能电视机）中一般都安装了嵌入式操作系统以及一些特殊的软件。它具有特定的功能，只允许特定的一些操作，与通用计算机上的软件是完全不同的。

参考答案

（19）C

试题（20）

Windows 采用了树型目录结构的文件系统，其特点不包括__(20)__。

(20) A．每个逻辑盘中只有一个根目录，根目录下可以有多个层次的文件夹

B．每个根目录下，各层次的文件夹名不能相同

C．每个文件夹中可以有多个文件，其文件名不能相同

D．不同文件夹中的文件可以有相同的文件名

试题（20）分析

本题考查计算机软件基础知识。

Windows 采用了树型目录结构的文件系统，以整个目录路径来指定文件。因此，不同层次的文件夹下，可以有相同的文件名，不会引起歧义。

参考答案

（20）B

试题（21）

当用户下载了自己所需的应用程序后，一般还需要再安装。执行安装的过程中一般不会__(21)__。

(21) A．将应用程序的一组文件拷贝到默认的或用户指定的文件夹中

B．将应用程序所需的一些系统文件拷贝到系统文件夹中

C．将运行应用程序的有关信息写入操作系统的注册表中

D．自行删除安装包

试题（21）分析

本题考查计算机软件基础知识。

用户经常上网下载应用软件。下载的软件包（安装包）常保存在用户指定的（或默认的）目录内。双击该安装包可以启动安装该软件。安装过程包括：解压一些文件，将其复制到默认的或用户指定的文件夹内；将安装包内一些特殊的系统文件拷贝到系统文件夹中；将运行该程序所需的有关信息写入操作系统的注册表中，使操作系统能感知到它存在什么地方，方便用户以后操作使用。安装过程一般不会自动删除该安装包，因为很可能在该程序运行发生故障后，需要重新安装。用户可以在不再需要它时自行删除该安装包，也可以利用适当的清理程序确认删除这些不再使用的安装包。

参考答案

（21）D

第 3 章 2014 下半年信息处理技术员上午试题分析与解答

试题（22）

以下关于文档压缩的叙述中，不正确的是 (22) 。

(22) A．文档压缩是一种信息保密措施　　B．多个文档可以压缩成一个文件
　　　C．文档压缩有利于减少存储量　　　D．文档压缩有利于节省传输时间

试题（22）分析

本题考查计算机软件基础知识。

文档压缩不是保密措施，任何人获得该文档后都能解压缩得到原来的文档。

参考答案

(22) A

试题（23）

软件界面上"帮助"菜单的功能一般不包括 (23) 。

(23) A．术语解释　　　B．操作指导　　　C．用户论坛　　　D．故障处理方法

试题（23）分析

本题考查计算机软件基础知识。

帮助菜单一般用于帮助初学者操作使用该软件。所以，帮助菜单的功能需要有术语解释、操作步骤指导、故障处理方法等。用户谈感想、提出问题征求解答等，则可以在网上发博客，也可以在适当的网站论坛上讨论。

参考答案

(23) C

试题（24）

小张的计算机刚买来时运行速度很快，几个月后，逐渐变慢了，可能的原因很多，但一般不会考虑 (24) 。

(24) A．受计算机病毒感染　　　　　　　B．同时打开的应用过多，特别是视频下载
　　　C．好几天没有关机了　　　　　　　D．频繁建删文件导致磁盘存在大量碎片

试题（24）分析

本题考查计算机维护基础知识。

好几天没有关机会耗电。一般计算机没有操作时，可自动转入待机状态，这不是运行逐渐变慢的原因。当然，如果持续使用计算机多天，不断下载视频，不断自动推送信息，运行的服务太多，内存和磁盘空间不够时，运行速度会变慢。

参考答案

(24) C

试题（25）

以下关于计算机房的叙述中，不正确的是 (25) 。

(25) A．机房温度太高时，电子元器件会有故障，甚至失去作用
　　　B．机房温度太低时，会造成电器性能变化和机械损伤
　　　C．机房湿度太高时，影响磁头高速运转，打印纸易受潮破损
　　　D．机房应保持干燥，湿度越低越好，防止静电损坏设备

试题（25）分析

本题考查计算机维护基础知识。

计算机机房湿度过低（非常干燥）时常产生静电，可能会引起芯片短路，损坏设备。

参考答案

（25）D

试题（26）

建立信息系统运维平台的目的不包括__（26）__。

（26）A．保证系统质量 B．提高系统安全性和可用性
　　　C．提升使用效率 D．减少故障，降低运维成本

试题（26）分析

本题考查计算机维护基础知识。

信息系统的运维工作非常重要，这是信息系统取得效益阶段必须确保做好的工作。建立运维平台有利于运维工作的规范化，一定程度的自动化，减少不安全因素，监视系统运行，及时发现问题，记录故障及其排除过程，记录操作使用情况，有利于以后改进系统。系统的质量主要取决于规划、设计、开发、测试等工作，运维平台有利于修补某些问题。

参考答案

（26）A

试题（27）

计算机网络中，广域网和局域网的分类是以__（27）__来划分的。

（27）A．信息交换方式 B．网络使用者
　　　C．网络连接距离 D．传输控制方法

试题（27）分析

本题考查计算机网络基础知识。

网络分类的方法很多。按连接距离可以划分为局域网、城域网和广域网。

局域网 LAN（Local Area Network）是在一个局部的地理范围内（如一个学校、工厂和机关内），将各种计算机、外部设备和数据库等互相联接起来组成的计算机通信网。它可以通过数据通信网或专用数据线路，与远方的局域网、数据库或处理中心相连接，构成一个大范围的信息处理系统。

广域网是在一个广泛地理范围内所建立的计算机通信网，简称 WAN，其范围可以超越城市和国家，以至分布于全球，因而对通信的要求及复杂性都比较高。WAN 由通信子网与资源子网两个部分组成：通信子网实际上是一数据网，可以是一个专用网（交换网或非交换网）或一个公用网（交换网）；资源子网是联在网上的各种计算机、终端、数据库等。这不仅指硬件，也包括软件和数据资源。

参考答案

（27）C

试题（28）

电子邮件使用的传输协议是__（28）__。

（28）A．SMTP　　　　B．telnet　　　　C．HTTP　　　　D．FTP

试题（28）分析

本题考查计算机网络基础知识。

SMTP 的全称是"Simple Mail Transfer Protocol"，即简单邮件传输协议。它是一组用于从源地址到目的地址传输邮件的规范，通过它来控制邮件的中转方式。SMTP 协议属于 TCP/IP 协议簇，它帮助每台计算机在发送或中转信件时找到下一个目的地。

参考答案

（28）A

试题（29）

智慧城市是 __(29)__ 相结合的产物。

（29）A．数字社区与物联网　　　　B．数字城市与互联网
　　　C．数字城市与物联网　　　　D．数字社区与局域网

试题（29）分析

本题考查计算机网络基础知识。

智慧城市是数字城市与物联网相结合的产物，包含智慧传感网、智慧控制网和智慧安全网。智慧城市与智慧电网、智慧油田、智慧企业等都是构成智慧地球的重要组成部分。智慧城市的理念是把传感器装备到城市生活的各种物体中形成物联网，并通过云计算实现物联网的整合，从而实现数字城市与城市系统的整合。通过智慧城市，可以实现城市的智慧管理及服务。

参考答案

（29）C

试题（30）

文件的类型可以根据 __(30)__ 来识别。

（30）A．文件的大小　　　　B．文件的用途
　　　C．文件的扩展名　　　　D．文件的存放位置

试题（30）分析

本题考查计算机操作系统基础知识。

文件的类型根据文件扩展名，也就是文件名"."后面的部分。

参考答案

（30）C

试题（31）

Windows 提供的用户界面是 __(31)__ 。

（31）A．交互式的问答界面　　　　B．交互式的图形界面
　　　C．交互式的字符界面　　　　D．交互式的组块界面

试题（31）分析

本题考查计算机操作系统基础知识。

Windows 提供的用户界面是交互式的图形界面。

参考答案

（31）B

试题（32）

桌面上有各种图标，图标在桌面上的位置 __(32)__ 。

(32) A．不能移动

B．可以移动，但只能由 Windows 系统完成

C．可以移动，既可由 Windows 系统完成，又可由用户自己完成

D．可以移动，但只能由用户自己完成

试题（32）分析

本题考查计算机操作系统基础知识。

图标在桌面上的位置可以移动，既可由 Windows 系统完成，又可由用户鼠标完成。

参考答案

（32）C

试题（33）

Windows "回收站" 中的内容只能是 __(33)__ 。

(33) A．所有外存储器上被删除的文件和文件夹

B．移动硬盘上被删除的文件和文件夹

C．硬盘上被删除的文件和文件夹

D．硬盘和移动硬盘上被删除的文件和文件夹

试题（33）分析

本题考查计算机操作系统基础知识。

Windows "回收站" 中的内容只能是本地计算机硬盘上被删除的文件和文件夹。

参考答案

（33）C

试题（34）

以下关于 Word 2007 查找和替换功能的叙述中，不正确的是 __(34)__ 。

(34) A．查找和替换功能可以提高编辑效率

B．默认情况下，f 用字母 q 替换后，Ff 会变为 Qq

C．查找和替换功能不能以"公式"作为查找范围

D．查找时可以选择按字体字号查找

试题（34）分析

本题考查文字处理基础知识。

利用 Word 2007 提供的查找和替换功能，不仅可以在文档中迅速查找到相关内容，还可以将查找到的内容替换成其他内容，但不能按照字体和字号进行查找。

参考答案

（34）D

试题（35）

在 Word 2007 中，如果已存在一个名为 rkb.docx 的文件，要想将它换名为 ceiaec.doc，可以选择 __(35)__ 命令。

(35) A．另存为　　　B．保存　　　C．发送　　　D．新建

试题（35）分析

本题考查文字处理基础知识。

对一个已保存过的文档进行修改后，要将其再次保存，同时希望保留原文档时，可通过文档的"另存为"命令来实现，其中在"保存类型"下拉列表框中，选择不同的选项，可将现有的文档保存为不同类型的文档，如另存为 Word 97-2003 文档。因 Word 2007 生成的文档后缀名为".docx"，早期 Word 版本的后缀名为".doc"，因此，低版本 Word 软件不支持 Word 2007 文档的某些功能，另存为低版本的 Word 文档能够与旧版本兼容。

参考答案

(35) A

试题（36）

以下关于 Word 2007 文档窗口的叙述中，正确的是 __(36)__。

(36) A．可以同时打开多个文档窗口，此时不会有活动窗口
　　　B．可以同时打开多个文档窗口，被打开的窗口都是活动窗口
　　　C．可以同时打开多个文档窗口，但其中只有一个是活动窗口
　　　D．可以同时打开多个文档窗口，但屏幕上只能见到一个文档窗口的内容

试题（36）分析

本题考查文字处理基础知识。

Word 2007 可以同时打开多个文档窗口，但其中只有一个是活动窗口。

参考答案

(36) C

试题（37）

在退出 Word 2007 时，如果有工作文档尚未存盘，则系统会 __(37)__。

(37) A．直接退出
　　　B．自动保存该文档然后退出
　　　C．会弹出一对话框供用户决定保存与否
　　　D．自动在桌面保存文档

试题（37）分析

本题考查文字处理基础知识。

在退出 Word 2007 时，如果有工作文档尚未存盘，则系统会弹出一对话框供用户决定保存与否。

参考答案

(37) C

试题(38)

Word 2007 可以同时打开多个文档窗口,但是,文档窗口打开的越多,占用内存会 (38) 。

(38) A. 越少,因而处理速度会更慢　　B. 越少,因而处理速度会更快
　　　C. 越多,因而处理速度会更快　　D. 越多,因而处理速度会更慢

试题(38)分析

本题考查文字处理基础知识。

Word 2007 可以同时打开多个文档窗口,但是,文档窗口打开的越多,占用内存会越大,因而处理速度会更慢。

参考答案

(38) D

试题(39)

在 Word 2007 中要建立一个表格,方法是 (39) 。

(39) A. 用 ↑、↓、→、← 光标键画表格
　　　B. 用 Alt 键、Ctrl 键和 ↑、↓、→、← 光标键画表格
　　　C. 用 Shift 键和 ↑、↓、→、← 光标键画表格
　　　D. 选择"插入"选项卡中的表格命令

试题(39)分析

本题考查文字处理基础知识。

在 Word 2007 中可通过选择"插入"选项卡中的表格命令建立相应的表格。

参考答案

(39) D

试题(40)

如果要使 Word 2007 编辑的文档可以用 Word 2003 打开,以下方法正确的是 (40) 。

(40) A. 执行操作"另存为"→"Word 97-2003 文档"
　　　B. 将文件后缀名直接改为".doc"
　　　C. 将文档直接保存即可
　　　D. 按 Alt+Ctrl+S 快捷键进行保存

试题(40)分析

本题考查文字处理基础知识。

因 Word 2007 生成的文档后缀名为".docx",早期 Word 版本的后缀名为".doc",因此,低版本 Word 软件不支持 Word 2007 文档的某些功能,另存为低版本的 Word 文档能够与旧版本兼容。

参考答案

(40) A

试题(41)

有一篇 50 页的文稿,分 4 人去录入,最后要把它们放在一个文档中,正确的做法是 (41) 。

(41) A. 邮件合并　　B. 合并文档　　C. 剪切　　D. 分栏

试题（41）分析

本题考查文字处理基础知识。

可以这样做：先把4人录入的文档放到同一个目录下，然后按需要的顺序编号，即在每个文档名称前面添加顺序号，比如：01 文档、02 文档……编号完成之后，新建一个文档，利用"插入"→"对象"，在"插入文件"对话框中选中要合并的多个文档，单击"插入"，就能合并到新文档里。

参考答案

（41）B

试题（42）

小王需要将毕业论文用 A4 规格的纸输出。在打印预览中，发现最后一页只有一行。她想把这一行提到上一页，可行的一种办法是___(42)___。

（42）A．增大行间距　　　　　B．增大页边距
　　　 C．减小页边距　　　　　D．将页面方向改为横向

试题（42）分析

本题考查文字处理基础知识。

最后一页的行数较少，为节约资源，可以使用减小页边距的办法将最后一页的内容提到前面的页里。

参考答案

（42）C

试题（43）

Word 定时自动保存功能可以___(43)___。

（43）A．在指定时刻自动执行保存
　　　 B．再过某一指定时间自动执行保存
　　　 C．每做一次编辑自动执行一次保存
　　　 D．每隔一定时间自动执行一次保存

试题（43）分析

本题考查文字处理基础知识。

自动保存是很多软件具有的一项重要功能，例如 Microsoft Office、WPS 等。它可以在软件运行期间以一定的时间间隔自动保存文件，以防止由于意外断电、误操作或系统错误导致的损失。

参考答案

（43）D

试题（44）

在 Word 文本编辑状态下，如果选定的文字中含有不同的字体，那么在格式栏"字体"框中会显示___(44)___。

（44）A．所选文字中第一种字体的名称
　　　 B．显示所选文字中最后一种字体的名称

C. 显示所选文字中字数最多的那种字体的名称
D. 空白

试题（44）分析

本题考查文字处理基础知识。

在 Word 文本编辑状态下，如果选定的文字中含有不同的字体，那么在格式栏"字体"框中会显示空白。

参考答案

（44）D

试题（45）

以下关于 Excel 的叙述中，正确的是__(45)__。

(45) A. 自动筛选需要先设置筛选条件
　　　B. 高级筛选不需要设置筛选条件
　　　C. 进行筛选前，无需对表格先进行排序
　　　D. 自动筛选前，必须先对表格进行排序

试题（45）分析

本题考查电子表格数据处理基础知识。

筛选是 Excel 中常用的操作之一，它可以让某些不需要的内容隐藏起来，以方便查看。在对工作表中的数据进行筛选操作前要确保数据区域的第一行要包含标题，不需要对表格进行排序。

参考答案

（45）C

试题（46）

在 Excel 中，设单元格 A1、B1、C1、A2、B2、C2 中的值分别为 1、2、3、4、5、6，若在 D1 单元格中输入公式"=A1+$B$1+C1"，然后将单元格 D1 复制到 D2，则 D2 中的结果为__(46)__。

(46) A. 6　　　　　B. 12　　　　　C. 15　　　　　D. #REF

试题（46）分析

本题考查电子表格数据处理基础知识。

绝对引用：如果公式所在单元格的位置改变，引用地址保持不变。

相对引用：如果公式所在单元格的位置改变，引用地址相应改变。

D1 单元格中输入的公式"=A1+$B$1+C1"复制到 D2 单元格后变为"=A2+$B$1+C2"，因此计算机结果为 12。

参考答案

（46）B

试题（47）

在 Excel 中，将某学生各科成绩放在 A1:A9 单元格中，判断 A1 单元格中成绩等级的函数正确的是__(47)__。（判断的依据是：成绩大于等于 85 为优良，大于等于 60 为及格，否

则不及格）

  （47）A．=IF(A1>=85,"优良",IF(A1>=60,"及格",IF(A1<60, "不及格")))
     B．=IF(A1>=85,"优良",85>A1>=60,"及格",A1<60, "不及格")
     C．=IF(A1>=85,"优良"),IF(A1>=60,"及格"),IF(A1<60, "不及格")
     D．=IF(A1>=85,"优良",IF(A1>=60,"及格","不及格"))

试题（47）分析

  本题考查电子表格数据处理基础知识。

  函数"IF(A1>=85,"优良", IF(A1>=60,"及格","不及格"))"的含义是当 A1 单元格中的值大于等于 85 时输出"优良"，否则再判断 A1 是否大于等于 60，若是则输出"及格"，否则输出"不及格"。

参考答案

  （47）D

试题（48）

  在 Excel 中，设单元格 A1 中的值为 100，B1 中的值为 200，A2 中的值为 300，B2 中的值为 400，若在 A3 单元格中输入函数"=SUM(A1:B2)"，按回车键后，A3 单元格中的值为___（48）___。

  （48）A．100   B．200   C．500   D．1000

试题（48）分析

  本题考查电子表格数据处理基础知识。

  函数"=SUM(A1:B2)"是计算 A1 到 B2 四个单元格中值的和，计算机结果为 1000。

参考答案

  （48）D

试题（49）

  在 Excel 中，在单元格 C1 中输入函数"=ROUND(653.54897,2)"，按回车键后，C1 单元格中的值为___（49）___。

  （49）A．0.54   B．65   C．653.54   D．653.55

试题（49）分析

  本题考查电子表格数据处理基础知识。

  函数"=ROUND(653.54897,2)"的含义是对数字 653.54897 进行四舍五入，并保留两位小数，计算结果为 653.55。

参考答案

  （49）D

试题（50）

  在 Excel 中，设单元格 A1 中的值为 100，B1 中的值为 50，A2 中的值为 30，B2 中的值为 20，若在 C1 单元格中输入函数"=IF(A1<=60,A2,B2)"，按回车键后，C1 单元格中的值为___（50）___。

  （50）A．100   B．50   C．30   D．20

试题（50）分析

本题考查电子表格数据处理基础知识。

函数"=IF(A1<=60,A2,B2)"的含义是如果 A1 单元格中的值小于等于 60，则输出 A2 单元格中的值，否则输出 B2 单元格中的值。计算结果为 20。

参考答案

（50）D

试题（51）

在 Excel 中，设单元格 A1 中的值为 100，B1 中的值为 50，A2 中的值为 30.6543，B2 中的值为 10，若在 C1 单元格中输入函数"=IF(A1>=60, SUM(B1:B2), ROUND(A2,2))"，按回车键后，C1 单元格中的值为___（51）___。

（51）A．30   B．60   C．30.65   D．150

试题（51）分析

本题考查电子表格数据处理基础知识。

函数"=IF(A1>=60, SUM(B1:B2), ROUND(A2,2))"的含义是如果 A1 单元格中的值大于等于 60，则输出 B1 到 B2 单元格中值的和，否则输出 A2 单元格中数字四舍五入并保留两位小数后的值。计算结果为 60。

参考答案

（51）B

试题（52）

在 Excel 中，设单元格 A1 中的值为 80，B1 中的值为 35，若在 C1 单元格中输入函数"=IF(AND(A1>=60,B1>=60),"不及格","补考")"，按回车键后，C1 单元格中的值为___（52）___。

（52）A．80   B．60   C．不及格   D．补考

试题（52）分析

本题考查电子表格数据处理基础知识。

函数"=IF(AND(A1>=60,B1>=60),"不及格","补考")"的含义是如果 A1 单元格和 B1 单元格中的值同时大于等于 60，则输出"不及格"，否则输出"补考"，计算结果为"补考"。

参考答案

（52）D

试题（53）

在 Excel 中，设单元格 A1 中的值为 0，B1 中的值为 60，若在 C1 单元格中常规格式下输入函数"=ROUND(AVERAGE(A1:B1),2)"，按回车键后，C1 单元格中的值为___（53）___。

（53）A．30   B．30.00   C．70   D．70.00

试题（53）分析

本题考查电子表格数据处理基础知识。

函数"=ROUND(AVERAGE(A1:B1),2)"的含义是计算 A1 到 B1 单元格中的值的平均值后，对平均值进行四舍五入，并保留两位小数。因单元格默认的格式为常规，故计算的结果为 30。

参考答案

　　（53）A

试题（54）

　　在 Excel 中，__(54)__ 不是计算 A1、A2、A3 单元格中数据平均值的公式。

　　（54）A．=(A1+A2+A3)/3　　　　　B．=SUM(A1:A3)/3
　　　　　C．=MAX(A1:A3)/3　　　　　　D．=AVERAGE(A1:A3)

试题（54）分析

　　本题考查电子表格数据处理基础知识。
　　MAX 函数是计算最大值的函数。

参考答案

　　（54）C

试题（55）

　　PowerPoint 2007 演示文稿默认的文件扩展名是__(55)__。

　　（55）A．ppt　　　　　B．pps　　　　　C．pptx　　　　　D．htm

试题（55）分析

　　本题考查演示文稿处理基础知识。
　　PowerPoint 2007 演示文稿默认的文件扩展名是 pptx。

参考答案

　　（55）C

试题（56）

　　为将演示文稿置于另一台不带 PowerPoint 系统的计算机上放映，那么在放映前应该对演示文稿进行__(56)__。

　　（56）A．复制　　　　　B．打包　　　　　C．压缩　　　　　D．打印

试题（56）分析

　　本题考查演示文稿处理基础知识。
　　将演示文稿置于另一台不带 PowerPoint 系统的计算机上放映，应在放映演示文稿前对该演示文稿进行打包。

参考答案

　　（56）B

试题（57）

　　以下关于 PowerPoint 背景命令的叙述中，正确的是__(57)__。

　　（57）A．背景命令只能为一张幻灯片添加背景
　　　　　B．背景命令只能为所有幻灯片添加背景
　　　　　C．背景命令可对一张或所有幻灯片添加背景
　　　　　D．背景命令只能对首末幻灯片添加背景

试题（57）分析

　　本题考查演示文稿处理基础知识。

PowerPoint 背景命令可对该演示文稿中的一张或所有幻灯片添加背景。

参考答案

(57) C

试题 (58)

若要查询成绩为 70～80 分（包括 70 分，不包括 80 分）的学生的信息，以下查询准则设置正确的是 (58) 。

(58) A．>69 or <80 B．Between 70 with 80
　　　C．>=70 and <80 D．IN(70,79)

试题 (58) 分析

本题考查数据库处理基础知识。

查询成绩为 70～80 分（包括 70 分，不包括 80 分）的学生的信息，正确的查询准则是 ">=70 and <80"。

参考答案

(58) C

试题 (59)

DBMS 是 (59) 的简称。

(59) A．数据库管理系统 B．数据库使用系统
　　　C．数据处理系统 D．数据库操作系统

试题 (59) 分析

本题考查数据库处理基础知识。

DBMS 是数据库管理系统的简称。

参考答案

(59) A

试题 (60)

以下关于计算机病毒的叙述中，不正确的是 (60) 。

(60) A．计算机病毒能复制自身代码，通过磁盘、网络等传染给其他文件或系统
　　　B．计算机病毒可在一定的激发条件下被激活，并开始传染和破坏
　　　C．任一种计算机病毒尚不能传染所有的计算机系统或程序
　　　D．目前流行的杀毒软件已能预防和清除所有的计算机病毒

试题 (60) 分析

本题考查信息安全基础知识。

计算机病毒与杀毒软件是在动态过程中发展变化的。违法者企图避开杀毒软件的锋芒不断制造新的病毒；杀毒软件则不断改进，希望能查杀尽可能多种类的病毒。任一种计算机病毒难于传染所有的计算机系统或程序，任何一种杀毒软件也难于查杀所有已知的病毒。

参考答案

(60) D

试题（61）

为保护个人信息安全需要提高自我保护意识。以下除 __(61)__ 外都是正确的对策。

(61) A. 对陌生机构陌生人收集自己的信息时需要多加盘问并努力验证
B. 提供身份证复印件时要在不影响使用的地方加注使用限制说明
C. 销毁用过的简历、快递单、银行业务凭条等，避免被他人利用
D. 收到广告短信后立即举报和追查对方如何获得自己的个人信息

试题（61）分析

本题考查信息安全基础知识。

现在垃圾短信很多，收到无用的广告短信后，一般都会删除。只有对诈骗短信、有危害性的短信才需要举报。收到所有广告短信立即举报和追查并不现实。

参考答案

(61) D

试题（62）

以下除 __(62)__ 外，都是信息安全保障体系需要重点保证的。

(62) A. 数据存储的安全　　　　B. 数据计算的安全
C. 数据传输的安全　　　　D. 数据使用的安全

试题（62）分析

本题考查信息安全基础知识。

数据计算一般是用通用软件或信息系统来进行的，计算过程一般没有安全性问题。数据存储则容易损坏和丢失，数据传输容易被窃取和干扰，数据使用时则容易被窃取和篡改。

参考答案

(62) B

试题（63）

小王刚受聘于某企业，所任职位及工作性质知悉该企业的部分商业秘密。为此，该企业与小王签订了保密及竞业限制协议。该协议中列出了一些对涉密员工的要求，但 __(63)__ 中的内容并不妥当。

(63) A. 不得查看（或通过网络、他人电脑阅读）、复制与本职工作或自身业务无关的本企业商业秘密信息
B. 对因工作需要由本人接触、保管的有关本企业或企业客户的文件应妥善对待，未经许可不得超出工作范围使用
C. 因个人原因欲终止劳动合同的，必须提前 3 个月书面通知企业。企业根据需要有权进行脱密安排，调离原工作岗位
D. 聘用终止后，不得进入同行业的任何单位工作

试题（63）分析

本题考查有关的法律法规基础知识。

D 中的条款是不妥当的。即使同行业的单位中，也存在很多岗位与原来的涉密岗位没有关系。如果条款改为："聘用终止后，若干年内不得进入与本单位有竞争关系或对本单位工

作会有不良影响的岗位"这是合理的。

参考答案

（63）D

试题（64）

以下行为中，除__（64）__外，都是违法的。

（64）A．在互联网上建立淫秽网站　　B．在网上侮辱、诽谤他人
　　　C．在网上宣传、销售伪劣产品　　D．从网上下载不明著作权的文章

试题（64）分析

本题考查有关的法律法规基础知识。

上网下载不明著作权的文章，这并不违法，但是需要仔细阅读是否有限制使用方面的说明。尊重作者的著作权是公民的基本道德素养和法律意识。

参考答案

（64）D

试题（65）

专业数据处理技术人员的职责不包括__（65）__。

（65）A．从庞杂晦涩的数据中，发现亮点、问题和趋势
　　　B．将问题以及数据分解成更小的、更清晰的组块
　　　C．将问题以及原因分析以清晰的的形式写出报告
　　　D．根据问题及其分析，做出解决业务问题的决策

试题（65）分析

本题考查信息处理实务基础知识。

专业数据处理人员的职责包括根据上级要求制订数据处理规划，进行数据处理，分析数据，发现问题，写出报告，提出解决问题的建议，供决策者参考。数据处理人员不能代替领导做决策。

参考答案

（65）D

试题（66）

企业对信息处理技术员的素质要求中不包括__（66）__。

（66）A．根据有关的法规和合同，保护、处理、提交数据
　　　B．根据企业发展战略制定信息系统发展战略
　　　C．认真细致工作，并想方设法提高工作效率
　　　D．具有良好的团队合作精神

试题（66）分析

本题考查信息处理实务基础知识。

根据企业发展战略制定信息系统发展战略是企业CIO（首席信息官）的职责，非信息处理技术人员的责任。

参考答案

(66) B

试题 (67)

以下关于信息整理的叙述中，不正确的是 __(67)__ 。

(67) A. 信息整理属于日常工作，重复且麻烦，不含创造性
　　　B. 信息整理的目的是为了方便快捷地找到所需的信息
　　　C. 将分散在多处的信息联网同步将有助于无障碍办公
　　　D. 信息整理常需要分类，而类别的划分需要与时俱进

试题 (67) 分析

本题考查信息处理实务基础知识。

信息整理属于日常工作，重复且麻烦，但也具有创造性。首先是熟能生巧，不断改进工作，提高效率。此外，还可能发现问题，向有关领导报告。如能经常总结经验，建立一套规范，培训新人，这就为企业做出了更大的贡献。如能有独特见解，创新工作流程，更可以为推广到社会做出样板。

参考答案

(67) A

试题 (68)

下图是某工程 A～E 五个作业的进度计划。按照该计划，到 5 月 31 日检查时，已完成作业数、已经开始但尚未完成的作业数以及尚未开始的作业数应分别为 __(68)__ 。

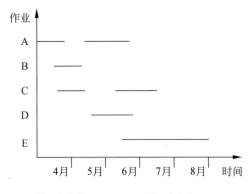

(68) A. 1,2,2　　　B. 1,3,1　　　C. 2,2,1　　　D. 3,2,0

试题 (68) 分析

本题考查信息处理实务基础知识。

题中的进度计划图属于横道图或甘特图（Gantt chart）。图上用水平线描述了作业的时间跨度，非常直观地表明了各作业的进度计划。该图特别有用之处在于，在任一时刻可以将实际进度与计划进度进行对比。例如，按此计划，在 5 月 31 日（图中横轴 5 月与 6 月之间的分界线上），作业 A 应该完成了大半；作业 B 应该已经完成；作业 C 应该完成了前一阶段工

作,但尚未开始第二阶段工作;作业 D 应该在进行中;作业 E 应该还没有开始。

因此,按计划,到 5 月 31 日,应该有 1 个作业(B)已经完成;有 3 个作业(A、C、D)已经开始但尚未完成;有 1 个作业(E)已经完成。

参考答案

(68) B

试题(69)

假设有 5 个网站 A、B、C、D、E,这些网站之间具有的链接关系如下表:

从\到	A	B	C	D	E
A		√	√	√	
B	√			√	
C					√
D		√	√		
E				√	

其中符号"√"表示存在从一个网站到另一个网站的链接。假设网站的权威度定义为有多少个网站链接到该网站,则上述 5 个网站中权威度最高的是　(69)　。

(69) A. A   B. B   C. C   D. D

试题(69)分析

本题考查信息处理实务基础知识。

网站权威度最原始的定义就是被引用率(被链接率或被指向率)。例如,题中的表格表明网站 D 有三个网站(A、B、E)引用它(链接到它或指向它),这是最多的。因此,这 5 个网站组成的封闭体系中,网站 D 的权威度最高。当然,在实际计算时,还需要防止人为故意做的假链接(用作弊的方法提高权威度)。

参考答案

(69) D

试题(70)

信息处理组长感到日常的信息处理工作效率不高,而且容易出错。为解决这个问题,一般来说,应重点采取的技术措施是　(70)　。

(70) A. 修订工作进度计划   B. 改进或优化工作流程
   C. 调整设备资源分配   D. 制订严格的奖惩措施

试题(70)分析

本题考查信息处理实务基础知识。

在信息处理工作过程中,为提高信息处理工作效率,减少错误,最重要的技术措施是改进或优化工作流程。这需要不断总结经验教训,持续进行优化改进。选项 D 属于行政措施,选项 A 没有解决存在的问题,选项 C 有时需要做,但这不是关键措施。

参考答案

(70) B

试题（71）

The part of the computer that runs the program is known as ___(71)___.

（71）A．software　　B．memory　　C．CPU　　D．storage

参考译文

计算机中运行程序的部件就是 CPU。

参考答案

（71）C

试题（72）

___(72)___ devices take information people can understand and convert them to a form the computer can process.

（72）A．Input　　B．Output　　C．I/O　　D．Disk

参考译文

输入设备输入人能理解的信息，并将其转换成计算机能处理的形式。

参考答案

（72）A

试题（73）

___(73)___ stored in a database should be accurate.

（73）A．Instructions　　B．Files　　C．Programs　　D．Data

参考译文

存储在数据库中的数据应准确。

参考答案

（73）D

试题（74）

Word processing software is used to create, edit, save and print ___(74)___.

（74）A．photos　　B．graphics　　C．documents　　D．spreadsheets

参考译文

文字处理软件用于建立、编辑、保存和打印文档。

参考答案

（74）C

试题（75）

___(75)___ allows consumers to shop and pay their bill online.

（75）A．E-commerce　　B．E-mail　　C．E-government　　D．E-journal

参考译文

电子商务使消费者能进行网上购物并在线支付。

参考答案

（75）A

第4章 2014下半年信息处理技术员上机考试试题分析与解答

试题一（15分）

用 Word 软件录入以下文字。按题目要求完成后，用 Word 的保存功能直接存盘。

春

　　盼望着，盼望着，东风来了，春天的脚步近了。

　　一切都像刚睡醒的样子，欣欣然张开了眼。山朗润起来了，水涨起来了，太阳的脸红起来了。

　　小草偷偷地从土里钻出来，嫩嫩的，绿绿的。院子里，田野里，瞧去，一大片一大片满是的。坐着，躺着，打两个滚，踢几脚球，赛几趟跑，捉几回迷藏。风轻悄悄的，草软绵绵的。

要求：

1. 将标题"春"字符缩放 200%，并居中。
2. 将正文的第一自然段设置为左、右各缩进 2 字符、首行缩进 2 字符。
3. 把正文的第二自然段段前、段后间距设置为 1 行。
4. 将正文第二自然段最后一句话（山朗润……脸红起来了。）格式设置为斜体、加粗。
5. 页面设置，纸型设置为 B5 纵向，设置页边距上下左右各为 3 厘米。

试题一分析

【考查目的】

- 文字录入及编排。
- 格式菜单的使用。
- 视图菜单的使用。

【要点分析】

本题要点：文档格式、段落设置、页面设置。

【操作的关键步骤】

（1）文档格式。选定文档对象，通过"格式"菜单下的"字体"命令进行文档格式设置。

（2）段落设置。通过"格式"菜单下的"段落"命令进行段落设置。

（3）页面设置。通过"文件"菜单下的"页面设置"命令进行设置。

参考答案

春

盼望着，盼望着，东风来了，春天的脚步近了。

一切都像刚睡醒的样子，欣欣然张开了眼。*山朗润起来了，水涨起来了，太阳的脸红起来了。*

小草偷偷地从土里钻出来，嫩嫩的，绿绿的。院子里、田野里，瞧去，一大片一大片满是的。坐着，躺着，打两个滚，踢几脚球，赛几趟跑，捉几回迷藏。风轻悄悄的，草软绵绵的。

试题二（15 分）

用 Word 软件制作如图示的办理班车通行证申请表。按题目要求完成后，用 Word 的保存功能直接存盘。

办理班车通行证申请表

申请单位：（盖单位章）				年　月　日	
车辆号牌			单位地址		
车辆核定载客数			联系人姓名		
车辆与单位关系		自有／租赁	联系电话		
组织机构代码证书号			身份证号		
班车通行证编号					
申请原因					
办理意见					

要求：
1. 利用相关工具绘制如图示的办理班车通行证申请表。
2. 将标题设置为宋体、小三、黑色、加粗、居中；其他文字设置为宋体、小四、黑色。

试题二分析

【考查目的】

- 绘制图形。
- 文字设置和编排。

● 绘制表格。

【要点分析】

本题要点：绘制表格、字体设置、录入文字并进行编排。

【操作的关键步骤】

（1）文字编排。使用"格式"菜单下的"字体"命令进行字号、字体的设置。

（2）表格菜单的使用。使用"表格"菜单下的"绘制表格"命令绘制表格。

参考答案

办理班车通行证申请表

申请单位：（盖单位章）　　　　　　　　　　　　　年　　月　　日

车辆号牌		单位地址	
车辆核定载客数		联系人姓名	
车辆与单位关系	自有/租赁	联系电话	
组织机构代码证书号		身份证号	
班车通行证编号			
申请原因			
办理意见			

试题三（15 分）

用 Excel 创建"学生成绩表"（内容如下图所示）。按题目要求完成之后，用 Excel 的保存功能直接存盘。

要求：

1. 表格要有可视的边框，并将表中的文字设置为宋体、12 磅、黑色、居中。
2. 用函数计算每名学生的平均分，计算结果保留 2 位小数。
3. 用函数计算数学、英语、计算机科目的最高分。
4. 用函数计算数学、英语、计算机科目的最低分。
5. 根据平均分用函数计算学生的等级评定。评定方法是：85～100 为优秀，70～84 为良好，60～69 为及格，0～59 为不及格。

学生成绩表

姓名	性别	数学	英语	计算机	平均分	等级评定
方芳	女	89	93	78		
程小文	男	83	85	90		
宋立	男	78	67	82		
杨丽芬	女	91	88	95		
李跃进	男	78	72	65		
王自强	男	84	89	96		
刘刚	男	94	75	93		
林敏敏	女	68	83	80		
赵凯	男	85	62	78		
王红	女	75	95	86		
最高分						
最低分						

试题三分析

【考查目的】

- 用 Excel 创建工作表。
- 单元格格式设置。
- 函数计算。

【要点分析】

本题要点：文字的编排（包括字体、字号、颜色等）、单元格格式设置、简单的公式计算、函数计算。

【操作的关键步骤】

（1）文字的编排。使用"格式"菜单下的"单元格"命令，在其下级菜单中选择"字体"命令进行设置。

（2）单元格格式设置。使用"格式"菜单下的"单元格"命令进行设置。

（3）函数计算。第一个学生的平均分计算函数为："=AVERAGE(C3:E3)"；等级评定计算函数为："IF(G3>=85,"优秀",IF(G3>=70,"良好",IF(G3>=60,"及格","不及格")))"；数学最高分计算函数为："=MAX(C3:C12)"；最低分计算函数为："=MIN(C3:C12)"。

参考答案

学生成绩表

姓名	性别	数学	英语	计算机	平均分	等级评定
方芳	女	89	93	78	86.67	优秀
程小文	男	83	85	90	86.00	优秀
宋立	男	78	67	82	75.67	良好
杨丽芬	女	91	88	95	91.33	优秀
李跃进	男	78	72	65	71.67	良好
王自强	男	84	89	96	89.67	优秀
刘刚	男	94	75	93	87.33	优秀
林敏敏	女	68	83	80	77.00	良好
赵凯	男	85	62	78	75.00	良好
王红	女	75	95	86	85.33	优秀
最高分		94	95	96		
最低分		68	62	65		

试题四（15分）

利用系统提供的资料，用 PowerPoint 创意制作演示文稿。按照题目要求完成后，用 PowerPoint 的保存功能直接存盘。

资料：

党纪国法 不容违逆

古人说："凡善怕者，必身有所正、言有所规、行有所止。"一个人只有敬畏法纪，才能慎初、慎微、慎行。反之，如果目无法纪，必然迷心智、乱言行、丢操守。纵观一些落马的贪官，无不是让贪欲蒙蔽了理智，让权势淹没了敬畏，一步步失守法纪的防线，最终走向蜕变腐化、违法犯罪的深渊。这警示每一个党员干部，在党纪国法面前，要心存敬畏，不要心存侥幸。心怀敬畏，才能慎始敬终；警钟长鸣，才能警笛不响。

要求：
1. 标题设置为 40 磅、楷体、黑色、居中。
2. 正文内容设置为 24 磅、宋体、黑色。
3. 演示文稿设置飞入动画效果。
4. 为演示文稿页脚插入日期。

试题四分析

【考查目的】

用 PowerPoint 模板制作演示文稿并对文稿进行"插入动画""动画效果"和"配色方案"设置等。

【要点分析】

本题要点：PowerPoint 的基本操作。

【操作的关键步骤】

（1）熟悉 PowerPoint 的基本操作。
（2）应用"格式"菜单下的"字体"命令设置字体、颜色、字号等。
（3）应用"幻灯片放映"菜单下的"动画"命令进行动画设置。
（4）应用"插入"菜单下的"日期和时间"命令插入日期。

参考答案

党纪国法 不容违逆

古人说："凡善怕者，必身有所正、言有所规、行有所止。"一个人只有敬畏法纪，才能慎初、慎微、慎行。反之，如果目无法纪，必然迷心智、乱言行、丢操守。纵观一些落马的贪官，无不是让贪欲蒙蔽了理智，让权势淹没了敬畏，一步步失守法纪的防线，最终走向蜕变腐化、违法犯罪的深渊。这警示每一个党员干部，在党纪国法面前，要心存敬畏，不要心存侥幸。心怀敬畏，才能慎始敬终；警钟长鸣，才能警笛不响。

试题五（15分）

按照题目要求完成后，用 Access 保存功能直接存盘。

要求：

1. 用 Access 创建"姓名表"（内容如下表所示）。

序号	姓名
1	陈齐
2	李家位
3	罗成波
4	周光

2. 用 Access 创建"基本情况表"（内容如下表所示）。

序号	位置	身高(米)	体重(公斤)
1	后卫	1.85	88
2	后卫	1.92	90
3	中锋	2.12	105
4	前锋	2.02	98

3. 通过 Access 的查询功能，生成"情况汇总表"（内容如下表所示）。

序号	姓名	位置	身高(米)	体重(公斤)
1	陈齐	后卫	1.85	88
2	李家位	后卫	1.92	90
3	罗成波	中锋	2.12	105
4	周光	前锋	2.02	98

试题五分析

【考查目的】

用 Access 创建表、汇总表和用主键建立关系查询的方法。

【要点分析】

本题要点：在"姓名表""基本情况表"的基础上生成"情况汇总表"。

【操作的关键步骤】

（1）分别建立"姓名表""基本情况表"，并选择序号为主键。

（2）选择"工具"菜单下的"关系"命令，在弹出"显示表"对话框中选择，把"姓名表""基本情况表"等通过"添加"按钮加到"关系"表中。

（3）通过编号建立表间联系，选择"姓名表"中的"序号"并拖动鼠标到"基本情况表"的编号，在弹出"编辑关系"对话框中单击"创建"按钮，建立表间联系。

（4）单击"查询"标签，选择"在设计视图中创建查询"，建立"姓名表""基本情况表"间的关系。

（5）通过"查询"菜单下的"运行"命令生成"情况汇总表"。

参考答案

姓名表：表

编号	序号	姓名
1	1	陈齐
2	2	李家位
3	3	罗成波
4	4	周光

基本情况表：表

编号	序号	位置	身高(米)	体重(公斤)
1	1	后卫	1.85	88
2	2	后卫	1.92	90
3	3	中锋	2.12	105
4	4	前锋	2.02	98

情况汇总表：选择查询

序号	姓名	位置	身高(米)	体重(公斤)
1	陈齐	后卫	1.85	88
2	李家位	后卫	1.92	90
3	罗成波	中锋	2.12	105
4	周光	前锋	2.02	98

第 5 章　2015 上半年信息处理技术员上午试题分析与解答

试题（1）

以下关于数据在企业中的价值的叙述中，不正确的是　(1)　。

(1) A．数据资源是企业的核心资产　　　B．数据是企业创新获得机会的源泉

　　C．数据转换为信息才有价值　　　　D．数据必须依附存储介质才有价值

试题（1）分析

本题考查信息化基础知识。

数据需要依附存储介质，但数据的价值是独立的，并不依赖其依附的存储介质。存储介质的价值比较低，数据的价值取决于需求的程度、使用的价值和收集、处理的难度。

参考答案

（1）D

试题（2）

以下关于企业信息化建设的叙述中，不正确的是　(2)　。

(2) A．企业信息化建设是企业转型升级的引擎和助推器

　　B．企业对信息化与业务流程一体化的需求越来越高

　　C．企业信息化建设的成本越来越低，技术越来越简单

　　D．业务流程的不断完善与优化有利于企业信息化建设

试题（2）分析

本题考查信息化基础知识。

现在，企业对信息化建设的要求越来越高，信息系统越来越复杂，但要求使用方便，操作快捷、效果好，还要求更广的连通度，更高的自动化，更便于维护，因此，技术越来越高级，成本也更高。

参考答案

（2）C

试题（3）

以下关于移动互联网发展趋势的叙述中，不正确的是　(3)　。

(3) A．移动社交将成为人们数字化生活的平台

　　B．市场对移动定位服务的需求将快速增加

　　C．手机搜索引擎将成为移动互联网发展的助推器

　　D．因安全问题频发，移动支付不会成为发展趋势

试题（3）分析

本题考查信息化基础知识。

移动支付是互联网金融的发展方向之一。虽然存在安全问题需要解决，但正是解决问题

推动了更大的发展。不断产生新的问题，不断解决问题，是所有事物发展的良性循环。

参考答案

（3）D

试题（4）

从①地开车到⑥地，按下图标明的道路和行驶方向，共有___（4）___种路线。

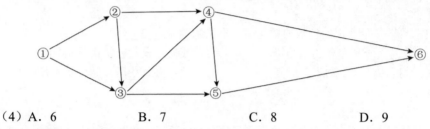

（4）A．6　　　　　　B．7　　　　　　C．8　　　　　　D．9

试题（4）分析

本题考查数学应用基础知识。

利用层次结构分析思考所有的路径如下：

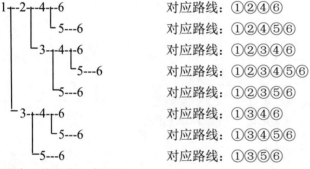

因此，总共有 8 条路径。

参考答案

（4）C

试题（5）

某市今年公交票价涨了 1 倍，客流下降了 20%，则营业收入估计将增加___（5）___。

（5）A．40%　　　　B．50%　　　　C．60%　　　　D．80%

试题（5）分析

本题考查数学应用基础知识。

设去年公交平均票价为 P，乘车人次为 N，则去年的营业收入为 NP。

今年平均票价为 2P，乘车人次预计为 (1−20%)N=0.8N，因此营业收入将为 2×0.8NP=1.6NP=(1+60%)NP。

参考答案

（5）C

试题（6）

字符串编辑有 3 种基本操作：在指定位置插入一个字符、在指定位置删除一个字符、在指定位置用另一个字符替换原来的字符。将字符串 ABCDE，编辑成 ECDFE，至少需要执行__(6)__次基本操作。

(6) A. 2　　　　　　B. 3　　　　　　C. 4　　　　　　D. 5

试题（6）分析

本题考查数学应用基础知识。

对字符串 ABCDE，从左至右，先将 A 替换为 E，随后删除 B，在 CD 后插入 F，经过 3 次操作，可以得到字符串 ECDFE。这是最少的操作次数。

参考答案

(6) B

试题（7）

常用的数据收集方法一般不包括__(7)__。

(7) A. 设备自动采集　　B. 数学模型计算　　C. 问卷调查　　D. 查阅文献

试题（7）分析

本题考查信息处理基础知识。

数据收集的对象是原始数据或者他人已经收集的二手数据。仪表自动采集的数据、问卷调查得到的数据都是原始数据；文献上的数据是二手数据。数据模型计算得到的数据应该算是信息处理后的结果数据或者中间数据。

参考答案

(7) B

试题（8）

数据收集后需要进行检验，检验的内容不应包括__(8)__。

(8) A. 数据是否属于规划的收集范围　　B. 数据是否有错
　　　C. 数据是否可靠　　　　　　　　　D. 数据是否有利于设定的统计结果

试题（8）分析

本题考查信息处理基础知识。

数据处理前不应该先有假设的统计结果，不应该按照先验标准来取舍数据，从而得到符合主观推断的结果。选择部分数据来证明主观推断的正确性这是不正确的。

参考答案

(8) D

试题（9）

以下定性的分类变量中，__(9)__属于有序变量（能排序）。

(9) A. 性别　　　　　B. 血型　　　　　C. 疾病类别　　　　　D. 药品疗效

试题（9）分析

本题考查信息处理基础知识。

定性的药品疗效可分为很好、良好、一般、低效、无效，并可按此进行排序。其他三种定性变量的若干个值都是平等的，不分顺序，属于无序变量。

参考答案

（9）D

试题（10）

信息处理技术员的网络信息检索能力不包括__(10)__。

(10) A．了解各种信息来源，判断其可靠性、时效性、适用性
　　　B．了解有关信息的存储位置，估算检索所需的时间
　　　C．掌握检索语言和检索方法，熟练使用检索工具
　　　D．能对检索效果进行判断和评价

试题（10）分析

本题考查信息处理基础知识。

上网搜索信息时，一般不会关心信息的存储位置，也不会按存储位置来估算检索的时间。

参考答案

（10）B

试题（11）

企业数据中心经常需要向各有关方面提供并展现处理后的数据。以下关于数据展现的叙述中，__(11)__是不正确的。

(11) A．企业业务人员需要的是能看懂、理解，并易于使用的数据
　　　B．数据分析师希望能获得所需的数据来探索数据背后的秘密
　　　C．企业领导需要的是直观的分析结果，并随需查看有关数据
　　　D．向上级领导汇报的数据应绚丽多彩，反映企业的正面形象

试题（11）分析

本题考查信息处理基础知识。

向上级领导汇报数据时应实事求是，正确全面反映最关键的实际情况。需要直观形象地展现数据（可视化），但没有必要过于绚丽多彩。要全面反映企业的实际形象，包括正面的和负面的。

参考答案

（11）D

试题（12）

数据图表的评价标准不包括__(12)__。

(12) A．严谨。不允许细微的错误，经得住推敲
　　　B．简约。图简意赅，重点说明主要观点
　　　C．美观。令人赏心悦目，印象深刻
　　　D．易改。便于让用户修改、扩充、利用

试题（12）分析

本题考查信息处理基础知识。

数据图表是展现数据的手段，一般并不希望他人修改。图表的评价标准中不应包括易改性。

参考答案
　　（12）D

试题（13）
　　数据分析报告的作用不包括　（13）　。
　　（13）A．展示分析结果　　　　　　B．验证分析质量
　　　　　C．论证分析方法　　　　　　D．向决策者提供参考依据

试题（13）分析
　　本题考查信息处理基础知识。
　　数据分析报告中需要说明采用了什么分析方法，分析报告中不需要论证普遍常用的分析方法的正确性。必要时，可以在文献目录中，列出论证某种特殊分析方法的有关论文或书刊。

参考答案
　　（13）C

试题（14）
　　对用户来说，信息系统的　（14）　反映了系统的功能。
　　（14）A．人机界面　　B．架构　　C．数据库　　D．数据结构

试题（14）分析
　　本题考查信息处理基础知识。
　　对用户来说，信息系统的人机界面（包括菜单、图标、对话框、工具箱、帮助说明等）反映了系统的功能。用户并不关心实现功能的方法。

参考答案
　　（14）A

试题（15）
　　某家用监控摄像头广告所列的功能中，　（15）　有错误。
　　（15）A．高清10万像素　　　　　　B．红外夜视
　　　　　C．手机、电脑远程监控　　　D．7天循环存储录像

试题（15）分析
　　本题考查计算机系统基础知识。
　　按目前摄像头拍摄清晰度的水平，标清也需要30万像素，高清则需要有100万像素，所以高清10万像素肯定是有误的。

参考答案
　　（15）A

试题（16）
　　下列几种存储器中，存取周期最短的是　（16）　。
　　（16）A．内存储器　　B．光盘存储器　　C．硬盘存储器　　D．U盘存储器

试题（16）分析
　　本题考查计算机系统基础知识。
　　本题四种存储器中，内存肯定是存取速度最快的。

参考答案

（16）A

试题（17）

下列设备中，既可向计算机输入数据又能接收计算机输出数据的是　(17)　。

（17）A．打印机　　　　B．显示器　　　　C．磁盘存储器　　　　D．光笔

试题（17）分析

本题考查计算机系统基础知识。

打印机、显示器是输出设备；光笔可以在屏幕上指点定位，属于输入设备；触摸屏也是输入设备。磁盘是存储设备，既可以向计算机输入数据，又可以接收计算机输出数据。

参考答案

（17）C

试题（18）

以下关于计算机操作系统的叙述中，不正确的是　(18)　。

（18）A．操作系统是方便用户管理和控制计算机资源的系统软件

　　　　B．操作系统是计算机中最基本的系统软件

　　　　C．操作系统是用户与计算机硬件之间的接口

　　　　D．操作系统是用户与应用软件之间的接口

试题（18）分析

本题考查计算机系统基础知识。

根据计算机系统的层次模型，从最低层往上各个层次依次为：硬件、操作系统、应用软件、用户。中间每个层次是上层与下层之间的接口。

参考答案

（18）D

试题（19）

以下关于办公软件的叙述中，不正确的是　(19)　。

（19）A．办公软件实现了办公设备的自动化

　　　　B．办公软件支持日常办公、无纸化办公

　　　　C．许多办公软件支持网上办公、移动办公

　　　　D．许多办公软件支持协同办公，是沟通、管理、协作的平台

试题（19）分析

本题考查计算机系统基础知识。

办公软件旨在实现办公自动化，而不是办公设备的自动化。

参考答案

（19）A

试题（20）

即时通信（Instant Messaging）能即时发送和接收互联网消息，是目前互联网上最为流行的通信方式。各种各样的即时通信软件层出不穷。以下关于即时通信的叙述中，不正确的

是__(20)__。

(20) A. 即时通信软件允许多人在网上即时传递文字信息、语音与视频
     B. PC 即时通信正向移动客户端发展，个人即时通信已扩展到企业即时通信
     C. 商务即时通信可用于寻找客户资源，并以低成本实现商务工作交流
     D. 基于网页的信息交流、电子邮件等由于其非即时性正在逐步走向消失

试题（20）分析

本题考查计算机系统基础知识。

各种信息交流方式各有不同的用途，适用于不同的场合。即时通信能及时得到响应，但在不希望干扰的场合，非实时的电子邮件（还可以发送附件）也是需要的。在 PC 机或移动设备上，用浏览器浏览网页也是常用的上网应用方式。只有在某种交流方式的全部好处被其他更便利的方式替代时，才会由用户和市场决定淘汰它（例如 BP 寻呼）。

参考答案

(20) D

试题（21）

以下选项中，除__(21)__外都是计算机维护常识。

(21) A. 热拔插设备可随时拔插设备   B. 计算机环境应注意清洁
     C. 计算机不用时最好断开电源   D. 关机后不要立即再开机

试题（21）分析

本题考查计算机系统基础知识。

热拔插设备指的是不需要安装驱动程序，直接插上就能用。但如果在数据传输正在进行时拔出设备，则可能会丢失数据，甚至损坏设备。

参考答案

(21) A

试题（22）

以下选项中，除__(22)__外都是使用电脑的不良操作习惯。

(22) A. 大力敲击键盘   B. 常用快捷键代替鼠标操作
     C. 边操作边吃喝   D. 用毕的应用没有及时关闭

试题（22）分析

本题考查计算机系统基础知识。

对非常熟练的操作员来说，在大批量操作时，常用快捷键代替鼠标操作，这样速度更快。鼠标方便于初学者和非专业操作员操作。鼠标的移动比较慢，需要眼手并用，不能盲打录入。

参考答案

(22) B

试题（23）

为使双击指定类型的文件名就能调用相应的程序来打开处理它，需要将这种文件类型与相应的程序建立文件__(23)__。

(23) A. 匹配   B. 关联   C. 链接   D. 对照

试题（23）分析

本题考查计算机系统基础知识。

只有在文件扩展名与相应的执行程序建立关联后，才能在资源管理器中双击文件名后自动调用相应的程序来执行。有些关联是系统预先设置好的，有些新的关联则需要用户自己来设置。

参考答案

（23）B

试题（24）

计算机操作人员对软件响应性的要求不包括__（24）__。

（24）A. 软件响应任何一次用户操作的时间不要超过 3 秒
 B. 软件应立即让用户知道已经接受了按键或鼠标操作
 C. 对较长时间的操作，软件应估算并显示操作进度
 D. 一般情况下，软件应允许用户在等待期间做其他操作

试题（24）分析

本题考查计算机系统基础知识。

软件响应用户的命令行操作时间要求不超过 3 秒，但响应鼠标移动的操作则要短得多（约 0.1 秒），否则拖动图像的动作就算失败。对话操作的响应时间要求不超过 1 秒。

参考答案

（24）A

试题（25）

触摸屏的手指操作方式不包括__（25）__。

（25）A. 长按　　　　B. 右击　　　　C. 缩放　　　　D. 点滑

试题（25）分析

本题考查计算机系统基础知识。

触摸屏的手指操作方式包括单击、长按、缩放、点滑等，没有右击操作。

参考答案

（25）B

试题（26）

应用程序在运行时如果需要用户输入信息，通常会弹出__（26）__。用户可以在其中按照提示做出选择或输入信息。

（26）A. 信息框　　　B. 对话框　　　C. 组合框　　　D. 文本框

试题（26）分析

本题考查计算机系统基础知识。

应用程序在运行时如果需要用户输入信息，通常会弹出对话框。用户可以在其中按照提示做出选择或输入信息。

参考答案

（26）B

试题（27）

　　__(27)__ 不属于移动终端设备。

　　（27）A．智能手机　　　B．平板电脑　　　C．无绳电话机　　　D．可穿戴设备

试题（27）分析

　　本题考查计算机系统基础知识。

　　移动终端设备包括智能手机、平板电脑、掌上电脑（个人助理）、可穿戴设备（如智能手表、手环、数字眼镜）等，但不包括无绳电话机。

参考答案

　　（27）C

试题（28）

　　人们可以在搜索引擎中输入__(28)__在互联网上搜索所需的信息。

　　（28）A．关键词　　　B．文件后缀名　　　C．文件类型　　　D．文件大小

试题（28）分析

　　本题考查计算机系统基础知识。

　　人们可以在搜索引擎中输入关键词，在互联网上搜索所需的信息。

参考答案

　　（28）A

试题（29）

　　物联网依靠__(29)__感知环境信息。

　　（29）A．传感器　　　B．触摸屏　　　C．操纵杆　　　D．调制解调器

试题（29）分析

　　本题考查计算机系统基础知识。

　　物联网依靠传感器感知环境信息，再通过互联网实现物物相连、人物相连。

参考答案

　　（29）A

试题（30）

　　Windows 7 的所有操作都可以从__(30)__。

　　（30）A．"资源管理器"开始　　　　　B．"计算机"开始
　　　　　C．"开始"按钮开始　　　　　　D．"桌面"开始

试题（30）分析

　　本题考查 Windows 基础知识。

　　单击"开始"按钮会弹出"开始"菜单。菜单中将显示 Windows 7 中各种程序选项，单击其中的任意选项可启动对应的系统程序或应用程序。

参考答案

　　（30）C

试题（31）

　　在 Windows 7 中，若删除桌面上某个应用程序的快捷方式图标，则__(31)__。

(31) A. 该应用程序被删除　　　　　B. 该应用程序不能正常运行
　　　C. 该应用程序被放入回收站　　D. 该应用程序快捷方式图标可以重建

试题（31）分析

本题考查 Windows 基础知识。

桌面图标主要包括系统图标和快捷图标两部分。其中系统图标指可进行与系统相关操作的图标；快捷图标指应用程序的快捷启动方式（可以理解为指向应用程序的一个指针）。若删除快捷图标，应用程序仍可正常运行，并且可重新在桌面建立相应的快捷图标。

参考答案

（31）D

试题（32）

在 Word 2007 编辑状态下，对于选定的文字不能进行的设置是　（32）　。

（32）A. 加下画线　　B. 加着重号　　C. 添加效果　　D. 对称缩进

试题（32）分析

本题考查 Word 基础知识。

通过下图可知，对于选定的文字不能进行对称缩进设置。

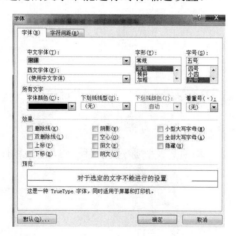

参考答案

（32）D

试题（33）

在 Word 2007 编辑状态下，要打印文稿的第 1 页、第 3 页和第 6、7、8 页，可在打印页码范围中输入　(33)　。

（33）A. 1, 3-8　　　B. 1, 3, 6-8　　　C. 1-3, 6-8　　　D. 1-3, 6, 7, 8

试题（33）分析

本题考查 Word 基础知识。

在"打印"对话框中，如果要打印不连续的几页，则可在"页码范围"中输入由逗号分隔的各个页码。为打印第 1 页、第 3 页和第 6、7、8 页，可在"页码范围"中输入"1, 3, 6-8"。

如果打印某一范围的连续几页，可按"起始页码—终止页码"的格式输入。如打印第 6、

7、8 页,可在打印页码范围中输入"6-8"。

如果仅打印文档的某一部分,可将其选中,然后选择"所选内容",单击打印即可。

参考答案

(33) B

试题(34)

在 Word 2007 编辑状态下,将表格中的 3 个单元格合并,则__(34)__。

(34) A. 只显示第 1 个单元格中的内容　　B. 3 个单元格的内容都不显示

　　　　C. 3 个单元格中的内容都显示　　　D. 只显示最后一个单元格中的内容

试题(34)分析

本题考查 Word 基础知识。

例如合并前的单元格:

11	22	33

则合并后的单元格:

11 22 33

参考答案

(34) C

试题(35)

下列关于 Word 2007 的叙述中,正确的是__(35)__。

(35) A. 可以通过添加不可见的数字签名来确保文档的完整性

　　　B. 可以将编辑完成的文档内容直接发布到微信中

　　　C. 限制权限可以限制用户复制、编辑文本,但不能限制用户打印文本

　　　D. 将 Word 2007 编辑的文档另存为 Word 文档后,可用 Word 2003 直接打开

试题(35)分析

本题考查 Word 基础知识。

B 选项,可以将编辑完成的文档内容直接发布到博客中。

C 选项,限制权限可以限制用户复制、编辑和打印文本。

D 选项,将 Word 2007 编辑的文档另存为 Word 97-2003 文档后,才能用 Word 2003 直接打开。

参考答案

(35) A

试题(36)

在 Word 的编辑状态下,连续执行三次"插入"操作,再单击一次"取消"命令后,则__(36)__。

(36) A. 第一次插入的内容被取消　　B. 第二次插入的内容被取消

　　　　C. 第三次插入的内容被取消　　D. 三次插入的内容都被取消

试题(36)分析

本题考查 Word 基础知识。

"取消"操作是撤销前 1 次的操作。连续执行三次"插入"操作,再单击一次"取消"命令,就是撤销第三次插入操作,即第三次插入的内容被取消。

参考答案

(36) C

试题（37）

在 Word 2007 的编辑状态下,删除一个段落标记后,前后两段文字会合并为一个段落。其中,文字字体___(37)___。

(37) A. 均变为系统默认格式　　　　　B. 均变为合并前第一段字体格式
　　　C. 均变为合并前第二段字体格式　　D. 均保持与合并前一致,不发生变化

试题（37）分析

本题考查 Word 基础知识。

在 Word 2007 的编辑状态下,删除一个段落标记后,前后两段文字会合并为一个段落,合并后的段落文字字体与合并前一致,不会改变。

参考答案

(37) D

试题（38）

在 Word 2007 的编辑状态下,打开一个 K.docx 文档,编辑完成后执行"保存"操作,则___(38)___。

(38) A. 编辑后的文档以原文件名保存
　　　B. 生成一个 K2.docx 文档
　　　C. 生成一个 K.doc 文档
　　　D. 弹出对话框,确认需要保存的位置和文件名

试题（38）分析

本题考查 Word 基础知识。

打开 K.docx 文档,编辑完成后执行"保存"操作,仍以原保存路径和文件名进行保存,保存的内容是编辑后的内容。

参考答案

(38) A

试题（39）

要将编辑完成的文档某一段落与其前后两个段落间设置指定的间距,常用的解决方法是___(39)___。

(39) A. 用按回车键的办法进行分隔
　　　B. 通过改变字体的大小进行设置
　　　C. 用"段落-缩进和间距"命令进行设置
　　　D. 用"字体-字符间距"命令进行设置

试题（39）分析

本题考查 Word 基础知识。

要将编辑完成的文档某一段落与其前后两个段落间设置指定的间距，常用"段落-缩进和间距"命令进行设置。

参考答案

（39）C

试题（40）

在 Word 2007 的编辑状态下，对文字字体格式修改后，__（40）__按修改后格式显示。

（40）A．插入点所在的段落中的文字　　　B．文档中所有的文字
　　　　C．修改时被选定的文字　　　　　　D．插入点所在行的全部文字

试题（40）分析

本题考查 Word 基础知识。

在 Word 2007 的编辑状态下，对文字字体格式修改后，修改时被选定的文字按修改后格式显示。

参考答案

（40）C

试题（41）

下列关于 Word "项目符号"的叙述中，不正确的是__（41）__。

（41）A．项目符号可以改变
　　　　B．项目符号可在文本内任意位置设置
　　　　C．项目符号可增强文档的可读性
　　　　D．" ● "" → "等都可以作为项目符号

试题（41）分析

本题考查 Word 基础知识。

项目符号只在每个段落的开始处显示，即设置项目符号要以段落为单位，不是文本内任意位置都可以设置。

参考答案

（41）B

试题（42）

Excel 2007 中，为了直观地比较各种产品的销售额，在插入图表时，宜选择__（42）__。

（42）A．雷达图　　　B．折线图　　　C．饼图　　　D．柱形图

试题（42）分析

本题考查 Excel 基础知识。

雷达图主要用于描述多个指标达到的情况，例如企业经营状况——收益性、生产性、流动性、安全性和成长性的评价。

折线图用于显示随时间或有序类别而变化的趋势。

饼图显示一个数据系列中各项的大小与各项总和的比例。

柱形图用于显示一段时间内的数据变化或显示各项之间的比较情况。

参考答案

（42）D

试题（43）

在 Excel 2007 中，下列运算符优先级最高的是__（43）__。

（43）A. :　　　　　　B. %　　　　　　C. &　　　　　　D. <>

试题（43）分析

本题考查 Excel 基础知识。

在 Excel 2007 公式中，可使用的运算符包括引用运算符、数学运算符、比较运算符和文字运算符。

引用运算符有":"等。

数学运算符有+、-、*、/、%和∧等。

比较运算符有=、<、>、>=、<=、<>。

文字运算符"&"可以将两个文本连接起来。

Excel 对运算符的优先级作了严格的规定，数学运算符从高到低分为 3 个级别，%和∧、*和/、+和-。比较运算符优先级相同。四类运算符的优先顺序为引用运算符、数学运算符、文字运算符、比较运算符。

参考答案

（43）A

试题（44）、（45）

在 Excel 2007 中，单元格 A1、B1、C1、A2、B2、C2 中的值分别为 1、2、3、4、5、6，若在单元格 D1 中输入函数"=SUM(A1:A2,B1:C2)"，按回车键后，则 D1 单元格中的值为__（44）__；若在单元格 D2 中输入公式"=A1+B1-C1"，按回车键后，则 D2 单元格中的值为__（45）__。

（44）A. 6　　　　　B. 10　　　　　C. 21　　　　　D. #REF

（45）A. 0　　　　　B. 3　　　　　C. 15　　　　　D. #REF

试题（44）、（45）分析

本题考查 Excel 基础知识。

函数"=SUM(A1:A2,B1:C2)"的含义是计算 A1、A2、B1、C1、B2、C2 单元格中值的和，计算结果为 21。

公式"=A1+B1-C1"的含义是计算 A1、B1 单元格中值的和减去 C1 单元格中值的差，计算结果为 0。

参考答案

（44）C　　（45）A

试题（46）

在 Excel 2007 中，设 A1 单元格中的值为 20.23，A2 单元格中的值为 60，若在 C1 单元格中输入函数"=AVERAGE(ROUND(A1,0),A2)"，按回车键后，则 C1 单元格中的值为__（46）__。

（46）A. 20.23　　　　B. 40　　　　　C. 40.1　　　　　D. 60

试题（46）分析

本题考查 Excel 基础知识。

函数"=AVERAGE(ROUND(A1,0),A2)"的含义是将 A1 单元格中的值先四舍五入取整数后，再与 A2 单元格的值，计算算术平均值，计算结果为 40。

参考答案

（46）B

试题（47）

在 Excel 2007 中，单元格 A1、A2、A3、B1、B2、B3、C1、C2、C3 中的值分别为 12、23、98、33、76、56、44、78、87，若在单元格 D1 中输入按条件计算最大值函数"=LARGE(A1:C3,3)"，按回车键后，则 D1 单元格中的值为__(47)__。

(47) A. 12　　　　B. 33　　　　C. 78　　　　D. 98

试题（47）分析

本题考查 Excel 基础知识。

LARGE 函数是用来选取第 K 个最大的数值。

因此，函数"=LARGE(A1:C3,3)"的含义是选取 A1、A2、A3、B1、B2、B3、C1、C2、C3 中第 3 大的数值，计算结果为 78。

参考答案

（47）C

试题（48）

在 Excel 2007 中，单元格 A1、A2、A3、B1 中的值分别为 56、97、121、86，若在单元格 C1 中输入函数"=IF(B1>A1,"E",IF(B1>A2,"F","G"))"，按回车键后，则 C1 单元格中的值为__(48)__。

(48) A. E　　　　B. F　　　　C. G　　　　D. A3

试题（48）分析

本题考查 Excel 基础知识。

函数"=IF(B1>A1,"E",IF(B1>A2,"F","G"))"的含义是首先计算 B1 是否大于 A1。如果大于，则输出 E，否则再计算 B1 是否大于 A2，大于则输出 F，否则输出 G。题目中 B1 单元格中的值为 86，A1 单元格中的值为 56，86 大于 56，因此计算结果为 E。

参考答案

（48）A

试题（49）

在 Excel 2007 中，单元格 A1、A2、A3、A4 中的值分别为 10、12、16、20，若在单元格 B1 中输入函数"=PRODUCT(A1:A2)/ABS(A3–A4)"，按回车键后，则 B1 单元格中的值为__(49)__。

(49) A. 22　　　　B. 16　　　　C. 30　　　　D. 58

试题（49）分析

本题考查 Excel 基础知识。

函数"=PRODUCT(A1:A2)/ABS(A3–A4)"的含义是 A1 和 A2 单元格中值的乘积除以

A3 与 A4 单元格中值的差的绝对值，计算结果为 30。

参考答案

（49）C

试题（50）～（52）

有如下 Excel 2007 工作表，在 A8 单元格中输入函数"=COUNTA(B4:D7)"，按回车键后，则 A8 单元格中的值为　(50)　；要计算张丹的销售业绩，应在 E4 单元格中输入函数　(51)　；销售奖金的计算方法是某种商品销售量大于等于 70 奖励 500 元，小于 70 则没有奖励。要计算王星的销售奖金，应在 F6 单元格中输入函数　(52)　。

	A	B	C	D	E	F
1		销售业绩统计表				
2	单价	¥150.00	¥180.00	¥200.00	销售业绩	销售奖金
3	商品	E	F	G		
4	张丹	20		42		
5	周海		50	22		
6	王星	60	75			
7	李娜	85		42		
8						

（50）A．4　　　　　　B．6　　　　　　C．8　　　　　　D．12

（51）A．=SUM(B2:B4,D2:D4)

　　　B．=SUM(B2:D2)*(SUM(B4:D4))

　　　C．=SUMIF(B2:D2)*(SUM(B4:D4))

　　　D．=SUMPRODUCT($B$2:$D$2,$B$4:$D$4)

（52）A．=SUM(IF(B6>70,"500"),IF(C6>70,"500"),IF(D6>70,"500"))

　　　B．=SUMIF(B6>70,"500"),IF(C6>70,"500"),IF(D6>70,"500")

　　　C．=IF(B6>70,"500",IF(C6>70,"500",IF(D6>70,"500")))

　　　D．=COUNTIF(B6>70,"500",IF(C6>70,"500",IF(D6>70,"500")))

试题（50）～（52）分析

本题考查 Excel 基础知识。

函数"=COUNTA(B4:D7)"的含义是统计 B4 到 D7 非空单元格的数量，计算结果为 8。

计算张丹的销售业绩，应输入函数"=SUMPRODUCT($B$2:$D$2,$B$4:$D$4)"。

计算王星的销售奖金应首先判断该种商品销售是否大于 70，大于 70 输出 500，否则不输出，然后再计算总和，因此计算函数为

"=SUM(IF(B6>70,"500"),IF(C6>70,"500"),IF(D6>70,"500"))"。

参考答案

（50）C　　（51）D　　（52）A

试题（53）

在演示文稿中，插入超级链接时，所链接的目标不能是　(53)　。

（53）A．另一个演示文稿　　　　　　B．同一演示文稿的某一张幻灯片

　　　C．其他应用程序的文档　　　　D．某张幻灯片中的某个对象

试题（53）分析

本题考查演示文稿基础知识。

通过下图可知，在演示文稿中，插入超级链接时，所链接的目标不能是某张幻灯片中的某个对象。

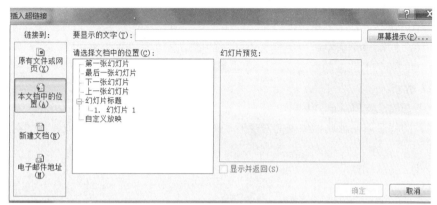

参考答案

（53）D

试题（54）

幻灯片母版是模板的一部分，它存储的信息不包括__(54)__。

(54) A．文稿内容　　　　　　　　B．颜色、主题、效果和动画

　　　C．文本和对象占位符的大小　D．文本和对象在幻灯片上的放置位置

试题（54）分析

本题考查演示文稿基础知识。

通过下图可知，幻灯片母版存储的信息不包括文稿内容。

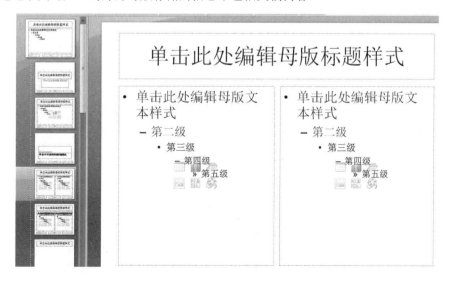

参考答案

（54）A

试题（55）

当新插入的背景剪贴画遮挡原来的对象时，最合适的调整方法是__(55)__。

（55）A．调整剪贴画的大小

B．调整剪贴画的位置

C．删除这个剪贴画，更换大小合适的剪贴画

D．调整剪贴画的叠放次序，将被遮挡的对象提前

试题（55）分析

本题考查演示文稿基础知识。

新插入的背景剪贴画遮挡原来的对象时，调整剪贴画的叠放次序，将被遮挡的对象提前。

参考答案

（55）D

试题（56）

用户设置幻灯片放映时，不能做到的是__(56)__。

（56）A．设置幻灯片的放映范围　　B．选择观众自行浏览方式放映

C．设置放映幻灯片大小的比例　　D．选择以演讲者放映方式放映

试题（56）分析

本题考查演示文稿基础知识。

通过下图可知，幻灯片放映时，不能设置放映幻灯片大小的比例。

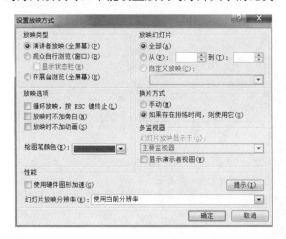

参考答案

（56）C

试题（57）

下列关于 Access 主键的叙述中，不正确的是__(57)__。

（57）A．设置多个主键可以查找不同表中的信息

B．主键可以包含一个或多个字段

C. 设置主键的目的是保证表中所有记录都能被唯一识别

D. 如表中没有可用作唯一识别的字段，可用多个字段来组合成主键

试题（57）分析

本题考查 Access 基础知识。

主键是数据库中具有唯一性的字段，也就是说数据表中的任意两条记录都不可能拥有相同的主键字段。在设计数据库时可以通过设置主键来提高数据查询的性能。

参考答案

（57）A

试题（58）

   (58) 属于非线性数据结构。

(58) A．循环队列　　　B．带链队列　　　C．二叉树　　　D．带链栈

试题（58）分析

本题考查数据结构基础知识。

二叉树属于非线性数据结构。

参考答案

（58）C

试题（59）

在 Access 数据库中使用向导创建查询，其数据 (59) 。

(59) A．必须来自多个表　　　　　　B．只能来自一个表

　　C．只能来自一个表的某一部分　D．可以来自表或查询

试题（59）分析

本题考查 Access 基础知识。

Access 数据库中使用向导创建查询，其数据可以来自表或查询。

参考答案

（59）D

试题（60）

安全操作常识不包括 (60) 。

(60) A．不要扫描来历不明的二维码　B．不要复制保存不明作者的图片

　　C．不要下载安装不明底细的软件　D．不要打开来历不明电子邮件的附件

试题（60）分析

本题考查信息安全基础知识。

网上的图片多数没有说明来源，复制保存而不是对外传播一般是没有问题的。

参考答案

（60）B

试题（61）

电子签名是依附于电子文书的，经组合加密的电子形式的签名，表明签名人认可该文书中内容，具有法律效力。电子签名的作用不包括 (61) 。

(61) A．防止签名人抵赖法律责任　　　B．防止签名人入侵信息系统
　　　C．防止他人伪造该电子文书　　　D．防止他人冒用该电子文书

试题（61）分析

本题考查信息安全基础知识。

对电子文书采用电子签名有利于证明确实是自己的承诺，既防止他人冒用、伪造该文书，也防止签名人抵赖法律责任。这与签名人是否入侵信息系统没有关系。

参考答案

(61) B

试题（62）

信息系统中，防止非法使用者盗取、破坏信息的安全措施要求：进不来、拿不走、改不了、看不懂。以下　(62)　技术不属于安全措施。

(62) A．加密　　　　　B．压缩　　　　　C．身份识别　　　　　D．访问控制

试题（62）分析

本题考查信息安全基础知识。

压缩/解压缩技术只是为节省存储量、节省传输时间，与安全关系不大。

参考答案

(62) B

试题（63）

以下选项中，　(63)　违背了公民信息道德，其他三项行为则违反了国家有关的法律法规。

(63) A．在互联网上煽动民族仇恨
　　　B．在互联网上宣扬和传播色情
　　　C．将本单位在工作中获得的公民个人信息，出售给他人
　　　D．为猎奇取乐，偷窥他人计算机内的隐私信息

试题（63）分析

本题考查法律法规基础知识。

为猎奇取乐，偷窥他人计算机内的隐私信息属于道德问题，如果再去传播，甚至销售赢利，或诋毁他人，那就触犯了法律。

参考答案

(63) D

试题（64）

　(64)　不属于知识产权保护之列。

(64) A．专利　　　　　B．商标　　　　　C．著作和论文　　　　　D．定理和公式

试题（64）分析

本题考查法律法规基础知识。

定理和公式是鼓励大家使用的，这是人类文明的成果，应该由全人类所共享。

参考答案

(64) D

试题（65）

信息处理人员需要培养信息意识。信息意识的内涵一般不包括 __(65)__ 。

(65) A．能正确解读拥有的数据　　B．能对异常数据特别关注或产生质疑
　　　C．对数据的个数非常敏感　　D．具有记载工作和个人大事的习惯

试题（65）分析

本题考查信息处理实务基础知识。

一般情况下，收集、处理大量数据时，对数据的确切个数不会敏感。

参考答案

(65) C

试题（66）

回收的问卷调查表中，很多表都有一些没有填写的项。处理缺失值的办法有多种，需要根据实际情况选择使用。对于一般性的缺值项，最常用的有效方法是 __(66)__ 。

(66) A．删除含有缺失值的调查表
　　　B．将缺失的数值以该项已填诸值的平均值代替
　　　C．用某种统计模型的计算值来代替
　　　D．填入特殊标志，凡涉及该项的统计则排除这些项值

试题（66）分析

本题考查信息处理实务基础知识。

社会化的问卷调查所回收的很多问卷会有某些缺失项。如果都删除这些问卷不用，则丢失了许多有用信息，所剩余的问卷也不多了。"将缺失的数值以该项已填诸值的平均值代替"，这在某些情况下是有用的，但多数情况下，这种做法并不合理。例如，某人没有填写性别项，就不能用平均值来代替。"用某种统计模型的计算值来代替"，这也只是特殊情况下的做法。最常用的缺失值处理方法是：填入特殊标志（例如"？"），凡涉及该项的统计则排除这些项值。

参考答案

(66) D

试题（67）

某学校上学期举办了多项课外活动，每个学生获得了一个课外活动总评分值，其中最低分61分，最高分138分。为使该评分指标标准化（评分范围落在0～100分，60分以上及格），使其更直观，更具有可比性（便于与各科目成绩和其他学期课外活动得分比较），需要将每个学生课外活动的总评分值 x 变换成 $ax+b$，并将结果取整数，记录在成绩册。针对上例，在以下4个变换式中，选用 __(67)__ 进行标准化更合适。

(67) A. $\dfrac{(x-61)}{77}$ 　　　　　　B. $\dfrac{100\times(x-61)}{77}$

　　　C. $\dfrac{100\times(x-60)}{140}$ 　　　D. $\dfrac{100\times x}{140}$

试题（67）分析

本题考查信息处理实务基础知识。

该学校本学期课外活动的总评分值位于区间 61～138，经过题中的四种线性变换可以得到调整后的分值范围：A（0～1），B（0～100），C（0～56），D（44～99）。选项 A 和 C 明显不符合一般课程的成绩范围。选项 B 中将最低分变换成 0 分，这并不科学。选项 D 比较适宜。

参考答案

（67）D

试题（68）

对比分析法是数据分析的基本方法之一。对比需要有统一的标准。__（68）__ 是无法进行对比的。

(68) A．甲公司 2014 年的营业额计划与实际完成值
   B．甲公司 2014 年的营业额与乙公司 2014 年的营业额
   C．甲城市 2014 年的 GDP 增长率目标与实际增长率
   D．甲城市 2014 年的 GDP 增长值与乙城市 2014 年的增长率

试题（68）分析

本题考查信息处理实务基础知识。

甲城市的 GDP 增长值与乙城市的 GDP 增长率，这两个值没有可比性。

参考答案

（68）D

试题（69）

为比较甲、乙、丙三种电脑分别在品牌、CPU、内存、硬盘、价格、售后服务六个方面的评分情况，宜选用 __（69）__ 图表展现。

(69) A．簇状柱形图或雷达图　　　　　　B．折线图或雷达图
   C．折线图或圆饼图　　　　　　　　D．圆饼图或簇状柱形图

试题（69）分析

本题考查信息处理实务基础知识。

用簇状柱形图可以在同一张图上对每一个方面都有甲、乙、丙三个柱形进行比较，而且对甲、乙、丙三种电脑可以分别用三种颜色的柱形标明。

还可以对每一种电脑画一张雷达图。在同一中心出发的六条射线上分别标出六个指标值，再用连线围成一个面积，以表示总体情况。

折线图常用于表示趋势，圆饼图常用于表示各个部分在总体中所占的比例。

参考答案

（69）A

试题（70）

某大型企业下属每个事业部都自行建立了信息系统，各自存储数据，各自配备了技术人员维护系统。由于数据格式不同，难以交流，各系统难以连接，形成了一个个信息孤岛，业

务难以协同。为此,公司采取了以下一些整合措施,其中__(70)__并不恰当。

(70) A. 制定数据规范、定义数据标准
B. 规范采集数据方式、集中存储数据
C. 要求各部门采用同一种加工处理方法,使用同一种工具软件
D. 让数据易采集、易存储、易理解、易处理、易交流、易管理

试题(70)分析

本题考查信息处理实务基础知识。

大型企业中的信息系统,要求制定数据规范、定义数据标准,规范采集数据方式、集中存储数据,让数据易采集、易存储、易理解、易处理、易交流、易管理。因为各部门处理的数据不完全相同,数据的用途也不同,因此处理的方法也会不同,采用的工具也会不同,没有必要采用统一的加工处理方法,使用同一种工具软件。

参考答案

(70) C

试题(71)

__(71)__ is the key element for the whole society.

(71) A. Keyboard　　　B. Information　　　C. CPU　　　D. Computer

参考译文

信息是全社会的关键因素。

参考答案

(71) B

试题(72)

__(72)__ is the brain of the computer.

(72) A. Motherboard　　　B. I/O　　　C. CPU　　　D. Display

参考译文

CPU 是计算机的大脑。

参考答案

(72) C

试题(73)

Generally software can be divided into two types: __(73)__ software and application software.

(73) A. system　　　B. I/O　　　C. control　　　D. database

参考译文

一般来说,软件可以分为两类:系统软件和应用软件。

参考答案

(73) A

试题(74)

Traditional __(74)__ are organized by fields, record, and files.

(74) A. documents　　　B. data tables　　　C. data sets　　　D. databases

参考译文

传统的数据库以字段、记录和文件组织起来。

参考答案

（74）D

试题（75）

On the Internet, users can share ___（75）___ and communicate with each other.

（75）A．process　　　　B．tasks　　　　C．resources　　　　D．documents

参考译文

在互联网上，用户可以共享资源，互相交流。

参考答案

（75）C

第6章 2015上半年信息处理技术员上机考试试题分析与解答

试题一（15分）

利用系统提供的素材，按题目要求完成后，用 Word 的保存功能直接存盘。

碧水丹山话武夷

武夷山在 1999 年 12 月被联合国教科文组织列入《世界文化与自然遗产名录》。武夷山位于中国东南部福建省西北的武夷山市，总面积达 99975 公顷。

要求：

1. 将文章标题设置为楷体、二号、加粗、居中；正文设置为宋体、小四。
2. 将正文开头的"武夷山"设置为首字下沉，字体为隶书，下沉行数为 2。
3. 将文章标题文字加上阴影效果。
4. 为文档添加页眉，宋体、五号、倾斜、浅蓝，内容为"世界文化与自然遗产"。
5. 在正文第一自然段后另起行录入第二段文字：武夷山的自然风光独树一帜，尤其以"丹霞地貌"著称于世。九曲溪沿岸的奇峰和峭壁，映衬着清澈的河水，构成一幅奇妙秀美的杰出景观。

试题一分析

【考查目的】
- 文字录入及编排。
- 开始菜单的使用。
- 插入菜单的使用。

【要点分析】
本题要点：文档字体设置、段落设置、文字录入、页眉设置、首字下沉。

【操作的关键步骤】
（1）字体设置。选定文档对象，通过"开始"菜单下的"字体"命令进行文档格式设置。
（2）段落设置。通过"开始"菜单下的"段落"命令进行段落设置。
（3）页眉设置。通过"插入"菜单下的"页眉"命令进行设置。
（4）首字下沉。通过"插入"菜单下的"首字下沉"命令进行设置。

参考答案

世界文化与自然遗产

碧水丹山话武夷

武夷山 在1999年12月被联合国教科文组织列入《世界文化与自然遗产名录》。武夷山位于中国东南部福建省西北的武夷山市，总面积达99975公顷。

武夷山的自然风光独树一帜，尤其以"丹霞地貌"著称于世。九曲溪沿岸的奇峰和峭壁，映衬着清澈的河水，构成一幅奇妙秀美的杰出景观。

试题二（15分）

用 Word 软件制作如图示的学生外语课程学习评价表。按题目要求完成后，用 Word 的保存功能直接存盘。

学生外语课程学习评价表

学生姓名		课程		学习地点		学习时间	
学习内容							
学习评价	口语应用		课文表演		单词认读		
	优秀□ 良好□ 合格□		优秀□ 良好□ 合格□		优秀□ 良好□ 合格□		
	课堂表现		语音语调		学习习惯		
	优秀□ 良好□ 合格□		优秀□ 良好□ 合格□		优秀□ 良好□ 合格□		
	出　勤		作业完成		学习态度		
	优秀□ 良好□ 合格□		优秀□ 良好□ 合格□		优秀□ 良好□ 合格□		
教师评语							
	教师联系电话：				教师签名：		

要求：

1. 利用相关工具绘制如图示的学生外语课程学习评价表。
2. 将标题设置为楷体、二号、黑色、加粗、居中；其他文字设置为宋体、小四、黑色。

试题二分析

【考查目的】
- 文字设置和编排。
- 绘制表格。

【要点分析】
本题要点：绘制表格、字体设置、录入文字并进行编排。

【操作的关键步骤】
（1）文字编排。使用"开始"菜单下的"字体"命令进行字号、字体的设置。
（2）表格菜单的使用。使用"插入"菜单下的"表格"命令绘制表格。

参考答案

学生外语课程学习评价表

学生姓名		课程		学习地点		学习时间		
学习内容								
学习评价	口语应用			课文表演			单词认读	
	优秀□ 良好□ 合格□			优秀□ 良好□ 合格□			优秀□ 良好□ 合格□	
	课堂表现			语音语调			学习习惯	
	优秀□ 良好□ 合格□			优秀□ 良好□ 合格□			优秀□ 良好□ 合格□	
	出　勤			作业完成			学习态度	
	优秀□ 良好□ 合格□			优秀□ 良好□ 合格□			优秀□ 良好□ 合格□	
教师评语								
	教师联系电话：				教师签名：			

试题三（15分）

在 Excel 的 Sheet1 工作表的 C2:K8 单元格和 C10:F12 单元格区域内分别创建"2015 年 4 月销售情况统计表"和"产品单价表"（内容如下图所示）。按题目要求完成后，用 Excel 的保存功能直接存盘。

	A	B	C	D	E	F	G	H	I	J	K
1											
2						2015年4月销售情况统计表					
3			员工编号	产品1	产品2	产品3	总销售额	基本工资	销售提成	应发工资	实发工资
4			X1301	45	70	68		800			
5			X1302	85	120	87		1000			
6			X1303	65	87	45		650			
7			X1304	49	68	43		800			
8			X1305	58	74	35		850			
9											
10			产品单价表								
11			名称	产品1	产品2	产品3					
12			单价（元）	1500	1450	2630					

要求：

1. 表格要有可视的边框，并将文字设置为宋体、16磅、居中。

2. 用 SUMPRODUCT 函数计算每名员工的总销售额，将计算结果填入对应单元格中。

3. 用 CEILING 函数计算每名员工的销售提成，销售提成=总销售额×0.85%，将计算结果填入对应单元格中。

4. 用 SUM 函数计算应发工资，应发工资=基本工资+销售提成，将计算结果填入对应单元格中。

5. 用 ROUND 和 MAX 函数计算实发工资，实发工资=应发工资−个人所得税（个人所得税=应发工资×级距对应的税率−速算扣除数；级距的计算方法是：应发工资−3500，计算结果小于 0，税率为 0，结算结果大于 0，按以下税率表计算），将计算结果填入对应单元格中，计算结果保留两位小数。

税率表			
级数	含税级距	税率（%）	速算扣除数
1	0～1500	3	0
2	1500～4500	10	105
3	4500～900	20	555
4	9000～35000	25	1005
5	35000～55000	30	2755
6	55000～80000	35	5505
7	80000 以上	45	13505

试题三分析

【考查目的】

- 用 Excel 创建工作表。
- 单元格格式设置。
- 函数计算。

【要点分析】

本题要点：文字的编排（包括字体、字号等）、单元格格式设置、函数计算。

【操作的关键步骤】

（1）文字的编排。使用"开始"菜单下的"字体"命令进行设置。

（2）函数计算。X1301 的总销售计算函数为："=SUMPRODUCT($D$12:$F$12,D4:F4)"；销售提成计算函数为："=CEILING(G4*0.85%,1)"；应发工资计算函数为："=SUM(H4:I4)"；实发工资计算函数为："=J4–(ROUND(MAX((J4–3500)*{3;10;20;25;30;35;45}%–5*{0;21;111;201;551;1101;2701},0),2))"。

参考答案

	A	B	C	D	E	F	G	H	I	J	K
1											
2							2015年4月销售情况统计表				
3			员工编号	产品1	产品2	产品3	总销售额	基本工资	销售提成	应发工资	实发工资
4			X1301	45	70	68	347840	800	2957	3757	3749.29
5			X1302	85	120	87	530310	1000	4508	5508	5412.20
6			X1303	65	87	45	342000	650	2907	3557	3555.29
7			X1304	49	68	43	285190	800	2425	3225	3225.00
8			X1305	58	74	35	286350	850	2434	3284	3284.00
9											
10				产品单价表							
11			名称	产品1	产品2	产品3					
12			单价（元）	1500	1450	2630					

试题四（15 分）

利用系统提供的素材，用 PowerPoint 创意制作演示文稿。按照题目要求完成后，用 PowerPoint 的保存功能直接存盘。

资料：

奏响"四个全面"的时代强音

在春天的盛会上，全面建成小康社会、全面深化改革、全面依法治国、全面从严治党——"四个全面"战略布局凝聚起亿万中国人民的共识，奏响了实现中华民族伟大复兴中国梦的强劲旋律。

要求：

1. 标题设置为 40 磅、楷体、居中。
2. 正文内容设置为 24 磅、宋体。
3. 演示文稿设置旋转动画效果。
4. 为演示文稿插入页脚，内容为"四个全面"。

试题四分析

【考查目的】

用 PowerPoint 模板制作演示文稿并对文稿进行"动画效果"设置等。

【要点分析】

本题要点：PowerPoint 的基本操作。

【操作的关键步骤】

（1）熟悉 PowerPoint 的基本操作。

（2）应用"开始"菜单下的"字体"命令设置字体、字号等。

（3）应用"动画"菜单下的"动画"命令进行动画设置。

（4）应用"插入"菜单下的"页脚和页眉"命令插入页脚。

参考答案

奏响"四个全面"的时代强音

在春天的盛会上,全面建成小康社会、全面深化改革、全面依法治国、全面从严治党——"四个全面"战略布局凝聚起亿万中国人民的共识,奏响了实现中华民族伟大复兴中国梦的强劲旋律。

四个全面

试题五(15 分)

按照题目要求完成后,用 Access 保存功能直接存盘。
要求:
1. 用 Access 创建"产品名称表"(内容如下表)。

序　号	产 品 名 称
001	沙发
002	餐桌
003	衣柜
004	长凳
005	床

2. 用 Access 创建"产品信息表"(内容如下表)。

序　号	供 应 商	型　号	单　价
001	长久家具公司	S-1	2300
002	蓝天家具公司	C-2	1500
003	蓝天家具公司	R-1	6000
004	天坛家具公司	D-1	230
005	天坛家具公司	B-3	1190

3. 通过 Access 的查询功能,生成"产品明细汇总表"(内容如下表)。

序　号	产 品 成 名	供 应 商	型　号	单　价
001	沙发	长久家具公司	S-1	2300
002	餐桌	蓝天家具公司	C-2	1500
003	衣柜	蓝天家具公司	R-1	6000
004	长凳	天坛家具公司	D-1	230
005	床	天坛家具公司	B-3	1190

试题五分析
【考查目的】
用 Access 创建表、汇总表和用主键建立关系查询的方法。
【要点分析】
本题要点：在"产品名称表""产品信息表"的基础上生成"产品明细汇总表"。
【操作的关键步骤】
（1）分别建立"产品名称表""产品信息表"。并选择序号为主键。
（2）选择"数据库工具"菜单下的"关系"命令，在弹出"显示表"对话框中选择，把"产品名称表""产品信息表"等通过"添加"按钮加到"关系"表中。
（3）通过编号建立表间联系，选择"产品名称表"中的"序号"并拖动鼠标到"产品信息表"的编号，在"编辑关系"对话框中单击"创建"按钮，建立表间联系。
（4）通过"创建"菜单下的"查询设计"命令建立"产品名称表""产品信息表"间的关系。
（5）通过"设计"菜单下的"运行"命令生成"产品明细汇总表"。

参考答案

产品名称表

序号	产品名称
001	沙发
002	餐桌
003	衣柜
004	长凳
005	床

产品信息表

序号	供应商	型号	单价
001	长久家具公司	S-1	2300
002	蓝天家具公司	C-2	1500
003	蓝天家具公司	R-1	6000
004	天坛家具公司	D-1	230
005	天坛家具公司	B-3	1190

产品明细汇总表

序号	产品名称	供应商	型号	单价
001	沙发	长久家具公司	S-1	2300
002	餐桌	蓝天家具公司	C-2	1500
003	衣柜	蓝天家具公司	R-1	6000
004	长凳	天坛家具公司	D-1	230
005	床	天坛家具公司	B-3	1190

第 7 章　2015 下半年信息处理技术员上午试题分析与解答

试题（1）

以下关于数据的叙述中，不正确的是 __(1)__ 。

(1) A．要培养人们的信息素养，养成用数据说话的习惯
　　B．数据经济已经成为改造传统经济模式的重要手段
　　C．要努力降低企业存储数据的成本并提升数据价值
　　D．让全社会共享全部数据是社会信息化的首要目标

试题（1）分析

本题考查信息基础知识。

有些公共数据可以让全社会共享，但国家秘密数据、企业商业数据、个人隐私数据等只能向特定人员提供，不能让全社会共享。

参考答案

　　(1) D

试题（2）

企业移动应用开发目标与消费者需求之间的差距属于应用鸿沟。消费者一般并不关心特定企业移动应用（APP）__(2)__ 。

(2) A．使用是否快速安全　　　　B．软件的数量是否比去年有较大的增长
　　C．操作是否方便易学　　　　D．产品交付和服务是否符合用户的期望

试题（2）分析

本题考查信息基础知识。

用户使用企业移动应用软件（APP）关心的是该软件的功能是否适合自己，使用是否方便易学，是否快速、安全，产品交付和服务是否符合用户的期望。一般用户并不关心该企业开发的软件数量究竟有多少，是否有增长。

参考答案

　　(2) B

试题（3）

智慧教育是教育信息化的发展趋势，__(3)__ 属于智慧教育的特点。

(3) A．个性化教育，泛在学习　　　B．标准化、大批量教育学生
　　C．以教师为中心传授知识　　　D．以书本为中心，以考试为目的

试题（3）分析

本题考查信息化基础知识。

传统教育的特点是标准化、大批量教育学生；以教师为中心，向学生单向传授知识；以书本为中心，以考试为目的；以知识教育为主，技能训练为辅。现代教育需要信息化，包括：

计算机化、网络化、数字化、数据化和智能化。智慧教育就是教育智能化，是高层次的教育信息化。智慧教育的特点包括：个性化教育，因材施教；随时随地随需学习，即泛在学习；强调教师和学生互动；强调情景教学，注重体验；强调寓教于乐，实施游戏化教学；强调综合评价，强调素质培养等。

参考答案

（3）A

试题（4）

团队中任意两人之间都有一条沟通途径。某团队有 6 人，沟通途径为__（4）__条。

（4）A．6　　　　　　B．12　　　　　　C．15　　　　　　D．30

试题（4）分析

本题考查初等数学应用能力。

该团队共有 6 人，每个人与其他 5 人存在沟通渠道，但每条渠道计算了两次，因此，总的渠道数为 6×5/2=15 条。

参考答案

（4）C

试题（5）

已知 5 个自然数（可有重复）的最小值是 20，最大值是 22，平均值是 21.2，则可以推断，中位数是__（5）__。

（5）A．20　　　　　　B．21　　　　　　C．22　　　　　　D．21 或 22

试题（5）分析

本题考查初等数学应用能力。

这 5 个数的总和是 21.2×5=106，除最小数 20 和最大数 22 外，其他三个自然数之和为 64。这三个数中必有 22，因为即使三个 21，其和也不够 64。除去这个 22，剩余两数之和为 42，要么是 21，21；要么是 20，22。因此，原来 5 个自然数，从小到大依次为 20，20，22，22，22 或者 20，21，21，22，22。前者的中位数是 22，后者的中位数是 21。

参考答案

（5）D

试题（6）

19 行 19 列点阵中，外三圈点数约占全部点数的比例为__（6）__。

（6）A．小于 10%　　B．小于 20%　　C．大于 50%而小于 60%　　D．大于 70%

试题（6）分析

本题考查初等数学应用能力。

最外圈点数=19+19+17+17；

次外圈点数=17+17+15+15；

第 3 外圈点数=15+15+13+13；

这三圈的总点数=2×19+4×17+4×15+2×13=38+68+60+26=192。

19 行 19 列总点数=19×19=361；外三圈点数占比 192/361 约为 53%。

参考答案

（6）C

试题（7）

抽样调查的目标是__(7)__。

(7) A．调控调查结果 B．修正普查得到的数据
　　C．缩小调查范围 D．用样本统计量推算总体参数

试题（7）分析

本题考查信息处理基础知识。

样本量比较大时，全部调查则成本高、时间长，如果采用抽样调查，抽取少部分样本进行调查，用样本统计来近似估计总体参数，这样做可以节省成本、节省时间。对于调查个体会造成破坏的情况，则只能进行抽样调查（例如检查食品罐头中细菌的含量）。

参考答案

（7）D

试题（8）

制造企业进行市场调查的目的一般不包括__(8)__。

(8) A．收集并销售数据以获取最大价值 B．了解本企业在市场上的地位
　　C．分析市场发展趋势，并进行预测 D．为营销决策提供客观的依据

试题（8）分析

本题考查信息处理基础知识。

制造企业一般都需要了解本企业在市场上的地位，分析市场发展趋势并进行预测，为营销决策提供客观的依据。为此，需要做市场调查。收集数据或销售数据本身不是目的。制造企业也不会依靠销售数据来获得价值。

参考答案

（8）A

试题（9）

社会化调查问卷中，对问题设计的要求一般不包括__(9)__。

(9) A．以选择答案的问题为主 B．问题要明确，不含糊
　　C．用专业术语代替俗称 D．不要有诱导性的提问

试题（9）分析

本题考查信息处理基础知识。

社会化问卷调查中，问题设计非常关键。问题要明确，不含糊，让人易于理解，不产生误解；要以选择答案题型为主，让人容易答；不要有诱导性、侮辱性、泄露隐私性的问题等。问题中应尽量以通俗的术语来说明，过于专业的术语（如医学名词、化学名词）会让大众远离问答。

参考答案

（9）C

试题（10）

在电子表格中输入身份证号时，宜采用的数据格式是__(10)__。

(10) A．货币　　　　B．数值　　　　C．文本　　　　D．科学记数

试题（10）分析

本题考查信息处理基础知识。

第二代身份证号有 18 位，直接输入时会转换成科学记数格式（带小数点、尾数和阶码）。因此，输入数据前，应将数据格式设置成文本格式，这样就能保持输入的形式。

参考答案

(10) C

试题（11）

某企业今年 10 月份的销售额比去年 10 月份同期增加了 5%。我们就说，该企业今年 10 月份的销售额__(11)__增加了 5%。

(11) A．同比　　　　B．环比　　　　C．正比　　　　D．反比

试题（11）分析

本题考查信息处理基础知识。

统计量常需要对比。同比是指与历史同一统计期进行比较，环比是指与前一个统计期进行比较。

参考答案

(11) A

试题（12）

某公司今年 10 月份的利润率是 44%，比上个月的 22%利润率提高了__(12)__。

(12) A．2 倍　　　　B．50%　　　　C．22%　　　　D．22 个百分点

试题（12）分析

本题考查信息处理基础知识。

百分点是指不同时期以百分数的形式表示的相对指标的变动幅度。1 个百分点等于 1%。

参考答案

(12) D

试题（13）

某班级共有 50 名学生，其中女生 20 名。以下叙述中正确的是__(13)__。

(13) A．男生占 30%　　　　　　　　B．女生占 20%
　　　C．男女生的比例为 20:30　　　D．男女生的比例为 3:2

试题（13）分析

本题考查信息处理基础知识。

该班级共有 50 名学生，女性为 20 名，男性为 30 名，则女生占 20/50=40%，男生占 30/50=60%，男女生比例为 30:20=3:2。

参考答案

(13) D

试题（14）

某企业需要撰写并发布某种产品市场情况的调查报告。以下各项中，除__(14)__外都是对撰写调查报告的原则性要求。

(14) A．围绕主题，数据准确，用词恰当
　　　B．说明调查时间、范围和调查方法
　　　C．用简洁的语言和直观的图表表述
　　　D．说明调查过程中克服困难的经历

试题（14）分析

本题考查信息处理基础知识。

调查报告应围绕主题，数据应准确，用词要恰当，还需要说明调查时间、调查范围和调查方法，应该用简洁的语言和直观的图表来表述调查的结果。这些都是撰写调查报告的原则性要求。至于调查过程中遇到的困难及其解决方法、经费的使用情况等，那是本单位内部用的调查工作总结中的内容。

参考答案

(14) D

试题（15）

__(15)__是微机最基本最重要的部件之一，其类型和档次决定着整个微机系统的类型和档次，其性能影响着整个微机系统的性能。CPU 模块就插在其上面。

(15) A．系统总线　　　B．主板　　　C．扩展插槽　　　D．BIOS 芯片

试题（15）分析

本题考查计算机硬件基础知识。

微机中，CPU 模块、内存条等都插在主板上，主板上还有系统总线和扩展槽等。硬盘驱动器和光驱等都与主板相连，主板是微机最基本最重要的部件之一，其类型和档次决定着整个微机系统的类型和档次，其性能影响着整个微机系统的性能。

参考答案

(15) B

试题（16）

计算机内的用户文档是以__(16)__形式存储汉字的。

(16) A．汉字拼音　　　B．汉字区位码　　　C．汉字内码　　　D．汉字字形码

试题（16）分析

本题考查计算机硬件基础知识。

计算机内的用户文档是以内码形式存储汉字的。不管输入时采用的是何种汉字输入码，都会转换成汉字内码。而打印或显示文档时，则会根据每个汉字内码在磁盘汉字库中查找对应的汉字字形码，将其送到输出设备上。

参考答案

（16）C

试题（17）

　　__(17)__ 接口是目前微机上最流行的 I/O 接口，具有支持热插拔、连接灵活、独立供电等优点，可以连接常见的鼠标、键盘、打印机、扫描仪、摄像头、充电器、闪存盘、MP3 机、手机、数码相机、移动硬盘、外置光驱、Modem 等几乎所有的外部设备。

　　（17）A．PS/2　　　　　　B．LPT　　　　　　C．COM　　　　　　D．USB

试题（17）分析

　　本题考查计算机硬件基础知识。

　　目前，微机上，多数外部设备都是通过 UBS 接口与其连接的。

参考答案

　　（17）D

试题（18）

　　以下关于操作系统中回收站的叙述，不正确的是　__(18)__　。

　　（18）A．回收站是内存中的一块空间，关机后即清除

　　　　　B．回收站中可以包含被删除的整个文件夹

　　　　　C．可以设置直接删除文件而不放入回收站

　　　　　D．可以选择回收站中的文件，将其恢复到原来的路径

试题（18）分析

　　本题考查计算机软件基础知识。

　　回收站是磁盘中的一个特殊文件夹，该盘中被删除的文件和文件夹默认保留在回收站中，需要时可以将其恢复到原来的路径。也可以由人工设置将文件直接删除而不保留。回收站技术使删除操作有缓冲余地，避免误删造成不可弥补的损失。

参考答案

　　（18）A

试题（19）

　　以下文件类型中，除　__(19)__　外，都属于可执行文件。

　　（19）A．bmp　　　　　　B．com　　　　　　C．bat　　　　　　D．exe

试题（19）分析

　　本题考查计算机软件基础知识。

　　文件类型 com 是命令文件，bat 是批处理文件，exe 是可执行程序文件。这 3 种类型的文件都是可执行的。类型 bmp 是位图文件，即是用数字 0 或 1 来表示图像的一个像素（表示黑白状态），对每个像素再用若干位来表示颜色。所以，bmp 格式是最基础的图像表示方式。

参考答案

　　（19）A

试题（20）

　　对外正式发布的文档中，PDF 格式比 docx 或 doc 格式更重要，其原因不包括　__(20)__　。

（20）A．用户一般无须对其做编辑处理　　B．跨终端显示效果能保真、一致
　　　C．信息安全性较强，显示速度快　　D．便于他人摘录、修改和再利用

试题（20）分析

本题考查计算机软件基础知识。

凡是正式对外公布又不希望他人修改的文档，一般都是 PDF 格式的。例如，随软件发行的软件使用说明书就应该以 PDF 格式发行。所以，PDF 格式的文档安全性比较强，跨终端显示文档时，不必转换格式，能保持与原文的一致性（保真），因而显示速度快。

参考答案

（20）D

试题（21）

在用户界面上鼠标操作的功能不包括__(21)__。

（21）A．选择对象和移动对象　　　　B．执行对象
　　　C．显示上下文相关菜单　　　　D．编辑菜单

试题（21）分析

本题考查计算机操作基础知识。

用户界面上的菜单只能使用，不能被用户编辑修改。右击菜单可以显示上下文相关的菜单（在不同的运行环境下有不同的菜单，提示当前可以做的操作）。

参考答案

（21）D

试题（22）

　用户界面常有的元素不包括__(22)__。

（22）A．菜单　　　　B．按钮　　　　C．帮助　　　　D．数据库

试题（22）分析

本题考查计算机操作基础知识。

菜单、按钮、帮助、对话框、工具箱、状态栏等都是图形用户界面的基本元素。

参考答案

（22）D

试题（23）

磁盘清理的作用主要是__(23)__。

（23）A．将磁盘空闲碎片连成大的连续区域，提高系统效率
　　　B．扫描检查磁盘，修复文件系统的错误，恢复坏扇区
　　　C．删除大量没有用的临时文件和程序，释放磁盘空间
　　　D．重新划分磁盘分区，形成 C、D、E、F 等逻辑磁盘

试题（23）分析

本题考查计算机维护基础知识。

Windows 系统自带的磁盘清理程序主要作用是删除大量没有用的临时文件和程序,释放磁盘空间。

参考答案

(23) C

试题 (24)

以下诸项中，除__(24)__外都属于计算机维护常识。

(24) A．计算机系统的配置应保持不变　　B．打印机不用时应断开电源
　　　C．计算机长期不用时应遮罩防尘　　D．计算机周围应留出散热空间

试题 (24) 分析

本题考查计算机维护基础知识。

计算机系统的配置信息将会根据应用需要、连接设备的增加而改变。

参考答案

(24) A

试题 (25)

计算机使用一段时间后发现，系统启动时间变长，系统响应迟钝，应用程序运行缓慢，为此，需要进行系统优化。系统优化工作不包括__(25)__。

(25) A．升级已加载的所有应用软件　　B．卸载不再使用的程序
　　　C．关闭不需要的系统服务　　　　D．经常清除系统垃圾

试题 (25) 分析

本题考查计算机维护基础知识。

常用的应用软件有必要根据应用需要以及厂商对产品的更新情况而考虑升级，许多不常用的软件可以等使用需要时再升级。现在的软件升级非常频繁，全部跟风去更新并不好。

参考答案

(25) A

试题 (26)

以下分析处理计算机故障的基本原则不正确的是__(26)__。

(26) A．先静后动。先不加电做静态检查，再加电做动态检查
　　　B．先易后难。先解决简单的故障，后解决复杂的故障
　　　C．先主后辅。先检查主机，后检查外设
　　　D．先外后内。先检查外观，再检查内部

试题 (26) 分析

本题考查计算机维护基础知识。

分析处理计算机故障的基本原则应是先静后动、先易后难、先辅后主、先外后内。应先检查外设，后检查主机。因为，外设可以独立地检查。若外设没有问题，再检查主机时，就可以将问题信息输出以便于分析检查。

参考答案

(26) C

试题 (27)

下列关于 Windows 7 屏幕保护程序的叙述中，不正确的是__(27)__。

(27) A．屏幕保护程序可使显示器处于节能状态
　　　B．屏幕保护程序是用于保护电脑屏幕的一种程序
　　　C．Windows 7 提供了三维文字、气泡、彩带等屏幕保护动画
　　　D．超过设置的等待时间，显示器将自动退出屏幕保护状态

试题（27）分析

本题考查 Windows 系统基础知识。

超过设置的等待时间，显示器将自动进入屏幕保护状态。

参考答案

（27）D

试题（28）

Windows 7 文件夹采用　(28)　目录结构。

（28）A．树型　　　　　B．网状　　　　　C．线性　　　　　D．嵌套

试题（28）分析

本题考查 Windows 系统基础知识。

Windows 7 文件夹采用树型目录结构。

参考答案

（28）A

试题（29）

Windows 7 "资源管理器"可以　(29)　。

（29）A．管理内存　　　　　　　　　B．调整计算机设置
　　　C．管理进程　　　　　　　　　D．配置数据库

试题（29）分析

本题考查 Windows 系统基础知识。

Windows 7 "资源管理器"可以配置数据库。

参考答案

（29）D

试题（30）

下列关于 Windows 7 搜索功能的叙述中，正确的是　(30)　。

（30）A．在搜索条中留空，按回车键后，可以搜索计算机上所有的文件
　　　B．使用搜索功能可以方便用户快速查找文件
　　　C．可以按图像特征搜索图像
　　　D．输入的关键词越多，显示的内容也会更多

试题（30）分析

本题考查 Windows 系统基础知识。

Windows 7 搜索功能可以方便用户快速查找文件，输入的关键词越多，显示的内容就越少，更加快捷地搜索出所需要的内容。

参考答案

（30）B

试题（31）

在路由器互连的多个局域网中，通常每个局域网中的__(31)__。

(31) A．数据链路层和物理层协议必须相同

B．数据链路层协议必须相同，物理层协议可以不同

C．数据链路层协议可以不同，物理层协议必须相同

D．数据链路层和物理层协议都可以不同

试题（31）分析

本题考查计算机网络基础知识。

在路由器互连的多个局域网中，每个局域网中的数据链路层和物理层协议都可以不同。

参考答案

（31）D

试题（32）

WWW 客户和 WWW 服务器间的信息传输使用__(32)__协议。

(32) A．HTML   B．HTTP   C．SMTP   D．IMAP

试题（32）分析

本题考查计算机网络基础知识。

WWW 客户和 WWW 服务器间的信息传输使用 HTTP 协议。

参考答案

（32）B

试题（33）

__(33)__不是数字签名的功能。

(33) A．防止发送方的抵赖行为   B．接收方身份确认

C．发送方身份确认   D．保证数据的完整性

试题（33）分析

本题考查计算机网络基础知识。

数字签名的主要功能是保证信息传输的完整性、发送者的身份认证、防止交易中的抵赖发生。数字签名技术是将摘要信息用发送者的私钥加密，与原文一起传送给接收者。接收者只有用发送的公钥才能解密被加密的摘要信息，然后用 HASH 函数对收到的原文产生一个摘要信息，与解密的摘要信息对比。

参考答案

（33）B

试题（34）

打开 Word 2007 文档是指__(34)__。

(34) A．把文档的内容从内存中读出，并打印出来

B．为指定文件开设一个新的、空的文档窗口

C. 把文档的内容从磁盘调入内存，并显示出来
D. 显示并打印指定文档的内容

试题（34）分析

本题考查文字处理软件 Word 的基础知识。

打开 Word 2007 文档是指把文档的内容从磁盘调入内存，并显示出来。

参考答案

（34）C

试题（35）

___(35)___ 环境支持 Word 2007 运行。

(35) A．DOS　　　　　B．Windows 7　　　　　C．Windows 97　　　　　D．Linux

试题（35）分析

本题考查文字处理软件 Word 的基础知识。

Windows 7 环境支持 Word 2007 运行。

参考答案

（35）B

试题（36）

Word 2007 定时自动保存功能的作用是___(36)___。

(36) A．在设定时刻自动地为用户保存文档，以减少用户工作量
　　　B．在设定时刻为用户自动备份文档，以供恢复电脑时使用
　　　C．为防意外而保存所有文档备份，以供恢复操作系统时使用
　　　D．每隔一定时间自动保存文档备份

试题（36）分析

本题考查文字处理软件 Word 的基础知识。

Word 2007 定时自动保存功能的作用是每隔一定时间自动保存文档备份。

参考答案

（36）D

试题（37）

将 Word 2007 文档中部分文本内容复制到其他地方，先要进行的操作是___(37)___。

(37) A．粘贴　　　　　B．复制　　　　　C．剪切　　　　　D．选择文本

试题（37）分析

本题考查文字处理软件 Word 的基础知识。

将 Word 2007 文档中部分文本内容复制到其他地方，先要进行的操作是选择文本。

参考答案

（37）D

试题（38）

在编辑 Word 2007 文档时，若多次使用剪贴板移动文本内容，当操作结束时，剪贴板中的内容为___(38)___。

（38）A．空白   B．第一次移动的文本内容
      C．最后一次移动的文本内容   D．所有被移动的文本内容

试题（38）分析

本题考查文字处理软件 Word 的基础知识。

剪贴板中保存的内容为最后依次操作的内容。因此，使用剪贴板对文本内容进行移动，操作结束后，只保存为最后一次移动的操作内容。

参考答案

（38）C

试题（39）

选定一个段落的含义是__（39）__。

（39）A．选定段落中的全部内容   B．选定段落标记
       C．将插入点移到段落中   D．选定包括段落前后空行在内的整个内容

试题（39）分析

本题考查文字处理软件 Word 的基础知识。

选定一个段落的含义是选定段落中的全部内容。

参考答案

（39）A

试题（40）

下列关于 Word 2007 打印预览和打印的叙述中，正确的是__（40）__。

（40）A．必须退出预览状态后才可以打印
       B．在打印预览状态也可以直接打印
       C．只能在打印预览状态中打印
       D．打印预览状态不能调整页边距设置

试题（40）分析

本题考查文字处理软件 Word 的基础知识。

打印预览状态可以调整页边距设置，并可以进行直接打印。

参考答案

（40）B

试题（41）

在 Word 2007 中，字符样式应用于__（41）__。

（41）A．插入点所在的段落　　　　B．选定的文本
　　　 C．插入点所在的节　　　　　D．整篇文档

试题（41）分析

本题考查文字处理软件 Word 的基础知识。

在 Word 2007 中，字符样式应用于选定的文本。

参考答案

（41）B

试题（42）

下列关于 Word 绘图功能的叙述中，不正确的是___（42）___。

（42）A．可以在绘制的矩形框内添加文字
　　　 B．多个图形重叠时，可以设置它们的叠放次序
　　　 C．可以给自己绘制的图形设置立体效果
　　　 D．多个图形组合成一个图形后就不能再分解了

试题（42）分析

本题考查文字处理软件 Word 的基础知识。

多个图形组合成一个图形后可以使用取消组合功能进行分解。

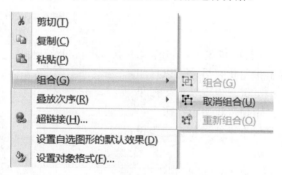

参考答案

（42）D

试题（43）

下列关于 Word 2007 表格功能的叙述中，不正确的是___（43）___。

（43）A．可以在 Word 文档中插入 Excel 电子表格
　　　 B．可以在表格的单元格中插入图形
　　　 C．可以将一个表格拆分成两个或多个表格
　　　 D．表格中填入公式后，若表格数值改变，与 Excel 表格一样会自动重新计算结果

试题（43）分析

本题考查文字处理软件 Word 的基础知识。

表格中填入公式后，若表格数值改变，Word 2007 表格不会重新计算结果。

参考答案

（43）D

试题（44）

在 Excel 2007 中，___（44）___ 是比较运算符。

（44）A. :　　　　　　B. %　　　　　　C. &　　　　　　D. <>

试题（44）分析

本题考查电子表格处理软件 Excel 的基础知识。

在 Excel 2007 公式中，可使用的运算符包括引用运算符、数学运算符、比较运算符和文字运算符。

引用运算符有":"等。

数学运算符有+、-、*、/、%和∧等。

比较运算符有=、<、>、>=、<=、<>。

文字运算符"&"可以将两个文本连接起来。

Excel 对运算符的优先级作了严格的规定，数学运算符从高到低分为 3 个级别，%和∧、*和/、+和-。比较运算符优先级相同。四类运算符的优先顺序为引用运算符、数学运算符、文字运算符、比较运算符。

参考答案

（44）D

试题（45）、（46）

在 Excel 2007 中，设单元格 A1、B1、C1、A2、B2、C2 中的值分别为 1、3、5、7、9、5，若在单元格 D1 中输入函数"=AVERAGE(A1:C2)"，按回车键后，则 D1 单元格中的值为___（45）___；若在单元格 D2 中输入公式"=SUM(A1:B2)–C1–C2"，按回车键后，则 D2 单元格中的值为___（46）___。

（45）A. 5　　　　　　B. 10　　　　　　C. 15　　　　　　D. 30

（46）A. –2　　　　　B. 2　　　　　　　C. 5　　　　　　　D. 10

试题（45）、（46）分析

本题考查电子表格处理软件 Excel 的基础知识。

"=AVERAGE(A1:C2)"的含义是计算 A1 到 C2 单元格中数值的平均值，计算结果为 5。

"=SUM(A1:B2)–C1–C2"的含义是计算 A1 到 B2 单元格中数值的和再减去 C1 和 C2 单元格中数值的差，计算结果为 10。

参考答案

（45）A　　（46）D

试题（47）

在 Excel 2007 中，设 A1 单元格中的值为 20.23，A2 单元格中的值为 60，若在 C1 单元格中输入函数"=INT(A1)+A2"，按回车键后，则 C1 单元格中的值为___（47）___。

（47）A. 60　　　　　B. 80　　　　　　C. 81　　　　　　D. 80.23

试题（47）分析

本题考查电子表格处理软件 Excel 的基础知识。

"=INT(A1)+A2"的含义是 A1 单元格中的值取整数后与 A2 单元格中数值的和，计算结果为 80。

参考答案

（47）B

试题（48）

在 Excel 2007 中，在单元格 A1 中输入函数"=POWER(2,3)/MAX(1,2,4)"，按回车键后，则 A1 单元格中的值为__(48)__。

（48）A．1　　　　B．2　　　　C．3　　　　D．4

试题（48）分析

本题考查电子表格处理软件 Excel 的基础知识。

"=POWER(2,3)/MAX(1,2,4)"的含义是 2 的 3 次方除以 4，计算结果为 2。

参考答案

（48）B

试题（49）

在 Excel 2007 中，在单元格 A1 中输入函数"=LEN("信息处理技术员")"，按回车键后，则 A1 单元格中的值为__(49)__。

（49）A．7　　　　B．信息　　　　C．信息处理　　　　D．信息处理技术员

试题（49）分析

本题考查电子表格处理软件 Excel 的基础知识。

LEN 函数用于返回文本字符串中的字符数。因此，"=LEN("信息处理技术员")"的含义是返回"信息处理技术员"的字符数，计算结果为 7。

参考答案

（49）A

试题（50）

在 Excel 2007 中，若在单元格 A1 中输入函数"=MIN(4,8,12,16)/ ROUND(3.5,0)"，按回车键后，则 A1 单元格中的值为__(50)__。

（50）A．1　　　　B．4　　　　C．8　　　　D．16

试题（50）分析

本题考查电子表格处理软件 Excel 的基础知识。

"=MIN(4,8,12,16)/ ROUND(3.5,0)"的含义是(4,8,12,16)中的最小值除以 3.5 四舍五入后的值，结算结果为 1。

参考答案

（50）A

试题（51）～（53）

有如下 Excel 2007 工作表，在 A13 单元格中输入函数"=COUNTA(B3:B12)"，按回车键后，则 A13 单元格中的值为__(51)__；要统计女参赛选手的数量，应在 B13 单元格中输入函数__(52)__；若要在比赛成绩大于等于 90 对应的"备注"单元格中显示"进入决赛"，否则不显示任何内容，则应在 D3 单元格中输入函数__(53)__，按回车键后再往下自动填充。

	A	B	C	D
1		某竞赛成绩统计表		
2	选手号	性别	成绩	备注
3	A1	男	82	
4	A2	女	96	进入决赛
5	A3	女	88	
6	A4	男	93	进入决赛
7	A5	男	97	进入决赛
8	A6	女	94	进入决赛
9	A7	男	89	
10	A8	女	85	
11	A9	男	91	进入决赛
12	A10	男	90	进入决赛

（51）A．4   B．6   C．8   D．10

（52）A．=COUNTIF(B3:B12,"女")

      B．=SUM (B3:B12,"女")

      C．=COUNT(B3:B12,"女")

      D．=SUM IF(B3:B12,"女")

（53）A．=IF(C3>=90,"进入决赛")

      B．=IF(C3>=90, IF ("进入决赛",""))

      C．=IF(C3>=90,"进入决赛","")

      D．=IF((C3:C12) >=90，"进入决赛"))

试题（51）～（53）分析

本题考查电子表格处理软件 Excel 的基础知识。

"=COUNTA(B3:B12)" 的含义是计算 B3 到 B12 非空单元格的数量，计算结果为 10。

要统计女参赛选手的数量，应在 B13 单元格中输入函数 "=COUNTIF(B3:B12,"女")"。

若要在比赛成绩大于等于 90 对应的"备注"单元格中显示"进入决赛"，否则不显示任何内容，则应在 D3 单元格中输入函数 "=IF(C3>=90,"进入决赛","") "。

参考答案

（51）D   （52）A   （53）C

试题（54）

幻灯片的主题不包括 __(54)__ 。

（54）A．主题动画   B．主题颜色   C．主题字体   D．主题效果

试题（54）分析

本题考查演示文稿制作软件 PowerPoint 的基础知识。

幻灯片的主题不包括主题动画。

参考答案

（54）A

试题（55）

演示文稿中，不可以在 __（55）__ 上设置超级链接。

（55）A．文本　　　　B．背景　　　　C．图形　　　　D．剪贴画

试题（55）分析

本题考查演示文稿制作软件 PowerPoint 的基础知识。

演示文稿中，不可以在背景上设置超级链接。

参考答案

（55）B

试题（56）

在空白幻灯片中，不可以直接插入 __（56）__ 。

（56）A．文本框　　　B．数据库　　　C．艺术字　　　D．表格

试题（56）分析

本题考查演示文稿制作软件 PowerPoint 的基础知识。

在空白幻灯片中，不可以直接插入数据库。

参考答案

（56）B

试题（57）

职工的"工资级别"与"职工"的联系是 __（57）__ 。

（57）A．一对一联系　B．一对多联系　C．多对多联系　D．无联系

试题（57）分析

本题考查数据库处理软件 Access 的基础知识。

职工的"工资级别"与"职工"的联系是一对多联系，即一个工资级别可以对应多个职工。

参考答案

（57）B

试题（58）

Access 管理的对象是 __（58）__ 。

（58）A．文件　　　　B．数据　　　　C．记录　　　　D．查询

试题（58）分析

本题考查数据库处理软件 Access 的基础知识。

Access 管理的对象是数据。

第 7 章 2015 下半年信息处理技术员上午试题分析与解答

参考答案

（58）B

试题（59）

某书店管理系统用（书号，书名，作者，出版社，出版日期，库存数量……）一组属性来描述"图书"，宜选__(59)__作为主键。

（59）A．书号　　　　B．书名　　　　C．作者　　　　D．出版社

试题（59）分析

本题考查数据库处理软件 Access 的基础知识。

主键是表中的一个或多个字段，它的值用于唯一地标识表中的某一条记录。因此，某书店管理系统用（书号，书名，作者，出版社，出版日期，库存数量……）一组属性来描述"图书"，宜选书号作为主键。

参考答案

（59）A

试题（60）

以下关于信息安全的叙述中，不正确的是__(60)__。

（60）A．随着移动互联网和智能终端设备的迅速普及，信息安全隐患日益严峻
　　　 B．预防系统突发事件，保证数据安全，已成为企业信息化的关键问题
　　　 C．人们常说，信息安全措施是七分技术三分管理
　　　 D．保护信息安全应贯穿于信息的整个生命周期

试题（60）分析

本题考查信息安全基础知识。

人们常说，信息安全的措施是三分技术七分管理。人的因素是最重要的。任何技术措施，对于违法的人来说，都会有空子可钻，都会有漏洞。

参考答案

（60）C

试题（61）

信息安全操作常识不包括__(61)__。

（61）A．不要扫描来历不明的二维码
　　　 B．不要复制、保存不明作者的图片
　　　 C．不要下载安装不明底细的软件
　　　 D．不要打开来历不明的电子邮件附件

试题（61）分析

本题考查信息安全基础知识。

网上有大量不明作者的图片，一般都是公开的，复制保存以供自己用是没有问题的。如要出版或销售，则需要谨慎，要查明来历。

参考答案

（61）B

试题（62）

国家大型博物馆存放有大量珍贵文物。为安全管理文物，可采用__(62)__技术，一旦文物被移动，能自动记录。若是非法移动，则会自动报警。

(62) A．数据库　　　　　　　　　B．条形码
　　 C．移动存储　　　　　　　　D．物联网

试题（62）分析

本题考查信息安全基础知识。

许多大型博物馆已开始采用 RFID（Radio Frequency Identification，射频识别电子标签）。管理部门可以用特殊的读写器发射特定频率的无线信号，驱动文物上的电子标签送出有关的数据，读写器接收并解释信号后传送给应用软件做相应的处理，例如对文物的自动盘点，非法移动文物时自动报警等。这属于物联网技术。

参考答案

(62) D

试题（63）

根据我国著作权法规定，侵犯他人著作权所承担的赔偿责任属于__(63)__。

(63) A．道德责任　　　　　　　　B．民事责任
　　 C．行政责任　　　　　　　　D．刑事责任

试题（63）分析

本题考查法律法规基础知识。

根据我国著作权法规定，侵犯他人著作权所承担的赔偿责任属于民事责任。

参考答案

(63) B

试题（64）

党政机关公文格式标准（GB/T 9704——2012）属于__(64)__。

(64) A．参考标准　　　　　　　　B．行业标准
　　 C．国家标准　　　　　　　　D．国际标准

试题（64）分析

本题考查标准基础知识。

根据标准的类别符号，GB 属于国家标准（GB 国标的拼音首字符），T 属于推荐（非强制）标准。

参考答案

(64) C

试题（65）、（66）

某机构对 2014 年若干地区公众科学素养按照有关的评价标准进行了抽样调查。下图展示了甲、乙、丙、丁四个地区五个年龄段成人科学素养的评估结果。根据该图可以看出，__(65)__地区公众的科学素养有最高值，__(66)__地区各年龄段科学素养的差距较小。

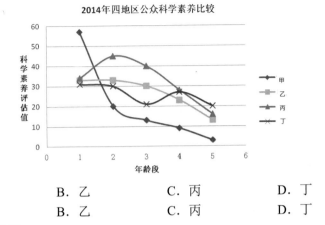

(65) A. 甲　　　　B. 乙　　　　C. 丙　　　　D. 丁
(66) A. 甲　　　　B. 乙　　　　C. 丙　　　　D. 丁

试题（65）、（66）分析

本题考查信息处理实务基础知识。

从图上看出，甲地区的科学素养随年龄的增长从最高值下降到最低值（菱形结点连线），丁地区的科学素养随年龄的变化基本上落在 20～30 分范围内（×结点连线），与其他地区相比，变化幅度小。

参考答案

（65）A　（66）D

试题（67）

某信息处理项目的计划进度曲线如下图（以时间为横轴，已完成任务的比例为纵轴）。设 A 点是项目中期检查实际到达之处（位于计划进度曲线的左侧），则检查的结论是 (67) 。

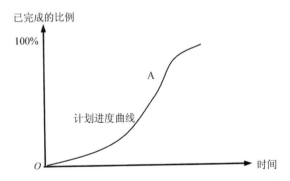

(67) A. 实际进度比计划进度有所提前　　B. 实际进度比计划进度有所推迟
　　　C. 尚未完成计划应达到的工作量　　D. 实际刚好完成了计划的工作量

试题（67）分析

本题考查信息处理实务基础知识。

从图上可以看出，中期检查时，达到了 A 点，此时刻的计划进度低于 A 点的进度（从 A 点作垂线垂直于时间轴，将经过计划进度曲线）。因此，中期检查时，实际已完成的工作量比计划进度多。我们还可以从 A 点作垂线垂直与 Y 轴，该垂线向右延长后交于计划进度曲线。也就是说，中期检查时实际完成的工作量，如果按计划进度，应花费更多的时间。因此，此时的实际进度快于计划进度。

参考答案

（67）A

试题（68）

某企业有多个信息处理项目要做，选择优先项目的主要决定因素是__（68）__。

（68）A．成本　　　B．收益　　　C．时间　　　D．企业战略

试题（68）分析

本题考查信息处理实务基础知识。

企业战略比成本、收益、时间更重要。为实现企业发展战略（事关长期利益），必要时在当前可以牺牲一些成本、收益或时间。

参考答案

（68）D

试题（69）

甲、乙、丙三人分别投资1万元、1.4万元、1.6万元合伙做生意，并约定按投资比例分红。1年后，共获利5万元，因此按约定，乙分得__（69）__万元。

（69）A．1.5　　　B．1.75　　　C．2　　　D．2.25

试题（69）分析

本题考查信息处理实务基础知识。

甲、乙、丙三人的投资比例为 1:1.4:1.6，分别占 1/4=25%、1.4/4=35%、1.6/4=40%。5万元的利按此比例分红，甲可得5×25%=1.25万元；乙可得5×35%=1.75万元；丙可得5×40%=2万元。

参考答案

（69）B

试题（70）

为展示某企业五个部门上半年计划销售额与实际销售额情况，宜采用__（70）__。

（70）A．堆积折线图　　　　　　　B．分离型饼图
　　　C．带平滑线的散点图　　　　D．簇状柱形图

试题（70）分析

本题考查信息处理实务基础知识。

为展示该企业五个部门上半年计划销售额与实际销售额情况，宜用簇状柱形图来描述。以各部门为横轴，销售额为纵轴。每个部门画两个柱（计划销售额和实际销售额）成为一簇（紧挨着，便于比较）；五个部门共画五簇。

参考答案

（70）D

试题（71）

Most personal computers are equipped with a __（71）__ as the primary input device.

(71) A. CPU　　　B. mouse　　　C. keyboard　　　D. display

参考译文

大多数个人计算机都配有键盘作为主要的输入设备。

参考答案

(71) C

试题（72）

Operating systems provide ___(72)___ between users and the computer.

(72) A. a link　　　B. an interface　　　C. devices　　　D. applications

参考译文

操作系统在用户与计算机之间提供了一个界面。

参考答案

(72) B

试题（73）

With techniques for running applications on most PC, you can ___(73)___ a desktop icon or select the application from a menu.

(73) A. open　　　B. close　　　C. click　　　D. double-click

参考译文

在多数个人计算机上，运行应用程序的方法可以是双击桌面上应用程序的图标，或者从某个菜单中选择该应用。

参考答案

(73) D

试题（74）

Any file that travels with an e-mail message is called an e-mail ___(74)___.

(74) A. attachment　　　B. page　　　C. writing　　　D. document

参考译文

随电子邮件传送的文件称为电子邮件附件。

参考答案

(74) A

试题（75）

___(75)___ describes how to interact with the information system to accomplish specific tasks.

(75) A. System specification　　　B. Program specification
　　　C. User guide　　　　　　　D. System document

参考译文

用户指南描述如何与信息系统交互以完成指定的任务。

参考答案

(75) C

第 8 章 2015 下半年信息处理技术员上机考试试题分析与解答

试题一（15 分）

利用系统提供的素材，按题目要求完成后，用 Word 的保存功能直接存盘。

北京印象

北京位于华北平原西北边缘，是中国的首都，全国的政治、文化中心和国际交往的枢纽，也是一座著名的历史文化名城。早在七十万年前，北京周口店地区就出现了原始人群部落"北京人"。而北京建城也已有两千多年的历史，最初见于记载的名字为"蓟"。公元前 1045 年，北京成为蓟、燕等诸侯国的都城；公元前 221 秦始皇统一中国以来，北京一直是中国北方重镇和地方中心；自公元 938 年以来，北京又先后成为辽陪都、金上都、元大都、明清国都。

要求：

1. 将文章标题设置为宋体、二号、加粗、居中，并设置"阳文"的文字效果。
2. 把正文中的"蓟"转化为繁体字；正文设置为仿宋、小四。
3. 为文档添加文字水印，内容为"燕"，并将内容设置为白色、背景 1、深色 35%、楷体、半透明、斜式。
4. 为文档添加页眉，内容为"四大古都之北京"。
5. 在正文第一自然段后另起行录入第二段文字：1949 年 10 月 1 日正式定为中华人民共和国首都。

试题一分析

【考查目的】

- 文字录入及编排。
- 开始菜单的使用。
- 插入菜单的使用。
- 页面布局菜单的使用。
- 审阅菜单的使用。

【要点分析】

本题要点：文档字体设置、繁体字转换、文字录入、页眉设置、水印设置。

【操作的关键步骤】

（1）字体设置。选定文档对象，通过"开始"菜单下的"字体"命令进行文档格式设置。

（2）繁体字转换。通过"审阅"菜单下的"简转繁"命令进行转换。
（3）页眉设置。通过"插入"菜单下的"页眉"命令进行设置。
（4）水印设置。通过"页面布局"菜单下的"水印"命令进行设置。

参考答案

试题二（15分）

用 Word 软件制作如下图所示的个人简历。按题目要求完成后，用 Word 的保存功能直接存盘。

要求：
1. 利用相关工具绘制如上图所示的个人简历。
2. 将标题设置为楷体、二号、黑色、加粗、居中；其他文字设置为宋体、五号、黑色。

个人简历

就业方向							
个人资料							
姓名		性别		民族		年龄	
籍贯				专业			
政治面貌				爱好			
电子邮箱				联系电话			
自我评价							
教育背景							
个人能力							
社会及校内实践							
所获证书及奖项							

【考查目的】
- 文字设置和编排。
- 绘制表格。

【要点分析】

本题要点：绘制表格、字体设置、录入文字并进行编排。

【操作的关键步骤】
（1）文字编排。使用"开始"菜单下的"字体"命令进行字号、字体的设置。
（2）表格菜单的使用。使用"插入"菜单下的"表格"命令绘制表格。

参考答案

个人简历

就业方向							
个人资料							
姓名		性别		民族		年龄	
籍贯				专业			
政治面貌				爱好			
电子邮箱				联系电话			
自我评价							
教育背景							
个人能力							
社会及校内实践							
所获证书及奖项							

试题三（15分）

在 Excel 的 Sheet1 工作表的 A1:E15 单元格区域内创建"工资统计表"（内容如下图所示）。按题目要求完成后，用 Excel 的保存功能直接存盘。

	A	B	C	D	E
1			工资统计表		
2	教研组	姓名	基本工资/元	奖金/元	应发工资/元
3	数学组	高秋兰	526.9	2330	
4	语文组	韩永军	781	3165	
5	语文组	霍丽霞	662.6	2150	
6	语文组	李文良	783	3570	
7	语文组	庞小瑞	536.4	2430	
8	外语组	杨海茹	417.7	1770	
9	外语组	张金娥	649	2670	
10	数学组	张金科	771	3255	
11	外语组	张俊玲	970.8	4125	
12	数学组	张庆红	665.7	3030	
13	基本工资大于500元的人数				
14	应发工资平均值				
15	奖金大于3000元的人数占总人数的比例				

要求：

1. 表格要有可视的边框，并将文字设置为宋体、16 磅、居中。
2. 用 SUM 函数计算应发工资，计算结果保留两位小数，并将计算结果填入对应单元格中。
3. 用 COUNTIF 函数统计基本工资大于 500 元人数，将计算结果填入对应单元格中。
4. 用 AVERAGE 函数计算应发工资平均值，计算结果保留两位小数，并将计算结果填入对应单元格中。
5. 用 COUNTIF 和 COUNT 函数计算奖金大于 3000 元的人数在总人数中的比例，计算结果保留两位小数，并将计算结果填入对应单元格中。

试题三分析

【考查目的】

- 用 Excel 创建工作表。
- 单元格格式设置。
- 函数计算。

【要点分析】

本题要点：文字的编排（包括字体、字号等）、单元格格式设置、函数计算。

【操作的关键步骤】

（1）文字的编排。使用"开始"菜单下的"字体"命令进行设置。

（2）函数计算。E3 单元格中应发工资的计算函数为："=SUM(C3:D3)"；基本工资大于 500 的人数计算函数为："=COUNTIF(C3:C12,">500")"；应发工资平均值计算函数为："=AVERAGE(E3:E12)"；奖金大于 3000 元的人数占总人数的比例计算函数为："=COUNTIF(D3:D12,">3000")/COUNT(D3:D12)"。

参考答案

	A	B	C	D	E
1			工资统计表		
2	教研组	姓名	基本工资/元	奖金/元	应发工资/元
3	数学组	高秋兰	526.9	2330	2856.90
4	语文组	韩永军	781	3165	3946.00
5	语文组	霍丽霞	662.6	2150	2812.60
6	语文组	李文良	783	3570	4353.00
7	语文组	庞小瑞	536.4	2430	2966.40
8	外语组	杨海茹	417.7	1770	2187.70
9	外语组	张金娥	649	2670	3319.00
10	数学组	张金科	771	3255	4026.00
11	外语组	张俊玲	970.8	4125	5095.80
12	数学组	张庆红	665.7	3030	3695.70
13	基本工资大于500元的人数				9
14	应发工资平均值				3525.91
15	奖金大于3000元的人数占总人数的比例				0.50

试题四（15 分）

利用系统提供的素材，用 PowerPoint 创意制作演示文稿。按照题目要求完成后，用 PowerPoint 的保存功能直接存盘。

资料：

没有网络安全就没有国家安全，没有信息化就没有现代化。建设网络强国，要有自己的技术，有过硬的技术；要有丰富全面的信息服务，繁荣发展的网络文化；要有良好的信息基础设施，形成实力雄厚的信息经济；要有高素质的网络安全和信息化人才队伍；要积极开展双边、多边的互联网国际交流合作。建设网络强国的战略部署要与"两个一百年"奋斗目标同步推进，向着网络基础设施基本普及、自主创新能力显著增强、信息经济全面发展、网络安全保障有力的目标不断前进。

要求：

1. 正文内容设置为 24 磅、宋体。
2. 演示文稿设置飞入动画效果。
3. 插入页脚，内容为"2014 年 2 月 27 日，中央网络安全和信息化领导小组第一次会议上的讲话"。

试题四分析

【考查目的】

用 PowerPoint 模板制作演示文稿并对文稿进行"动画效果"设置等。

【要点分析】

本题要点：PowerPoint 的基本操作。

【操作的关键步骤】

（1）熟悉 PowerPoint 的基本操作。

（2）应用"开始"菜单下的"字体"命令设置字体、字号等。

（3）应用"动画"菜单下的"动画"命令进行动画设置。

（4）应用"插入"菜单下的"页脚和页眉"命令插入页脚。

参考答案

没有网络安全就没有国家安全,没有信息化就没有现代化。建设网络强国,要有自己的技术,有过硬的技术;要有丰富全面的信息服务,繁荣发展的网络文化;要有良好的信息基础设施,形成实力雄厚的信息经济;要有高素质的网络安全和信息化人才队伍;要积极开展双边、多边的互联网国际交流合作。建设网络强国的战略部署要与"两个一百年"奋斗目标同步推进,向着网络基础设施基本普及、自主创新能力显著增强、信息经济全面发展、网络安全保障有力的目标不断前进。

2014年2月27日,中央网络安全和信息化领导小组第一次会议上的讲话

试题五(15 分)

按照题目要求完成后,用 Access 保存功能直接存盘。

要求:

1. 用 Access 创建"产品名称表"(内容如下表)。

产品型号	产品名称
D10	圆凳
D11	圆凳
L10	长椅
R10	圆桌
R11	圆桌

2. 用 Access 创建"产品采购表"(内容如下表)。

产品型号	供应商	单价	采购数量
D10	王牌家俱	70	25
D11	蓝天家俱	72	28
L10	王牌家俱	68	20
R10	蓝天家俱	158	18
R11	长久家俱	168	22

3. 通过 Access 的查询功能,生成"产品采购信息汇总表"(内容如下表)。

产品型号	产品名称	供应商	单价	采购数量
D10	圆凳	王牌家俱	70	25
D11	圆凳	蓝天家俱	72	28
L10	长椅	王牌家俱	68	20
R10	圆桌	蓝天家俱	158	18
R11	圆桌	长久家俱	168	22

试题五分析

【考查目的】

用 Access 创建表、汇总表和用主键建立关系查询的方法。

【要点分析】

本题要点：在"产品名称表""产品采购表"的基础上生成"产品采购信息汇总表"。

【操作的关键步骤】

（1）分别建立"产品名称表""产品采购表"。并选择产品型号为主键。

（2）选择"数据库工具"菜单下的"关系"命令，在弹出的"显示表"对话框中，把"产品名称表""产品采购表"通过"添加"按钮加到"关系"表中。

（3）通过编号建立表间联系，选择"产品名称表"中的"产品型号"并拖动鼠标到"产品采购表"的产品型号，在弹出的"编辑关系"对话框中单击"创建"按钮，建立表间联系。

（4）通过"创建"菜单下的"查询设计"命令建立"产品名称表""产品采购表"间的关系。

（5）通过"设计"菜单下的"运行"命令生成"产品采购信息汇总表"。

参考答案

产品型号	产品名称
D10	圆凳
D11	圆凳
L10	长椅
R10	圆桌
R11	圆桌

产品型号	供应商	单价	采购数量
D10	王牌家俱	70	25
D11	蓝天家俱	72	28
L10	王牌家俱	68	20
R10	蓝天家俱	158	18
R11	长久家俱	168	22

产品采购信息汇总表

产品型号	产品名称	供应商	单价	采购数量
D10	圆凳	王牌家俱	70	25
D11	圆凳	蓝天家俱	72	28
L10	长椅	王牌家俱	68	20
R10	圆桌	蓝天家俱	158	18
R11	圆桌	长久家俱	168	22

第9章 2016上半年信息处理技术员上午试题分析与解答

试题（1）
以下关于信息的叙述中，__(1)__ 并不正确。
（1）A．信息是事物状态的描述　　　　　　B．信息蕴含于数据之中
　　　 C．信息是数据的载体　　　　　　　　D．数据是信息的载体

试题（1）分析
本题考查信息基础知识。
信息是数据中蕴涵的有用的内容，因此，数据是信息的载体。

参考答案
（1）C

试题（2）
以下关于数据和数据处理的叙述中，不正确的是__(2)__。
（2）A．要大力提倡在论述观点时用数据说话
　　　 B．数据处理技术重点是计算机操作技能
　　　 C．对数据的理解是数据分析的重要前提
　　　 D．数据资源可以为创新驱动发展提供动力

试题（2）分析
本题考查信息基础知识。
数据处理技术包括数据收集技术、数据清洗整理技术、数据分类技术、数据筛选技术、数据转换技术、数据存储技术、数据加工技术、数据分析技术、数据展现技术等。计算机只是数据处理的工具。选用什么方法和什么工具来处理，处理的效果如何，比计算机操作技能更重要。

参考答案
（2）B

试题（3）
以下__(3)__不属于目前新兴的信息技术。
（3）A．文字编辑排版　　　B．大数据　　　C．云计算　　　D．移动互联网

试题（3）分析
本题考查信息化基础知识。
大数据、云计算、物联网、移动互联网、智能化等都是目前新兴的信息技术。文字编辑排版是已经普及的技术。

参考答案
（3）A

试题（4）

甲乙两人以等额资金分别投资了两个项目。在相同的期限内，甲的投资先涨了 5%，后又跌了 5%；乙的投资则先跌了 5%，后又涨了 5%，其结果是__(4)__。

(4) A．甲和乙都略有收益，且收益相等　　B．甲略有收益，乙略有损失
　　C．甲和乙都略有损失，且损失相等　　D．甲略有损失，乙略有收益

试题（4）分析

本题考查初等数学应用能力。

设甲乙两人的投资额都是 a 元，则甲的收益经过先涨后跌应是 a(1+5%)(1−5%)=a(1−0.25%)；乙的收益经过先跌后涨应是 a(1−5%)(1+5%)=a(1−0.25%)。因此，甲乙两人都略有损失，且损失相等。

参考答案

(4) C

试题（5）

某种商品若按标价出售，相比进价成本每件可获利 50%，若按标价的 8 折出售，则每件可获利__(5)__。

(5) A．20%　　　　B．25%　　　　C．30%　　　　D．40%

试题（5）分析

本题考查初等数学应用能力。

设该种商品进价为 a 元，则标价为 a(1+50%)=1.5a 元。标价的 8 折为 0.8×1.5a=1.2a 元，相比进价获利(1.5a−1.2a)/a=20%。

参考答案

(5) A

试题（6）

设 0≤a≤1，0≤b≤1，则__(6)__。

(6) A．0≤a−b≤0.5　　B．0≤a−b≤1　　C．0.5≤a−b≤1　　D．−1≤a−b≤1

试题（6）分析

本题考查初等数学应用能力。

因为 0≤a≤1，所以−1≤−b≤0。因此−1≤a−b≤1。

参考答案

(6) D

试题（7）

以下关于抽样调查的叙述中，正确的是__(7)__。

(7) A．抽样调查应随机抽取样本进行调查并对总体做出统计估计和推断
　　B．抽样调查的样本数量和调查的时间段应随机确定，排除主观因素
　　C．抽样调查应依靠各级机构和专家全面选择各类典型代表进行调查
　　D．抽样调查的结论等于将样本调查的结果按样本比例放大后的结果

试题（7）分析

本题考查信息处理基础知识。

抽样调查应随机抽取样本进行调查，并对总体做出统计估计和推断。抽样应排除主观因素，不应由机构或专家确定。样本的比例应根据误差要求确定。调查的时间应按照调查计划确定。样本的平均值可以作为总体的平均值的估计，而非放大的结果。

参考答案

（7）A

试题（8）

在数据处理中，"重复数据删除"的功能很重要，但其作用不包括 __(8)__ 。

（8）A．有效控制数据体量的急剧增长
　　　B．节省存储设备和数据管理的成本
　　　C．释放存储空间，提高存储利用率
　　　D．提高数据的安全性，防止被破坏

试题（8）分析

本题考查信息处理基础知识。

重复数据删除对提高数据安全性作用很小，主要的作用是节省存储空间，降低存储成本和数据管理成本，提高存储利用率，有效控制数据存储的急剧增长，对提高处理速度也有些作用。

参考答案

（8）D

试题（9）

在实施数据分析项目时，首先应该 __(9)__ 。

（9）A．收集和整理数据　　　　　　　B．明确数据分析的目的和内容
　　　C．购买数据处理设备　　　　　　D．起草数据分析报告框架

试题（9）分析

本题考查信息处理基础知识。

实施数据分析项目的步骤中，首先应该明确数据分析的目的和内容，并在实施的过程中始终不忘初心。这对其他步骤具有决定性的影响。

参考答案

（9）B

试题（10）

数据加工前一般需要做数据清洗。数据清洗工作不包括 __(10)__ 。

（10）A．删除不必要的、多余的、重复的数据
　　　　B．处理缺失的数据字段，做出特殊标记
　　　　C．检测有逻辑错误的数据，纠正或删除
　　　　D．修改异常数据值，使其落入常识范围

试题（10）分析

本题考查信息处理基础知识。

数据加工前一般需要做数据清洗。数据清洗工作包括：删除不必要的、多余的、重复的数据；处理缺失的数据字段，做出便于处理的特殊标记；检测有逻辑错误的数据，纠正或删除它。对于异常（太大或太小的）数据值需要具体分析原因。如果是输入错误，则需要立即纠正；如果是特殊情况，则需要特别关注；如果原因不明，则需要进一步研究。总之，不能随意修改异常数据，不能主观确定常识范围。

参考答案

（10）D

试题（11）

企业一般都将数据制作成一张张电子报表。与文字叙述相比，电子报表的优点很多，但不包括 __(11)__ 。

(11) A．表达紧凑、易读　　　　　　B．易于进一步加工处理
　　　C．便于保存、备查　　　　　　D．直观展示变化的趋势

试题（11）分析

本题考查信息处理基础知识。

与文字叙述相比，电子报表表达表达紧凑，易读易于理解，易于进一步加工处理，也便于保存备查。但电子报表没有像图表曲线那样直观展示变化的趋势。

参考答案

（11）D

试题（12）

办公应用套件中，__(12)__ 软件常用于数据分析。

(12) A．文字处理　　　B．电子表格处理　　　C．演示文稿处理　　　D．电子邮件

试题（12）分析

本题考查信息处理基础知识。

办公应用套件中，电子表格处理软件常用于数据分析。

参考答案

（12）B

试题（13）

数据分析报告的质量要求中不包括 __(13)__ 。

(13) A．结构合理，逻辑清晰　　　　B．实事求是，反映真相
　　　C．篇幅适宜，简捷有效　　　　D．像一篇高水平的论文

试题（13）分析

本题考查信息处理基础知识。

数据分析报告不同于论文，不追求理论上的严谨证明，重要的是用真实的数据说明事实真相。

参考答案

(13) D

试题 (14)

企业建立管理信息系统的目标不包括___(14)___。

(14) A. 提升企业对数据资产的管理和应用水平
　　　B. 全面管理企业数据的可用性和安全性
　　　C. 促使企业数据资产发挥更大的作用
　　　D. 推进企业生产自动化,提高创新能力

试题 (14) 分析

本题考查信息处理基础知识。

企业管理信息系统的目标是管理企业的信息资源,发挥其作用,提高企业运营效率,提升企业竞争力,目标并不包括企业自动化和技术创新能力。

参考答案

(14) D

试题 (15)

LCD 显示器指的是___(15)___。

(15) A. 阴极射线管显示器　　　　　　B. 液晶显示器
　　　C. 彩色图像显示器　　　　　　　D. 等离子显示器

试题 (15) 分析

本题考查计算机硬件基础知识。

显示器按显示原理可划分为:阴极射线管显示器(CRT)、液晶显示器(LCD)和等离子显示器。目前计算机上最流行的是液晶显示器。

参考答案

(15) B

试题 (16)

为获得商品的名称、价格等信息,超市收银员常用___(16)___扫描商品上的条形码,其特点是体积小、重量轻、便于操作。

(16) A. 手持式扫描仪　　B. 台式扫描仪　　C. POS 机　　D. ATM

试题 (16) 分析

本题考查硬件基础知识。

超市收银员常用手持式扫描仪扫描商品上的条形码,其特点是体积小、重量轻,便于携带。

参考答案

(16) A

试题 (17)

常用网络通信设备不包括___(17)___。

(17) A. 浏览器　　　　B. 集线器　　　　C. 交换机　　　　D. 路由器

第 9 章 2016 上半年信息处理技术员上午试题分析与解答   129

试题（17）分析

本题考查计算机硬件基础知识。

浏览器是软件。终端上的用户常用浏览器来浏览网页，搜索所需的信息。

参考答案

（17）A

试题（18）

现在手机主流操作系统属于__（18）__。

（18）A．嵌入式操作系统　　　　　B．网络操作系统
　　　C．多用户操作系统　　　　　D．分时操作系统

试题（18）分析

本题考查软件基础知识。

现在手机上流行安装的操作系统属于嵌入式操作系统。

参考答案

（18）A

试题（19）

小张购买了一个正版软件，因此他获得了该软件的__（19）__。

（19）A．出售权　　B．复制权　　C．使用权　　D．修改权

试题（19）分析

本题考查有关的法律法规基础知识。

购买正版软件所获得的是该软件的使用权。

参考答案

（19）C

试题（20）

Windows 多窗口的排列方式不包括__（20）__。

（20）A．层叠　　　B．阵列　　　C．横向平铺　　　D．纵向平铺

试题（20）分析

本题考查计算机软件基础知识。

Windows 多窗口的排列方式包括：层叠、横向平铺和纵向平铺。

参考答案

（20）B

试题（21）

显示器分辨率调小后，__（21）__。

（21）A．屏幕上的文字变大　　　　B．屏幕上的文字变小
　　　C．屏幕清晰度提高　　　　　D．屏幕清晰度不变

试题（21）分析

本题考查计算机操作基础知识。

计算机显示器分辨率调小后，分辨率低了，每行每列显示的点数少了，汉字就显得大了。

参考答案

（21）A

试题（22）

计算机运行时，__(22)__。

(22) A. 删除桌面上的应用程序图标将导致该应用程序被删除

B. 删除状态栏上的 U 盘符号将导致 U 盘内的文件被删除

C. 关闭屏幕显示器将终止计算机操作系统的运行

D. 关闭应用程序的主窗口将导致该应用程序被关闭

试题（22）分析

本题考查计算机操作基础知识。

计算机运行时，关闭应用程序的主窗口将导致退出该应用程序。

参考答案

（22）D

试题（23）

一般来说，误删本地磁盘中某个文件后，还可以用以下方法 __(23)__ 来补救。

(23) A. 从回收站中找到该文件，执行恢复操作

B. 执行撤销操作，作废刚才的删除操作

C. 执行回滚操作，恢复原来的文件

D. 重新启动电脑，恢复原来的文件

试题（23）分析

本题考查计算机操作基础知识。

一般来说，在本地磁盘上删除某个文件就是将该文件移到回收站。误删某个文件后，还可以从回收站中找到该文件，执行恢复操作。除非设置了删除操作就是直接删除文件，并不放到回收站，但这样做是有风险的，并不提倡。

参考答案

（23）A

试题（24）

磁盘碎片整理的作用是 __(24)__。

(24) A. 将磁盘空闲碎片连成大的连续区域，提高系统效率

B. 扫描检查磁盘，修复文件系统的错误，恢复坏扇区

C. 清除大量没有用的临时文件和程序，释放磁盘空间

D. 重新划分磁盘分区，形成 C、D、E、F 等逻辑磁盘

试题（24）分析

本题考查计算机维护基础知识。

计算机使用一段时间后，磁盘上因不断删除文件和新建文件，产生了很多空间碎片，导致运行效率降低。利用系统提供的磁盘碎片整理程序，可以将由多个不连续块组成的文件移动到连续空间内，这样就提高了读写效率。

参考答案

(24) A

试题（25）

以下维护操作系统的做法中，__(25)__是不恰当的。

(25) A．及时下载系统更新，并安装系统补丁
B．必要时运行维护任务，生成维护报告
C．必要时检测系统性能，调整系统设置
D．每天做一次磁盘碎片整理，提高速度

试题（25）分析

本题考查计算机维护基础知识。

常用的计算机每月或每季度做一次磁盘碎片整理就可以了。每天做，很费时间，对性能几乎没有改进。

参考答案

(25) D

试题（26）

计算机运行一段时间后性能一般会有所下降，为此需要用优化工具对系统进行优化。系统优化的工作不包括__(26)__。

(26) A．清理垃圾　　B．释放缓存　　C．查杀病毒　　D．升级硬件

试题（26）分析

本题考查计算机维护基础知识。

系统优化是对原有系统进行重新设置或操作处理来提升性能，不包括升级硬件。

参考答案

(26) D

试题（27）

组建计算机网络的目的是__(27)__。

(27) A．数据处理　　B．文献检索　　C．资源共享和信息传输　　D．信息转储

试题（27）分析

本题考查计算机网络基础知识。

计算机网络是指将地理位置不同的具有独立功能的多台计算机及其外部设备，通过通信线路连接起来，在网络操作系统，网络管理软件及网络通信协议的管理和协调下，实现资源共享和信息传递的计算机系统。

参考答案

(27) C

试题（28）

若需访问"中国计算机技术职业资格网站"，则应在浏览器地址栏输入网址__(28)__。

(28) A．www,ruankao,org,cn　　　　B．www-ruankao-org-cn
C．www.ruankao.org.cn　　　　D．www/ruankao/org/cn

试题（28）分析

本题考查计算机网络基础知识。

若需访问"中国计算机技术职业资格网站"，应在浏览器地址栏输入网址 www.ruankao.org.cn。

参考答案

（28）C

试题（29）

下列设备中，属于计算机输入设备的是___（29）___。

（29）A．键盘　　　　B．打印机　　　　C．显示器　　　　D．绘图仪

试题（29）分析

本题考查计算机硬件基础知识。

输入设备是指向计算机输入数据和信息的设备。键盘、鼠标、摄像头、扫描仪、光笔、手写输入板、游戏杆和语音输入装置等都属于输入设备。

参考答案

（29）A

试题（30）

下列软件中，属于系统软件的是___（30）___。

（30）A．PowerPoint 2007　　　　B．Word 2007
　　　C．Excel 2007　　　　　　　D．Windows 7

试题（30）分析

本题考查计算机软件基础知识。

系统软件是指控制和协调计算机及外部设备，支持应用软件开发和运行的系统，主要功能是调度、监控和维护计算机系统；负责管理计算机系统中各种独立的硬件，使它们可以协调工作。一般来讲，系统软件包括操作系统和一系列基本的工具（比如编译器，数据库管理，存储器格式化，文件系统管理，用户身份验证，驱动管理，网络连接等方面的工具），是支持计算机系统正常运行并实现用户操作的软件。

参考答案

（30）D

试题（31）

计算机内所有的信息都是以___（31）___为基础进行加工、处理的。

（31）A．八进制　　　　B．十进制　　　　C．二进制　　　　D．十六进制

试题（31）分析

本题考查计算机软件基础知识。

计算机内所有的信息都是以二进制为基础进行加工、处理的。

参考答案

（31）C

第 9 章 2016 上半年信息处理技术员上午试题分析与解答

试题（32）

下列关于 Windows 文件的叙述中，不正确的是 __(32)__ 。

(32) A．同一目录中允许有不同名但内容相同的文件
　　　B．同一目录中允许有不同名且不同内容的文件
　　　C．同一目录中允许有同名但不同内容的文件
　　　D．不同目录中允许出现同名同内容的文件

试题（32）分析

本题考查计算机软件基础知识。

在 Windows 操作系统中，文件名由主文件名和扩展名组成，在同一目录中，不允许有相同主文件名和相同扩展名的文件同时存在。

参考答案

（32）C

试题（33）

Word 2007 默认保存文件的扩展名为 __(33)__ 。

(33) A．txt　　　　　B．bmp　　　　　C．docx　　　　　D．htm

试题（33）分析

本题考查文字处理基础知识。

Word 2007 默认保存文件的扩展名为.docx。

参考答案

（33）C

试题（34）

在 Word 2007 中，页眉页脚不能设置 __(34)__ 。

(34) A．字符的字体、字号　　　　　B．边框底纹
　　　C．对齐方式　　　　　　　　　D．分栏格式

试题（34）分析

本题考查文字处理基础知识。

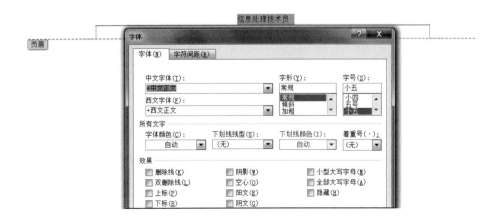

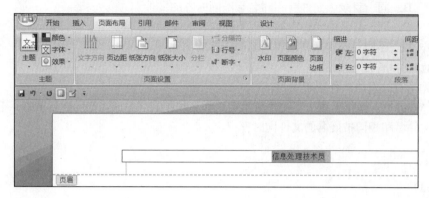

参考答案

（34）D

试题（35）

在 Word 2007 中，如果要将选定行的文本内容置于本行正中间，需单击工具栏上的__(35)__命令。

(35) A．两端对齐　　　B．居中　　　C．左对齐　　　D．右对齐

试题（35）分析

本题考查文字处理基础知识。

在 Word 2007 中，如果要将选定行的文本内容置于本行正中间，需单击工具栏上的居中命令。

参考答案

（35）B

试题（36）

在 Word 2007 中，如果用户选中了某段文字，误按了空格键，则选中的文字将被一个空格所代替，此时可用__(36)__命令还原到误操作前的状态。

(36) A．替换　　　B．粘贴　　　C．撤销　　　D．恢复

试题（36）分析

本题考查文字处理基础知识。

用户在操作过程中不可避免地会出现误操作。Word 2007 为用户提供了简单的方法，能够让误操作的损失最小。当操作失误后可使用撤销操作，即对刚才的操作进行逆操作。选择工具栏中的"撤销"命令来完成撤销操作。

参考答案

（36）C

试题（37）

在 Word 2007 中，设当前活动窗口为文档 1.docx 的窗口，单击该窗口的"最小化"按钮后。则__(37)__。

（37）A．不显示 1.docx 文档内容，但 1.docx 文档并未关闭
　　　B．该窗口和 1.docx 文档都被关闭
　　　C．1.docx 文档未关闭，且继续显示其内容
　　　D．关闭了 1.docx 文档但该窗口并未关闭

试题（37）分析

本题考查文字处理基础知识。

单击该窗口的"最小化"按钮后，不显示 1.docx 文档内容，但 1.docx 文档并未关闭。

参考答案

（37）A

试题（38）

在 Word 2007 的编辑状态下打开"1.doc"文档后，另存为"2.doc"文档，则__(38)__。

（38）A．当前文档是 1.doc　　　　　　B．当前文档是 2.doc
　　　C．1.doc 与 2.doc 均是当前文档　　D．1.doc 与 2.doc 均不是当前文档

试题（38）分析

本题考查文字处理基础知识。

在 Word 2007 的编辑状态下打开"1.doc"文档后，另存为"2.doc"文档，则当前文档是 2.doc。

参考答案

（38）B

试题（39）

在 Word 2007 窗口的文本编辑区内，闪动的粗竖线表示__(39)__。

（39）A．文章结尾符　　　　　　　　B．插入点，可在该处输入字符
　　　C．鼠标光标　　　　　　　　　D．字符选取标志

试题（39）分析

本题考查文字处理基础知识。

在 Word 2007 窗口的文本编辑区内，闪动的粗竖线表示插入点，可在该处输入字符。

参考答案

（39）B

试题（40）

Word 2007 中"复制"命令的功能是将选定的文本或图形__(40)__。

（40）A．复制到剪贴板　　　　　　　B．由剪贴板复制到插入点
　　　C．复制到文件的插入点位置　　D．复制到文件的末尾

试题（40）分析

本题考查文字处理基础知识。

文本的移动、复制是通过剪贴板进行的。由于剪贴板是由 Windows 管理的一块公共区域，因此，剪贴板中的数据可以与其他软件共享。用户通过剪贴板进行删除、移动或复制操作，既可在同一个文档中进行，也可在不同文档甚至不同的应用程序之间进行。

参考答案

（40）A

试题（41）

在 Word 2007 中，下列关于打印预览的叙述中，不正确的是__(41)__。

(41) A．打印预览是文档视图显示方式之一

B．预览的效果与打印出的文档效果相匹配

C．无法对关闭打印预览后的文档进行编辑

D．在打印预览方式中，可同时查看文档的多页

试题（41）分析

本题考查文字处理基础知识。

一般在打印之前先预览打印的内容，将窗口转换到打印预览窗口后所看到的文档效果就是打印出来的效果，预览可多页同时显示，也可单页显示。

参考答案

（41）C

试题（42）

在 Word 2007 中，若用户需要将一篇文章中的字符串"Internet"全部替换为字符串"因特网"，则可以在编辑菜单中选择__(42)__命令。

(42) A．全选　　　　B．选择性粘贴　　　　C．定位　　　　D．替换

试题（42）分析

本题考查文字处理基础知识。

用户要在文档中把特定文字用其他文字替换时可用替换功能，并在"替换"选项卡中输入要查找的文字和进行替换的文字。

参考答案

（42）D

试题（43）

在 Word 2007 的编辑状态下，若当前编辑文档中的文字全是宋体，选中某段文字并设为楷体后，则__(43)__。

(43) A．文档中所有的文字都变为楷体　　　B．被选中的文字都变为楷体

C．被选中的文字仍为宋体　　　　　　D．没有被选中的文字都变为楷体

试题（43）分析

本题考查文字处理基础知识。

在 Word 2007 的编辑状态下，若当前编辑文档中的文字全是宋体，选中某段文字并设为楷体后，则被选中的文字都变为楷体。

参考答案

(43) B

试题 (44)

常用的统计图表有：柱形图、条形图、折线图、饼图等。下图所示的统计图表类型为___(44)___。

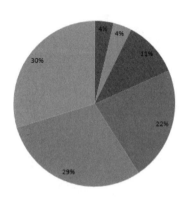

(44) A. 饼图　　　　B. 条形图　　　　C. 柱形图　　　　D. 折线图

试题 (44) 分析

本题考查电子表格处理基础知识。

使用图表可以形象、直观地表达工作表中的数据，揭示工作表数据的内在规律。图表的类型有柱形图、条形图、折线图、饼图等，本题中的类型为饼图。

参考答案

(44) A

试题 (45)

在 Excel 2007 中，设 A1 单元格中的值为 80，若在 A2 单元格中输入公式"=-A1<-50"，按回车键后，则 A2 单元格中的值为___(45)___。

(45) A. False　　　B. True　　　C. -50　　　D. 80

试题 (45) 分析

本题考查电子表格处理基础知识。

公式"=-A1<-50"的含义是如果-80<-50 显示 True，否则显示 False。

参考答案

(45) B

试题（46）

在 Excel 2007 中，__（46）__ 是数学运算符。

（46）A．* B．= C．& D．<>

试题（46）分析

本题考查电子表格处理基础知识。

在 Excel 2007 公式中，可使用的运算符包括引用运算符、数学运算符、比较运算符和文字运算符。

引用运算符有":"等。

数学运算符有+、−、*、/、%和∧等。

比较运算符有=、<、>、>=、<=、<>。

文字运算符"&"可以将两个文本连接起来。

Excel 对运算符的优先级做了严格的规定，数学运算符从高到低分为 3 个级别，%和∧、*和/、+和−。各比较运算符优先级相同。四类运算符的优先顺序为引用运算符、数学运算符、文字运算符、比较运算符。

参考答案

（46）A

试题（47）、（48）

在 Excel 2007 中，设单元格 A1、B1、C1、A2、B2、C2 中的值分别为 1、3、5、7、9、11，若在单元格 D1 中输入函数"=MAX(A1:C2)"，按回车键后，则 D1 单元格中的值为__（47）__；若在单元格 D2 中输入公式"=1-MIN(A1:C2)"，按回车键后，则 D2 单元格中的值为__（48）__。

（47）A．1 B．5 C．9 D．11

（48）A．0 B．−1 C．−8 D．−10

试题（47）、（48）分析

本题考查电子表格处理基础知识。

函数"=MAX(A1:C2)"的含义是计算 A1 到 C2 单元格中的最大值；函数"=1-MIN(A1:C2)"的含义是计算 1 减去 A1 到 C2 单元格中的最小值。

参考答案

（47）D （48）A

试题（49）

在 Excel 2007 的 A1 单元格中输入函数"=LEFT("CHINA",1)"，按回车键后，则 A1 单元格中的值为__（49）__。

（49）A. C　　　　　B. H　　　　　C. N　　　　　D. A

试题（49）分析

本题考查电子表格处理基础知识。

函数"=LEFT("CHINA",1)"的含义是返回从左到右的第一个字符。

参考答案

（49）A

试题（50）

在 Excel 2007 中，设单元格 A1 中的值为 10，B1 中的值为 20，A2 中的值为 30，B2 中的值为 40，若在 A3 单元格中输入函数"=SUM(A1,B2)"，按回车键后，A3 单元格中的值为__（50）__。

（50）A. 50　　　　　B. 60　　　　　C. 90　　　　　D. 100

试题（50）分析

本题考查电子表格处理基础知识。

函数"=SUM(A1,B2)"的含义是计算 A1 和 B2 单元格中值的和。

参考答案

（50）A

试题（51）

在 Excel 2007 中，若在单元格 A1 中输入函数"=MID("RUANKAO",1,4)"，按回车键后，则 A1 单元格中的值为__（51）__。

（51）A. R　　　　　B. RUAN　　　　　C. RKAO　　　　　D. NKAO

试题（51）分析

本题考查电子表格处理基础知识。

函数"=MID("RUANKAO",1,4)"的含义是显示出从"RUANKAO"的第一个字符到第四个字符。

参考答案

（51）B

试题（52）

在 Excel 2007 中，若在单元格 A1 中输入函数"=AVERAGE(4,8,12)/ROUND(4.2,0)"，按回车键后，则 A1 单元格中的值为__（52）__。

（52）A．1　　　　B．2　　　　C．3　　　　D．6

试题（52）分析

本题考查电子表格处理基础知识。

函数"AVERAGE(4,8,12)"的含义是计算 4,8,12 三个数值的平均值；"ROUND(4.2,0)"的含义是对数值"4.2"进行四舍五入。

参考答案

（52）B

试题（53）

在 Excel 2007 中，设单元格 A1 中的值为-100，B1 中的值为 100，A2 中的值为 0，B2 中的值为 1，若在 C1 单元格中输入函数"=IF(A1+B1<=0,A2,B2)"，按回车键后，C1 单元格中的值为____(53)____。

（53）A．-100　　　B．0　　　　C．1　　　　D．100

试题（53）分析

本题考查电子表格处理基础知识。

函数"=IF(A1+B1<=0,A2,B2)"的含义是若"A1+B1<=0"，则显示 A2 单元格中的值，否则显示 B2 单元格中的值。

参考答案

（53）B

试题（54）

在 PowerPoint 2007 中，超级链接一般不可以链接到____(54)____。

（54）A．某文本文件的某一行　　　　B．某幻灯片

　　　　C．因特网上的某个文件　　　　D．某图像文件

试题（54）分析

本题考查演示文稿制作基础知识。

第 9 章 2016 上半年信息处理技术员上午试题分析与解答

参考答案

（54）A

试题（55）

下列关于 PowerPoint 2007 幻灯片放映的叙述中，不正确的是 __（55）__ 。

（55）A．可以进行循环放映

B．可以自定义幻灯片放映

C．只能从头开始放映

D．可以使用排练计时功能，实行幻灯片自动切换

试题（55）分析

本题考查演示文稿制作基础知识。

参考答案

（55）C

试题（56）

下列关于 PowerPoint 2007 幻灯片打印的叙述中，正确的是 __（56）__ 。

（56）A．只能从第一张幻灯片开始打印

B．可以选择部分幻灯片打印

C．只能打印全部幻灯片

D．只能打印当前幻灯片

试题（56）分析

本题考查演示文稿制作基础知识。

参考答案

（56）B

试题（57）

Access 数据库属于__（57）__。

（57）A．层次数据库　　B．网状数据库　　C．关系数据库　　D．面向对象数据库

试题（57）分析

本题考查数据库处理基础知识。

Access 是由微软发布的关系数据库管理系统。它结合了 Microsoft Jet Database Engine 和图形用户界面两项特点，是 Microsoft Office 套件的程序之一。

参考答案

（57）C

试题（58）

在数据库中能够唯一标识一个元组的属性或属性的组合称为__（58）__。

（58）A．关键字　　　　B．字段　　　　　C．记录　　　　　D．关系

试题（58）分析

本题考查数据库处理基础知识。

主键字是属性和属性的组合，其值能够唯一地标识一个元组。元组也称记录，任意两条记录的关键字不能相同。

参考答案

（58）A

试题（59）

下列关于关系型数据库基本概念的叙述中，不正确的是__（59）__。

（59）A．索引可以确保数据查询的准确率
　　　　B．主键是数据库中具有唯一性的字段
　　　　C．实体可以是具体的人、事或物，也可以是抽象的概念
　　　　D．实体所具有的某一特性称为属性

试题（59）分析

本题考查数据库处理基础知识。

数据库索引与图书目录索引相似，能够加快数据的查询速度。

参考答案

（59）A

试题（60）

以下关于企业信息安全措施的叙述中，不正确的是__（60）__。

（60）A．遵循三分管理七分技术的原则加强信息安全的技术措施
　　　　B．在电子合同中可以用电子签名来表明不可抵赖性
　　　　C．入侵检测软件用来发现系统中是否有被攻击的迹象
　　　　D．加强员工的信息安全意识教育非常重要

试题（60）分析

本题考查信息安全基础知识。

人们常说，信息安全的措施是三分技术七分管理。人的因素是最重要的。任何技术措施，对于违法的人来说，都会有空子可钻，都会有漏洞。

参考答案

（60）A

试题（61）

上网时防范木马攻击的措施不包括__（61）__。

（61）A．及时更新升级系统并修补漏洞　　B．不要随意打开来历不明的邮件
　　　C．尽量使用共享文件夹传递信息　　D．不要随意下载来历不明的软件

试题（61）分析

本题考查信息安全基础知识。

多用户共享的文件常用于公开的只读文件，用共享文件夹传递私有信息有风险。

参考答案

（61）C

试题（62）

涉密信息系统划分为绝密级、机密级、秘密级三个等级保护的作用不包括__（62）__。

（62）A．保护重点更加突出　　　　B．确保不再会发生泄密事件
　　　C．保护方法更加科学　　　　D．保护的投入产出更加合理

试题（62）分析

本题考查信息安全基础知识。

密级的划分有利于安全管理，其本身不能杜绝泄密事件。

参考答案

（62）B

试题（63）

企业信息系统使用盗版软件的风险与危害不包括__（63）__。

（63）A．企业应用软件不能正常运行　　B．侵犯知识产权的法律风险
　　　C．盗版软件安装不上，运行不了　　D．不能获得升级和技术支持服务

试题（63）分析

本题考查法律法规基础知识。

如果盗版软件安装不上，运行不了，那倒不会产生危害了。正因为质量低劣的盗版软件能安装运行，可能导致企业本身的应用软件在此基础上不能正常运行。

参考答案

（63）C

试题（64）

ISO 9001:2015 质量管理体系标准属于__（64）__。

（64）A．国际标准　　B．国家标准　　C．行业标准　　D．企业标准

试题 (64) 分析

本题考查标准基础知识。

ISO 是国际标准化组织,由 ISO 以及编号指明了 ISO 发布的国际标准。

参考答案

(64) A

试题 (65)

某企业明年 1~10 月计划实施一个大工程,包括七个项目 P1~P7。各项目的进度计划如下图。按照该计划,到明年 __(65)__ 该工程应实施了一半,因此安排此时进行中期检查。

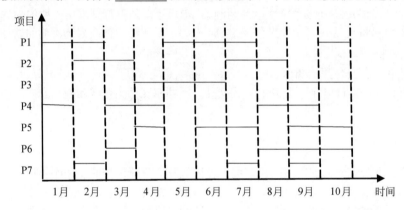

(65) A. 3 月底　　　B. 4 月底　　　C. 5 月底　　　D. 6 月底

试题 (65) 分析

本题考查信息处理实务基础知识。

按照经过,到 6 月底,

　　　项目 P1 已完成 4 个单位,还有 2 个单位;
　　　项目 P2 已完成 2 个单位,还有 2 个单位;
　　　项目 P3 已完成 3 个单位,还有 2 个单位;
　　　项目 P4 已完成 3 个单位,还有 2 个单位;
　　　项目 P5 已完成 2 个单位,还有 3 个单位;
　　　项目 P6 已完成 1 个单位,还有 3 个单位;
　　　项目 P7 已完成 1 个单位,还有 2 个单位。

总之,到 6 月底,各项目已完成 16 个单位,还有 16 个单位。

参考答案

(65) D

试题 (66)

许多书上都说,人一次只能记住或处理 5~9(7±2)条信息。为了检验这个结论是否正确,宜采用 __(66)__ 调查方法。经过多次调查统计研究发现,人一次平均只能记住或处理 4 条信息。经考证,原来 7±2 的说法只是一位专家在一个讲演稿中的估计,并不是真正的调研报告，但却被广泛引用。

（66）A．街头问卷调查　　　B．专家访谈　　　C．选人实测试验　　　D．网上投票

试题（66）分析

本题考查信息处理实务基础知识。

本题中所叙述的问题，很难直接回答，需要一段时间来做试验。采用街头调查问卷、专家访谈、网上投票都难以获得正确的结果，只能选人做实测试验。

参考答案

（66）C

试题（67）

某企业准备对正在实施的各个项目进行期中评估，对每个项目评出重要性和满意度两个参数。信息处理技术员小王根据各个项目的参数制作了如下的平面分布图，用圆点标记了各项目的位置，并划分了Ⅰ、Ⅱ、Ⅲ、Ⅳ四个区域。__（67）__ 区属于优先改进区，企业应对其中的项目优先支持改进。

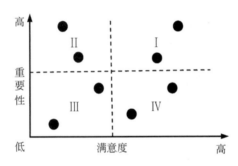

（67）A．Ⅰ　　　　　　　B．Ⅱ　　　　　　C．Ⅲ　　　　　　D．Ⅳ

试题（67）分析

本题考查信息处理实务基础知识。

显然，需要选择重要性高且满意度差的项目（位于Ⅱ区）进行优先改进。

参考答案

（67）B

试题（68）

某银行发生的以下问题中，最严重、影响最大的问题是__（68）__。

（68）A．计算机设备坏了　　　　　　　B．软件系统崩溃了
　　　　C．客户信息丢失了　　　　　　　D．房屋被震坏了

试题（68）分析

本题考查信息处理实务基础知识。

银行客户信息丢失会造成社会动荡，其损失难以估量。其他问题都是可以估计有一定的经济损失，而且可以在内部解决，不会导致社会混乱。

参考答案

（68）C

试题（69）

在某机床上加工一批零件，要求其直径控制在 1.5±0.2cm。检验员定时抽查测量了产品的直径，并绘制了如下的质量控制图。检验结论是：有__（69）__次检查发现质量问题，需要进一步查明原因并改进。

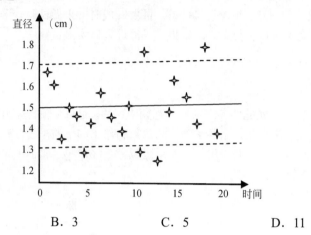

（69）A．2 B．3 C．5 D．11

试题（69）分析

本题考查信息处理实务基础知识。

零件的直径要求控制在 1.5±0.2cm，也就是说，应控制在 1.5−0.2cm 到 1.5+0.2cm 之间，即 1.3cm 到 1.7cm 之间。根据该质量控制图，抽查结果有 2 件产品直径超过了 1.7cm，有三件产品直径小于 1.3cm，这 5 件产品有质量问题，需要进一步查明原因。

参考答案

（69）C

试题（70）

在日常工作和生活中，我们经常不知不觉地与数据中心打交道。以下各事项中，除__（70）__外，一般都需要与有关的数据中心连接进行数据处理。

（70）A．在 ATM 机上取钱　　　　B．刷卡购物
　　　　C．订飞机票　　　　　　　D．编辑文档

试题（70）分析

本题考查信息处理实务基础知识。

为在 ATM 机上能取到钱，该 ATM 机必然与银行系统有连接。ATM 机与银行数据库之间必有信息传输。刷卡购物消费时，刷卡机必然与银行或商场的数据中心有连接（可能是无线连接），并进行数据传输。订飞机票时，订票机也必然与航空公司数据中心联网进行数据传输。文档编辑一般只在本地计算机上进行，除非用的是远程或移动办公系统。

参考答案

（70）D

试题（71）

__（71）__ provides the processor with temporary storage for programs and data。

(71) A. Keyboard　　B. Display　　C. Memory　　D. Disk

参考译文

内存为处理器提供了程序和数据的临时存储。

参考答案

(71) C

试题（72）

　　(72) products often feature games with learning embedded into them.

(72) A. Program　　B. Database　　C. Software　　D. Multimedia

参考译文

多媒体产品常有的特点是寓教于乐。

参考答案

(72) D

试题（73）

　　When you use a computer to create, edit, and print documents, (73) is used.

(73) A. word processing　　　　B. spreadsheet

　　　C. PowerPoint　　　　　　D. database

参考译文

用计算机来建立、编辑和打印文档时，就是在进行文字处理。

参考答案

(73) A

试题（74）

　　Make (74) copies of important files, and store them on separate locations to protect your information.

(74) A. back　　B. back-up　　C. back-out　　D. background

参考译文

对重要文件要做备份，存储在别处，以保护您的信息。

参考答案

(74) B

试题（75）

　　(75) is a process that consumers go through to purchase products or services over the Internet.

(75) A. E-learning　　　　　　B. E-government

　　　C. Online analysis　　　　D. Online shopping

参考译文

网购就是消费者通过互联网购买产品或服务的过程。

参考答案

(75) D

第10章 2016上半年信息处理技术员上机考试试题分析与解答

第一题（15分）

利用系统提供的素材，按题目要求完成后，用 Word 的保存功能直接存盘。

丽江古城

丽江古城，又名"大研镇"，位于中国西南部云南省的丽江市，坐落在丽江坝中部，玉龙雪山下。它是中国历史文化名城中唯一两个没有城墙的古城之一。丽江古城始建于宋末元初（公元 13 世纪后期）。古城地处云贵高原，海拔 2400 余米，全城面积达 3.8 平方公里，自古就是远近闻名的集市和重镇。

要求：

1. 将文章标题设置为楷体、二号、加粗、居中；正文设置为宋体、小四。
2. 页面设置为横向，纸张宽度 21 厘米，高度 15 厘米，页面内容居中对齐。
3. 为文档添加"大研镇"文字水印，仿宋，半透明，斜式，白色，背景 1，深色 25%。
4. 为文档添加页眉，内容为"世界文化与自然遗产"。
5. 在正文第一自然段后另起行录入第二段文字：其中，纳西族占总人口 70%以上，有 30%的居民仍在从事以铜银器制作、皮毛皮革、酿造业为主的传统手工业和商业活动。

试题一分析

【考查目的】
- 文字录入及编排。
- 开始菜单的使用。
- 页面布局菜单的使用。

【要点分析】

本题要点：文档字体设置、页面设置、文字录入、页眉设置。

【操作的关键步骤】

（1）字体设置。选定文档对象，通过"开始"菜单下的"字体"命令进行文档格式设置。

（2）页面设置。通过"页面布局"菜单下的"页面设置"命令进行设置。

（3）页眉设置。通过"插入"菜单下的"页眉"命令进行设置。

（4）水印设置。通过"页面布局"菜单下的"水印"命令进行设置。

参考答案

世界文化与自然遗产

丽江古城

丽江古城，又名"大研镇"，位于中国西南部云南省的丽江市，坐落在丽江坝中部，玉龙雪山下。它是中国历史文化名城中唯一两个没有城墙的古城之一。丽江古城始建于宋末元初（公元13世纪后期）。古城地处云贵高原，海拔 2400 余米，全城面积达 3.8 平方公里，自古就是远近闻名的集市和重镇。其中，纳西族占总人口 70%以上，有 30%的居民仍在从事以铜银器制作、皮毛皮革、酿造业为主的传统手工业和商业活动。

其中，纳西族占总人口 70%以上，有 30%的居民仍在从事以铜银器制作、皮毛皮革、酿造业为主的传统手工业和商业活动。

试题二（15 分）

用 Word 软件制作如图示的"应聘人员登记表"。按题目要求完成后，用 Word 的保存功能直接存盘。

应聘人员登记表

姓名		性别		出生年月		籍贯		照片
民族		婚姻状况		文化程度		毕业时间		
教育经历								
工作经历								
应聘何种职务								
有何特长技能								
联系电话								
自我评价								

要求：

1. 利用相关工具绘制如图示的应聘人员登记表。
2. 将标题设置为楷体、二号、加粗、居中；其他文字设置为宋体、五号。

【考查目的】
- 文字设置和编排。
- 绘制表格。

【要点分析】

本题要点：绘制表格、字体设置、录入文字并进行编排。

【操作的关键步骤】

（1）文字编排。使用"开始"菜单下的"字体"命令进行字号、字体的设置。

（2）表格菜单的使用。使用"插入"菜单下的"表格"命令绘制表格。

参考答案

（同题中的表格）

试题三（15分）

在Excel的Sheet1工作表的A1:G9单元格内创建"通信费用统计表"（内容如下图所示）。按题目要求完成后，用Excel的保存功能直接存盘。（表格没创建在指定区域将不得分）

	A	B	C	D	E	F	G
1	通信费用统计表						
2	…	套餐费用	语音通信费	上网通信费	增值费	短信费	合计
3	1月	18.00	13.00	8.00	9.00	7.00	
4	2月	18.00	26.75	9.00	3.00	4.00	
5	3月	18.00	19.75	3.00	3.00	5.00	
6	4月	18.00	38.15	6.00	5.00	1.00	
7	5月	18.00	20.00	12.00	6.00	1.00	
8	6月	18.00	26.00	11.00	1.00	9.00	
9	总计						…

要求：

1. 表格要有可视的边框，并将文字设置为宋体、16磅、居中。
2. 在对应单元格内用SUM函数计算每月合计通信费用。
3. 在对应单元格内用SUM函数计算每项费用的总计（G9单元格不做计算）。
4. 以总计为数据区域，插入饼图，图表布局为布局2，图表样式为样式2。
5. 为表中的数值保留两位小数。

试题三分析

【考查目的】
- 用Excel创建工作表。
- 单元格格式设置。
- 函数计算。

【要点分析】

本题要点：文字的编排（包括字体、字号等）、单元格格式设置、函数计算。

【操作的关键步骤】
（1）文字的编排。使用"开始"菜单下的"字体"命令进行设置。
（2）函数计算。1月的合计通信费用计算函数为："=SUM (B3:F3)"；套餐费用计算函数为："=SUM (B3:B8)"。
（3）饼图插入。使用"插入"菜单下的"饼图"命令进行设置。
（4）数值小数位设置。使用"开始"菜单下的"设置单元格格式"命令进行设置。

参考答案

试题四（15分）

利用系统提供的资料，用 PowerPoint 创意制作演示文稿。按照题目要求完成后，用 PowerPoint 的保存功能直接存盘。

资料：

要树立正确人才观，培育和践行社会主义核心价值观，着力提高人才培养质量，弘扬劳动光荣、技能宝贵、创造伟大的时代风尚，营造人人皆可成才、人人尽展其才的良好环境，努力培养数以亿计的高素质劳动者和技术技能人才。

要求：

1. 正文内容设置为24磅、宋体。
2. 演示文稿设置飞入动画效果。

3. 在页脚插入备注，内容为"《人民日报》2014 年 6 月 24 日"。

试题四分析

【考查目的】

用 PowerPoint 模板制作演示文稿并对文稿进行"动画效果"设置等。

【要点分析】

本题要点：PowerPoint 的基本操作。

【操作的关键步骤】

（1）熟悉 PowerPoint 的基本操作。

（2）应用"开始"菜单下的"字体"命令设置字体、字号等。

（3）应用"动画"菜单下的"动画"命令进行动画设置。

（4）应用"插入"菜单下的"页脚和页眉"命令插入页脚备注。

参考答案

要树立正确人才观，培育和践行社会主义核心价值观，着力提高人才培养质量，弘扬劳动光荣、技能宝贵、创造伟大的时代风尚，营造人人皆可成才、人人尽展其才的良好环境，努力培养数以亿计的高素质劳动者和技术技能人才。

《人民日报》2014年6月24日

试题五（15 分）

按照题目要求完成后，用 Access 保存功能直接存盘。

要求：

1. 用 Access 创建"员工信息表"（内容如下表）。

工号	姓名	部门
A00306	张明	综合部
A00431	李亮	开发部
A07520	冯峰	设计部
A01402	徐丽	开发部
A02700	彭坦	系统部

2. 用 Access 创建 "员工休假信息表"（内容如下表）。

工号	入职日期	年假
A00306	2003-06-20	10
A00431	2004-12-01	10
A07520	2008-10-11	5
A01402	2009-05-11	5
A02700	2010-11-12	5

3. 通过 Access 的查询功能，生成 "员工休假信息汇总表"（内容如下表）。

工号	姓名	部门	入职日期	年假
A00306	张明	综合部	2003-06-20	10
A00431	李亮	开发部	2004-12-01	10
A07520	冯峰	设计部	2008-10-11	5
A01402	徐丽	开发部	2009-05-11	5
A02700	彭坦	系统部	2010-11-12	5

试题五分析
【考查目的】
　　用 Access 创建表、汇总表和用主键建立关系查询的方法。
【要点分析】
　　本题要点：在 "员工信息表" "员工休假信息表" 的基础上生成 "员工休假信息汇总表"。
【操作的关键步骤】
　　（1）分别建立 "员工信息表" "员工休假信息表"。并选择工号为主键。
　　（2）选择 "数据库工具" 菜单下的 "关系" 命令，在弹出 "显示表" 对话框中选择，把 "员工信息表" "员工休假信息表" 等通过 "添加" 按钮加到 "关系" 表中。
　　（3）通过编号建立表间联系，选择 "员工信息表" 中的 "工号" 并拖动鼠标到 "员工休假信息表" 的编号，在弹出 "编辑关系" 对话框中单击 "创建" 按钮，建立表间联系。
　　（4）通过 "创建" 菜单下的 "查询设计" 命令，建立 "员工信息表" "员工休假信息表" 间的关系。
　　（5）通过 "设计" 菜单下的 "运行" 命令生成 "员工休假信息汇总表"。

参考答案

员工信息表

工号	姓名	部门
A00306	张明	综合部
A00431	李亮	开发部
A01402	徐丽	开发部
A02700	彭坦	系统部
A07520	冯峰	设计部

员工休假信息表

工号	入职日期	年假
A00306	2003-06-20	10
A00431	2004-12-01	10
A01402	2009-05-11	5
A02700	2010-11-12	5
A07520	2008-10-11	5

员工休假信息汇总表

工号	姓名	部门	入职日期	年假
A00306	张明	综合部	2003-06-20	10
A00431	李亮	开发部	2004-12-01	10
A07520	冯峰	设计部	2008-10-11	5
A02700	彭坦	系统部	2010-11-12	5
A01402	徐丽	开发部	2009-05-11	5

第11章　2016下半年信息处理技术员上午试题分析与解答

试题（1）

以下关于信息化和信息技术的叙述中，不正确的是　（1）　。

（1）A．信息化有利于国家"稳增长、扩内需、调结构、促就业"的战略

　　B．信息技术的广泛应用直接关系到我国新常态经济的走向

　　C．信息化正在加速向互联网化、移动化、智慧化方向演进

　　D．现在，信息技术越来越高级，用户的使用越来越复杂

试题（1）分析

本题考查信息与信息技术基本概念。

前三项都是国家信息化规划的内容。选项D不正确，信息技术的发展常常使用户使用更简单方便，例如：命令语言界面、图形用户界面、多媒体用户界面、多通道用户界面、虚拟现实用户界面的发展过程使用户操作越来越方便、直观。

参考答案

（1）D

试题（2）

以下对数据及应用的理解中，不正确的是　（2）　。

（2）A．通过数据认识世界往往更有效

　　B．数据反映了过去但不影响未来

　　C．数据的价值来自对数据的应用

　　D．阐明观点时应尽量用数据说话

试题（2）分析

本题考查信息与信息技术基本概念。

趋势分析的数据往往对于未来行为的决策具有重要作用。

参考答案

（2）B

试题（3）

以下关于数据处理的叙述中，不正确的是　（3）　。

（3）A．将问题数据化是人们处理问题时常采用的一种方式

　　B．用数据来说明问题，可使对问题的认识变得更为精准

　　C．数据处理的目的是使人对信息更易理解

　　D．为做出合理的统计推断，抽取的数据样本越大越好

试题（3）分析

本题考查信息与信息技术基本概念。

对大量的数据做合理的统计推断，往往需要抽取合理的样本数量。样本太少，很难正确推断，但样本过大则浪费也大。对于破坏性、损耗性的抽样来说，样本太多可能就失去实际意义了。海关对进口罐头进行检验时需要打开罐头，如果打开得太多，浪费就太大，全部打开检验则就失去了进口意义了。

参考答案

（3）D

试题（4）

某公路限速 90 公里/小时。有一辆小车在路上抛锚，为防止后续车辆追撞，需要在离车后至少 __（4）__ 米处摆放 "∧" 形标志（假设行车刹停时间为 2 秒）。

（4）A. 25　　　　B. 30　　　　C. 40　　　　D. 50

试题（4）分析

本题考查初等数学应用能力。

时速 90 公里/小时的汽车，2 秒钟前行的距离为 $90 \times 1000 / (60 \times 60) \times 2 = 50$ 米。

参考答案

（4）D

试题（5）

某宾馆有 150 间标准客房，其入住率与客房单价有关。根据历史统计，客房单价为 160 元、140 元、120 元和 100 元时，其入住率分别为 55%、65%、75% 和 85%。针对这四种单价，定价 __（5）__ 时宾馆每天的收入最大。

（5）A. 160 元　　　B. 140 元　　　C. 120 元　　　D. 100 元

试题（5）分析

本题考查初等数学应用能力。

客房单价为 160、140、120、100 元时，入住房数为 $150 \times 55\%$、$150 \times 65\%$、$150 \times 75\%$、$150 \times 85\%$，每天的总收入分别为 1.32、1.365、1.35、1.275 万元。

参考答案

（5）B

试题（6）

某班级有 40 名学生，本次数学考试大多在 80 分上下。老师为了快速统计平均分，对每个学生的分数按 80 分为基准，记录其相对分（高于 80 分的分值用正数表示，低于 80 分的分值用负数表示，等于 80 分的分值用 0 表示），再统计出各种分数的人数，如下表：

相对分	−10	−6	−2	0	+2	+5	+6	+10
人数	1	5	8	10	8	4	3	1

请推算，这次考试全班的平均分为 __（6）__ 。

（6）A. 79.8　　　B. 80.0　　　C. 80.2　　　D. 80.4

试题（6）分析

本题考查初等数学应用能力。

平均总分=-1×10-6×5-2×8+2×8+5×4+6×3+10×1=-6×2+5×4=8
相对的平均分=8/40=0.2
平均分=80+0.2=80.2

参考答案

(6) C

试题（7）

全国人口普查采用了多级数据处理系统，其特点不包括__(7)__。

(7) A．数据量大　　　B．原始数据分散　　　C．工作点多　　　D．集中数据录入

试题（7）分析

本题考查信息处理基础知识。

全国人口普查的数据录入工作一定是在各个工作点进行的，录入后需要反复检查，纠正可能的错误，再逐级汇总到国家机构。分级录入检查可以减少错误。

参考答案

(7) D

试题（8）

衡量文字录入水平的指标有录入速度和错误率。录入错误率等于__(8)__。

(8) A．出错字符数/正确字符数　　　　B．正确字符数/出错字符数
　　C．出错字符数/录入字符数　　　　D．录入字符数/出错字符数

试题（8）分析

本题考查信息处理基础知识。

对专业录入人员来说，录入大量数据时，降低错误率比提高录入速度更重要。例如，某数据录入项目要求错误控制在万分之五之内，这就是说，每录入10000个字符至多只能有5个错误。递交结果后，上级还将再做某种校验，基本消除错误。

参考答案

(8) C

试题（9）

数据处理时人们常需要对处理的对象编制代码，这样做的好处不包括__(9)__。

(9) A．唯一规范地表示对象　　　　B．便于编程处理和分类统计
　　C．便于用户记忆和识别　　　　D．节省存储空间提高处理效率

试题（9）分析

本题考查信息处理基础知识。

采用代码唯一规范地标识数据处理的对象，主要是为了提高计算机处理的速度、减少存储量。例如同一系统中的商品号码具有规定的长度，能唯一简略地标识商品，提高存储和查找的效率，但并不利于用户的记忆和识别。

参考答案

(9) C

试题（10）

　　(10) 不属于联机实时数据处理的应用。

　　(10) A．网上订购火车票　　　　　　B．小卖部当天结算
　　　　 C．ATM 机上存取款　　　　　　D．商场刷卡消费

试题（10）分析

本题考查信息处理基础知识。

联机实时计算意味着在终端上输入数据后，需要利用互联网在后台计算机上进行处理，并将结果立即返回终端。选项 B 并不需要这样做。

参考答案

　　(10) B

试题（11）

　　一批数据可以有多个指标。以下指标中，__(11)__ 不宜作为这批数据的代表值。

　　(11) A．中位数　　　B．众数　　　C．平均数　　　D．方差

试题（11）分析

本题考查信息处理基础知识。

前三项都可以作为这批数据的代表，针对不同的应用选用。方差表明数据分布的分散情况，并不能作为这批数据的代表。

参考答案

　　(11) D

试题（12）

　　__(12)__ 是指系统自动或用户手动转存数据。当发生特殊情况导致数据丢失时，可导入最近转存的数据进行恢复，避免损失。

　　(12) A．数据迁移　　　B．数据备份　　　C．数据恢复　　　D．数据安全

试题（12）分析

本题考查信息处理基础知识。

为了数据安全，经常需要定期做数据备份。当系统出问题时，正在处理的数据可能被破坏或丢失，需要调出最近备份的数据，从备份时的状态开始再做处理。

参考答案

　　(12) B

试题（13）

　　网页设计时，选用合适的主色调很重要。明亮的 __(13)__ 代表女童、有趣和兴奋。

　　(13) A．红色　　　B．绿色　　　C．粉色　　　D．蓝色

试题（13）分析

本题考查信息处理基础知识。

根据心理学的研究，针对女童的网站宜用粉色做主色调。

参考答案

　　(13) C

试题（14）

某企业信息系统的架构分为四层：物理层（设备和网络）、平台层（基础软件）、应用层（企业应用软件）和展示层（各种终端界面），其中，最靠近用户的是__(14)__。

(14) A．物理层　　　　　B．平台层　　　　C．应用层　　　　D．展示层

试题（14）分析

本题考查信息处理基础知识。

在信息系统的层次模型中，最底层建立在硬件和基础软件之上，最高层直接服务于用户。上层调用下层的功能，下层为上层提供服务。题中的四层自顶向下为：展示层、应用层、平台层和物理层。

参考答案

(14) D

试题（15）

PC 各部件的工作电压大多在 -12V~+12V，并且是直流电，而日常照明所用的却是 220V 交流电，为此，PC 内需要有__(15)__为电脑部件如主板、驱动器、显卡等供电。

(15) A．路由器　　　　B．MODEM　　　　C．电脑电源　　　　D．ADSL

试题（15）分析

本题考查计算机系统基础知识。

PC 内有电脑电源，将外电（220V）转换成内部工作电压给电脑内的各部件（如主板、驱动器、显卡等）供电，还有风扇给电源散热。

参考答案

(15) C

试题（16）

喷墨打印机的性能指标中，不包括__(16)__。

(16) A．能打印的字符数　　B．打印速度　　　C．分辨率　　　D．打印幅面

试题（16）分析

本题考查计算机系统基础知识。

喷墨打印机的性能指标包括：打印速度、分辨率（同一行上每英寸打印的点数）、打印幅面（打印宽度）。

参考答案

(16) A

试题（17）

某电脑外接摄像头的分辨率为 1024×768，约__(17)__像素。

(17) A．30 万　　　　　B．50 万　　　　C．80 万　　　　D．130 万

试题（17）分析

本题考查计算机系统基础知识。

1024×768 约为 80 万像素。

参考答案

（17）C

试题（18）

操作系统对运行环境的要求一般不包括__（18）__。

（18）A．CPU 类型　　　　B．内存容量　　　　C．可用磁盘空间　　　　D．打印机类型

试题（18）分析

本题考查计算机系统基础知识。

安装操作时需要了解其运行环境要求（一般写在操作系统的安装说明中），包括：CPU 类型、内存容量、空闲可用磁盘空间大小。

参考答案

（18）D

试题（19）

Windows 系统的控制面板不包括__（19）__功能。

（19）A．更改键盘或其他输入法　　　　B．查看设备和打印机

　　　　C．卸载程序　　　　　　　　　　D．查杀计算机病毒

试题（19）分析

本题考查计算机系统基础知识。

查杀计算机病毒不属于控制面板的功能。

参考答案

（19）D

试题（20）

__（20）__格式的文件属于视频文件。

（20）A．avi　　　　B．voc　　　　C．wav　　　　D．mid

试题（20）分析

本题考查计算机系统基础知识。

选项 A 是视频格式，后面三种是声音文件格式。

参考答案

（20）A

试题（21）

Windows 系统运行时，按功能键__（21）__可调出帮助系统。

（21）A．F1　　　　B．F2　　　　C．F3　　　　D．F4

试题（21）分析

本题考查计算机系统基础知识。

许多软件带有帮助系统,包括操作说明,可查阅有关操作的方法和各种故障的处理方法。在运行时按功能键 F1 可调出帮助系统。

参考答案

（21）A

第 11 章 2016 下半年信息处理技术员上午试题分析与解答

试题（22）

长按、右击、Ctrl+C 分别是__(22)__的典型操作。

(22) A．键盘、触摸屏、鼠标　　　　B．鼠标、键盘、触摸屏
　　　C．键盘、鼠标、触摸屏　　　　D．触摸屏、鼠标、键盘

试题（22）分析

本题考查计算机系统基础知识。

在键盘和鼠标上没有长按（按的时间稍长些）操作。在触摸屏和键盘上没有右击操作，在触摸屏和鼠标上没有 Ctrl+C 操作。

参考答案

(22) D

试题（23）

在文档中插入形状"圆"后，在圆心位置输入了字符 C 却看不到，为将字符 C 显示出来，可以右击该形状，选择将其__(23)__。

(23) A．置于底层，衬于文字下方　　B．置于底层，浮于文字上方
　　　C．置于顶层，衬于文字下方　　D．置于顶层，浮于文字上方

试题（23）分析

本题考查计算机系统基础知识。

插入某个形状后，用鼠标右击选中的该形状后，应选择将该形状"置于底层"，再选择"衬于文字下方"，字符 C 就可见了。

参考答案

(23) A

试题（24）

计算机系统维护常识中不包括__(24)__。

(24) A．了解计算机系统的配置　　　B．不要带电拔插机箱内的设备
　　　C．不要同时运行两种杀毒软件　D．及时更新 CPU 和主板

试题（24）分析

本题考查计算机系统基础知识。

更新主板和 CPU 不属于系统维护，属于关键性的硬件升级。

参考答案

(24) D

试题（25）

键盘的使用和维护的注意事项中，__(25)__是错误的。

(25) A．不要自行拆卸键盘进行清理　B．保持键盘清洁
　　　C．用酒精清洗键盘上的污物　　D．击键不要用力过猛

试题（25）分析

本题考查计算机系统基础知识。

键盘上如有污物，可以在断电时用湿软布轻擦，不能用水和酒精等清洗。一旦液体流入

键盘内部，就会使电路断路，损坏键盘。

参考答案

（25）C

试题（26）

PC 机省电使用常识中不包括 ___（26）___ 。

（26）A．暂时离开时显示器关闭　　　　B．停用 3 分钟以上就关机
　　　C．设置屏幕保护程序　　　　　　　D．及时关闭不用的联网软件

试题（26）分析

本题考查计算机系统基础知识。

暂时停用电脑，不用关机。不要频繁开关机是维护计算机的常识。设置屏幕保护程序，暂时离开时将显示器关闭，及时关闭不用的联网软件，这些都是良好的维护习惯。

参考答案

（26）B

试题（27）

Internet 采用的网络协议是 ___（27）___ 。

（27）A．TCP/IP　　　　B．ISO　　　　C．OSI　　　　D．IPX

试题（27）分析

本题考查计算机系统基础知识。

Internet 采用的网络协议是 TCP/IP 协议，它是一个使用非常普遍的网络互连标准协议。目前，众多的网络产品厂家都支持 TCP/IP 协议。

参考答案

（27）A

试题（28）

下列网站中属于政府机构网站的是 ___（28）___ 。

（28）A．www.sohu.com　　　　　　　　B．www.miit.gov.cn
　　　C．www.ruankao.org.cn　　　　　　D．www.buaa.edu.cn

试题（28）分析

本题考查计算机系统基础知识。

www.miit.gov.cn 中 www 是网络名，"miit"是主机名，"gov"是该域名的后缀（代表的这是一个政府机构），cn 是最高域名（表示中国）。

一般的后缀名 COM 表示商业机构，org 表示非营利组织，edu 表示教育机构。

参考答案

（28）B

试题（29）

计算机采用 ___（29）___ 来处理数据。

（29）A．二进制　　　　B．八进制　　　　C．十进制　　　　D．十六进制

试题（29）分析

本题考查计算机系统基础知识。

二进制是计算机功能得以实现的数字基础，任何计算机应用中的数据在机器内部都表示为"0"和"1"组成的二进制代码串，数字处理最终都将转换为二进制基本运算。

参考答案

（29）A

试题（30）

计算机系统是由__(30)__组成的。

(30) A．硬件和操作系统　　　　　B．硬件和应用软件系统
　　　C．应用软件和操作系统　　　D．硬件和软件系统

试题（30）分析

本题考查计算机系统基础知识。

一个完整的计算机系统由硬件系统和软件系统组成。

参考答案

（30）D

试题（31）

操作系统的五大基本功能是__(31)__。

(31) A．程序管理、文件管理、编译管理、设备管理、用户管理
　　　B．硬盘管理、光驱管理、存储器管理、文件管理、批处理管理
　　　C．运算器管理、控制器管理、打印机管理、磁盘管理、分时管理
　　　D．处理机管理、存储管理、设备管理、文件管理、作业管理

试题（31）分析

本题考查计算机系统基础知识。

操作系统的五大基本功能是：处理机管理、存储管理、设备管理、文件管理、作业管理。

参考答案

（31）D

试题（32）

将有数据的某个移动硬盘进行格式化操作后，则__(32)__。

(32) A．移动硬盘中的数据保存到计算机本地硬盘中
　　　B．可以从回收站中对数据进行还原
　　　C．移动硬盘中的数据全部被删除
　　　D．移动硬盘中的数据保存到操作系统某个文件夹中

试题（32）分析

本题考查计算机系统基础知识。

将有数据的某个移动硬盘进行格式化操作后移动硬盘中的数据全部被删除。

参考答案

（32）C

试题（33）

在 Word 2007 中，页眉和页脚一般不可插入 __(33)__ 。

(33) A．图片　　　　B．剪贴画　　　　C．音频文件　　　　D．日期和时间

试题（33）分析

本题考查文字处理基础知识。

在 Word 2007 中，页眉和页脚一般不可插入音频文件。

参考答案

(33) C

试题（34）

在 Word 2007 中，每个文档都是在 __(34)__ 的基础上建立的。

(34) A．样式　　　　B．模板　　　　C．已有文档　　　　D．充满空格的文档

试题（34）分析

本题考查文字处理基础知识。

在 Word 2007 中，每个文档都是在模板的基础上建立的。

参考答案

(34) B

试题（35）

文件"信息处理技术员.docx" __(35)__ 。

(35) A．不是 Word 文件，而是电子邮件

　　　B．不是 Word 文件，而是 Exchang 通信录文件

　　　C．是 Word 文件，用 Word 2007 可以打开

　　　D．是 Word 模板，用 Word 2003 和 Word 2007 都可以打开

试题（35）分析

本题考查文字处理基础知识。

docx 是 Word 2007 的文件扩展名。因此，文件"信息处理技术员.docx"是 Word 文件，用 Word 2007 可以打开。

参考答案

(35) C

试题（36）

在 Word 2007 中，设计一张网格颜色为绿色、列数和行数为 20×20 的方格稿纸，较便捷的操作是 __(36)__ 。

(36) A．使用稿纸设置功能进行设置

　　　B．使用表格绘制和表样式功能进行绘制

　　　C．使用新建绘图画布功能进行绘制

　　　D．使用绘图边框功能进行绘制

试题（36）分析

本题考查文字处理基础知识。

使用稿纸设置功能可以较便捷的设计一张网格颜色为绿色、列数和行数为 20×20 的方格稿纸。

参考答案

（36）A

试题（37）

下列关于 Word 2007 格式刷的叙述中，不正确的是　（37）　。

（37）A．格式刷是复制格式的工具

B．格式刷可以复制整个段落的所有格式

C．格式刷可以复制整个文档的所有格式

D．格式刷可以复制文字到指定的文档位置

试题（37）分析

本题考查文字处理基础知识。

格式刷就是"刷"格式用的工具，可以复制整个段落和文字的所有格式。

参考答案

（37）D

试题（38）

下列关于 Word 2007 样式的叙述中，不正确的是　（38）　。

（38）A．样式可以快捷地编排具有统一格式的段落

B．样式可以使文档段落格式保持一致

C．Word 2007 定义了标准样式，用户不能修改或重新制定样式

D．样式包含一系列排版格式指令

试题（38）分析

本题考查文字处理基础知识。

一般把具有相同的字符格式和段落格式的组合称为样式，并给以一个名字保存起来。Word 2007 定义了部分样式，用户可以根据自己的需要定义样式。

参考答案

（38）C

试题（39）

下列关于 Word 2007 拼写和语法检查的叙述中，不正确的是　（39）　。

（39）A．对英文单词能够进行拼写和语法检查

B．提醒错误的波浪线在打印时会被打印出来

C．红色波浪线表示拼写错误

D．绿色波浪线表示语法错误

试题（39）分析

本题考查文字处理基础知识。

Word 给出了一些常用的工具命令，提高用户工作效率。在撰写和编辑文档中，拼写和语法检查可以有效解决语法和语句问题，红色波浪线表示拼写错误，绿色波浪线表示语法错

误，打印时提醒错误的波浪线不会被打印出来。

参考答案

（39）B

试题（40）

在 Word 2007 编辑过程中，为防止突然断电或电脑死机等突发情况，最大程度减少损失，下列做法较好的是___（40）___。

（40）A．全部编辑完成后再进行保存　　B．全部编辑完成后对文档进行备份
　　　C．对文档及时进行加密　　　　　　D．使用定时自动保存文件功能

试题（40）分析

本题考查文字处理基础知识。

使用定时自动保存文件功能可以在文档编辑过程中，防止突然断电或电脑死机等突发情况，最大程度减少损失。

参考答案

（40）D

试题（41）

下列关于 Word 2007 打印预览的叙述中，不正确的是___（41）___。

（41）A．可以在打印预览中调整页边距
　　　B．打印预览可以减少浪费、节约纸张
　　　C．打印预览中可以编辑文档中的文字
　　　D．打印预览可以预览打印的效果

试题（41）分析

本题考查文字处理基础知识。

打印预览不能编辑文档中的文字。

参考答案

（41）C

试题（42）

在 Word 2007 中，为使内容更加醒目，文章更具有条理性，可在若干段落前面添加___（42）___。

（42）A．剪贴画　　　　　　　　　　B．项目符号和编号
　　　C．艺术字　　　　　　　　　　D．文本框

试题（42）分析

本题考查文字处理基础知识。

在文档编辑中，在段落前面添加项目符号和编号可以使内容更加醒目，文章更具有条理性。

参考答案

（42）B

试题（43）

要用户点击 Word 2007 文档中的网址直接转向网页，应选中该网址 __(43)__ 。

（43）A．设置醒目颜色   B．设置文档部件
       C．设置交叉引用   D．创建超链接

试题（43）分析

本题考查文字处理基础知识。

超链接是指从当前目标指向一个目标的连接关系，这个目标可以是另一个网页，也可以是相同网页上的不同位置，还可以是一个图片，一个电子邮件地址，一个文件，甚至是一个应用程序。因此，要使用户点击 Word 2007 文档中的网址直接转向网页，应选中该网址创建超链接。

参考答案

（43）D

试题（44）

常用的统计图表有：柱形图、条形图、折线图、饼图等。下图所示的统计图表类型为 __(44)__ 。

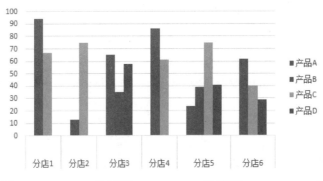

（44）A．饼图   B．条形图   C．柱形图   D．折线图

试题（44）分析

本题考查电子表格处理基础知识。

试题中的统计图表类型是柱形图。

参考答案

（44）C

试题（45）

在 Excel 2007 中，若在 A1 单元格输入了位数较多的数字，按回车键后，A1 单元格显示"########"，其原因是 __(45)__ 。

（45）A．单元格宽度不够   B．数字输入错误
       C．单元格格式不正确   D．数字前面存在特殊符号

试题（45）分析

本题考查电子表格处理基础知识。

显示"########"的原因是数据太长或单元格公式所产生的结果太大，使结果在单元格中显示不下。

参考答案

（45）A

试题（46）

在 Excel 2007 中，___(46)___是文本运算符。

（46）A. *　　　　　B. =　　　　　C. &　　　　　D. <>

试题（46）分析

本题考查电子表格处理基础知识。

文本连接运算符是指可以将一个或多个文连接为一个组合文本的运算符号。即使用和号（&）加入或连接一个或更多文本字符串以产生一串文本。

参考答案

（46）C

试题（47）

在 Excel 2007 中，设单元格 A1、B1、C1、A2、B2、C2 中的值分别为 1、3、5、7、9、11，若在单元格 D1 中输入函数"=MIN(A1:C2)"，按回车键后，则 D1 单元格中的值为___(47)___。

（47）A. 1　　　　　B. 5　　　　　C. 9　　　　　D. 11

试题（47）分析

本题考查电子表格处理基础知识。

函数"=MIN(A1:C2)"的含义是计算 A1 到 C2 单元格中的最小值，计算结果为 1。

参考答案

（47）A

试题（48）

在 Excel 的 A1 单元格中输入函数"=6+16+MAX(16,6)"，按回车键后，A1 单元格中显示的值为___(48)___。

（48）A. 6　　　　　B. 16　　　　　C. 28　　　　　D. 38

试题（48）分析

本题考查电子表格处理基础知识。

函数"=6+16+MAX(16,6)"的含义是计算 6 加 16 加 16 的值，计算结果为 38。

参考答案

（48）D

试题（49）

在 Excel 2007 的 A1 单元格中输入函数 "=INT(-99.9)"，按回车键后，A1 单元格中的值为___(49)___。

（49）A. -100　　　　　B. -99　　　　　C. 99　　　　　D. 100

试题（49）分析

本题考查电子表格处理基础知识。

INT 函数是"向下取整函数"，常用来取一个数中的整数部分。因此函数"=INT(-99.9)"的含义是计算-99.9 向下取整数，计算结果为-100。

参考答案

（49）A

试题（50）

在 Excel 2007 中，单元格 A1、A2、B1、B2、C1、C2、D1、D2 单元格中的值分别为 10、10、20、20、30、30、40、40，若在 E1 单元格中输入函数"=SUMIF(A1:D2, ">30",A2:D2)"，按回车键后，则 E1 单元格中的值为__（50）__。

（50）A. 10　　　　B. 20　　　　C. 30　　　　D. 40

试题（50）分析

本题考查电子表格处理基础知识。

函数"=SUMIF(A1:D2, ">30",A2:D2)"的含义是计算 A1 到 D2 区域中 A2 到 D2 单元格中数值大于 30 的单元格的和，计算结果为 40。

参考答案

（50）D

试题（51）

在 Excel 2007 中，若在单元格 A1 中输入函数"=WEEKDAY("2016-11-19",2)"，按回车键后，则 A1 单元格中的值为__（51）__。

（51）A. 2　　　　B. 6　　　　C. 11　　　　D. 19

试题（51）分析

本题考查电子表格处理基础知识。

WEEKDAY 函数是返回某日期的星期数，在默认情况下，它的值为 1（星期天）到 7（星期六）之间的一个整数。2016-11-19 为星期六，因此 A1 单元格中的值为 6。

参考答案

（51）B

试题（52）

在 Excel 2007 中，若在单元格 A1 中输入函数"=LEN("RUANKAO")"，按回车键后，则 A1 单元格中的值为__（52）__。

（52）A. RUANKAO　　B. R　　　　C. O　　　　D. 7

试题（52）分析

本题考查电子表格处理基础知识。

LEN 函数是的功能是返回文本串的字符数。因此，函数"=LEN("RUANKAO")"的计算结果是 7。

参考答案

（52）D

试题（53）

在 Excel 2007 中，设单元格 A1 中的值为-100.46，B1 中的值为 100，A2 中的值为 0，B2 中的值为 1，若在 C1 单元格中输入函数"=ABS(ROUND(A1,0)+AVERAGE(A2:B2))"，按回车键后，则 C1 单元格中的值为___(53)___。

(53) A．-100.5　　　　B．-99.5　　　　C．99.5　　　　D．100.5

试题（53）分析

本题考查电子表格处理基础知识。

函数 ROUND(A1,0)的含义是对 A1 单元格中的值四舍五入，不保留小数，结果为-100；AVERAGE(A2:B2)的含义是计算 A2 和 B2 单元格中数值的平均值，计算结果为 0.5；ABS 函数是绝对值函数，函数"=ABS(ROUND(A1,0)+AVERAGE(A2:B2))"的计算结果为 99.5。

参考答案

(53) C

试题（54）

下列关于演示文稿与幻灯片的叙述中，不正确的是___(54)___。

(54) A．一个演示文稿对应一个文件
　　　B．一张幻灯片由若干个演示文稿组成
　　　C．一张幻灯片对应演示文稿中的一页
　　　D．每一张幻灯片由若干个对象组成

试题（54）分析

本题考查演示文稿处理基础知识。

利用 PPT 做出来的文档称为演示文稿，它是一个文件，演示文稿中的每一页称为幻灯片，每张幻灯片都是演示文稿中既相互独立又互相联系的内容，由若干个对象组成。

参考答案

(54) B

试题（55）

演示文稿在演示时，需要从第 2 张幻灯片链接到其他文件。为此，应在第 2 张幻灯片中___(55)___。

(55) A．插入动作按钮，并进行超链接设置
　　　B．自定义动画，并进行超链接设置
　　　C．自定义幻灯片切换方式，并设置切换效果
　　　D．自定义幻灯片放映，并设置放映选项

试题（55）分析

本题考查演示文稿处理基础知识。

在演示文稿演示时，需要从第 2 张幻灯片链接到其他文件时，可以插入动作按钮，并进行超链接设置，利用超链接跳转到指定的位置或指定的对象。

参考答案

(55) A

试题（56）

下列关于演示文稿布局的看法中，不正确的是__（56）__。

（56）A．演示文稿需要精心构思，合理布局

B．演示文稿不宜构思平淡、一马平川

C．可以采用项目列表突出讲解的重点

D．大量使用绚丽的色彩和眩目的动画效果

试题（56）分析

本题考查演示文稿处理基础知识。

文稿创意设计就是对各种构成要素进行视觉的关联和配置，使这些要素和谐地出现在一个文稿中，相辅相成。根据视觉的心理特点，合理安排信息的流程顺序，使各种构成要素保持合理的秩序性。创意一种视觉效果，吸引读者的注意并引导他们正确而有效的阅览信息。

参考答案

（56）D

试题（57）

某高校数据库系统中，一个学生可以选修多门课程，一门课程也可以由多个学生选择，则学生与课程之间的关系类型为__（57）__。

（57）A．一对一　　B．一对多　　C．多对一　　D．多对多

试题（57）分析

本题考查数据库基础知识。

一对一联系，如果对于实体集 A 中的每一个实体，实体集 B 至多有一个实体与之联系，反之亦然，则称实体集 A 与实体集 B 具有一对一联系。

一对多联系，如果对于实体集 A 中的每一个实体，实体集 B 中有 n 个实体与之联系，反之，对于实体集 B 中的每一个实体，实体集 A 至多有一个实体与之联系，则称实体集 A 与实体集 B 具有一对多联系。

多对多联系，如果对于实体集 A 中的每一个实体，实体集 B 中有 n 个实体与之联系，反之，对于实体集 B 中的每一个实体，实体集 A 中也有 m 个实体与之联系，则称实体集 A 与实体集 B 具有多对多联系。

参考答案

（57）D

试题（58）

下列关于表和数据库关系的叙述中，正确的是__（58）__。

（58）A．一个数据库可以包含多个表　　B．一个表可以包含多个数据库

C．一个数据库只能包含一个表　　D．一个表只能包含一个数据库

试题（58）分析

本题考查数据库基础知识。

表是数据库中用来存储数据的对象，是整个数据库系统的基础，Access 允许一个数据库中包含多个表，用户可以在不同的表中存储不同类型的数据，通过表之间建立联系，将不同

表中的数据联系起来,以便供用户使用。

参考答案

(58) A

试题(59)

设有关系 R、S、T 如下所示,则　(59)　。

关系 R		
工号	姓名	部门
0101	张成	行政
0102	何员	销售

关系 S		
工号	姓名	部门
0107	李名	测试
0110	杨海	研发

关系 T		
工号	姓名	部门
0101	张成	行政
0102	何员	销售
0107	李名	测试
0110	杨海	研发

(59) A. T=R∩S　　　B. T=R∪S　　　C. T=R/S　　　D. T=R×S

试题(59)分析

本题考查数据库基础知识。

给定两个集合 R 和 S,由属于 R 和 S 的所有元素构成的集合叫作 R 和 S 的并集,记作 R∪S。

参考答案

(59) B

试题(60)

以下设备中最可能成为传播计算机病毒的载体是　(60)　。

(60) A. 显示器　　　B. 键盘　　　C. U 盘　　　D. 扫描仪

试题(60)分析

本题考查信息安全基础知识。

U 盘是在计算机之间转送信息的重要载体,很容易传播计算机病毒。

参考答案

(60) C

试题(61)

信息系统的安全防护措施中,不包括　(61)　。

(61) A. 重要的文件让非法用户拷不走
　　　B. 机密的数据让非法用户看不懂
　　　C. 关键的信息让非法用户改不了
　　　D. 系统的操作让非法用户学不会

试题(61)分析

本题考查信息安全基础知识。

系统操作是很容易学的,信息系统安全的关键不是操作方法,而在于安全措施,如存取权限限制、加密等、备份与恢复等。

参考答案

(61) D

试题（62）

以下行为中，除 __(62)__ 外，都属于计算机犯罪。

(62) A．随意浏览网页时发现有不宜公开的信息
  B．学习黑客进入机密网站，拷贝数据
  C．干扰国家信息系统，导致其不能正常运行
  D．盗取他人账号和密码进入高考志愿填报系统，私自为他人修改志愿

试题（62）分析

本题考查信息安全基础知识。

选项 A 不是故意的，偶尔看到了不要保存，不要传播，立即退出，没有问题。

参考答案

(62) A

试题（63）

《信息系统安全等级保护基本要求（GB/T 22239——2008)》属于 __(63)__ 。

(63) A．国际标准　　　B．国家标准　　　C．行业标准　　　D．企业标准

试题（63）分析

本题考查信息安全基础知识。

在标准的编号中，GB 是国标的汉语拼音首字母，T 表示推荐标准。

参考答案

(63) B

试题（64）

某软件公司职工以下的行为中，除 __(64)__ 外，都侵害了本单位的权益。

(64) A．在上班时间顺便开发与职务无关的软件并提供给其他公司销售
  B．在下班时间指导其他同行单位开发与本单位软件功能类似的软件
  C．在计算机类杂志上发表了论文，并公布了自己开发软件所用的新方法
  D．将自己工作时间内开发的软件私下交与其他单位使用但没有收取费用

试题（64）分析

本题考查 IT 法律法规基础知识。

科学技术的原理、方法、公式、定理等应当共享，不应保护。

参考答案

(64) C

试题（65）

对信息处理技术员的要求不包括 __(65)__ 。

(65) A．以开放的心态和谦卑的态度持续学习
  B．要有高度的责任心，持之以恒的耐心
  C．要养成反复思考、刻苦磨炼的习惯

D. 严格按照学校所教的方法处理数据

试题（65）分析

本题考查 IT 法律法规基础知识。

学校所教的信息处理方法只是基本原理，具体应用时需要根据实际情况灵活选择采用，不能纸上谈兵。

参考答案

（65）D

试题（66）

在调查某地区各类用户所喜欢的电视栏目时，信息处理技术员小王制作了用户类（U）与电视栏目（V）关系图。下面的示意图描述了五类用户（从上到下 U1~U5）与四个电视栏目（从上到下 V1~V4）之间的关系：如果某类用户大多喜欢某个电视栏目，则在它们之间画一条连线。从该示意图可以看出，受最多用户类喜欢的电视栏目是　（66）　。

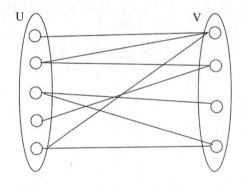

（66）A. V1　　　　B. V2　　　　C. V3　　　　D. V4

试题（66）分析

本题考查信息处理实务基础知识。

电视栏目 V1 得到最多类的用户（U1、U2、U5）喜欢。

参考答案

（66）A

试题（67）

某计算机机房的温度全年保持在 23℃±2℃，这意味着机房温度始终控制在　（67）　。

（67）A. 23℃~25℃　　B. 21℃~23℃　　C. 21℃~25℃　　D. 22℃~24℃

试题（67）分析

本题考查信息处理实务基础知识。

23℃±2℃ 表示在 23℃左右浮动 2℃，即 21℃~25℃。

参考答案

（67）C

试题（68）

信息处理技术员小周在完成某项目后，制作了下图，用以说明该项目的计划进度和实际进度情况。从该图可以看出，该项目实际执行的情况是__(68)__。

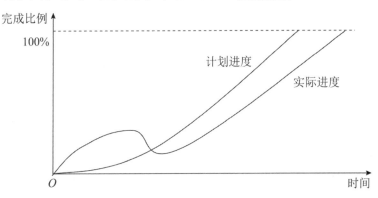

(68) A．初期进展较慢，后来还有停工，最后延期完成
     B．初期进展较快，后来有所返工，最后提前完成
     C．初期进展较快，后来有所返工，最后延期完成
     D．初期进展较慢，后来还有停工，最后提前完成

试题（68）分析

本题考查信息处理实务基础知识。

项目初期的某个时间，实际进度完成的比例超过了计划进度，随后实际进度曲线反而下降了，完成比例反而减少了，这说明有返工。在项目中后期，实际进度一直低于计划进度。在计划应该全部完成的时间，实际却没有全部完成。实际全部完成的时间超过了计划完成的时间。

参考答案

(68) C

试题（69）

设完成某项工作最少需要 6 天，最可能需要 8 天，最多需要 16 天。人们常用加权平均来估计这项工作所需的时间，权值按 1、4、1 比例分配，完成该项工作估计需要__(69)__天。

(69) A．7　　　　　B．8　　　　　C．9　　　　　D．10

试题（69）分析

本题考查信息处理实务基础知识。

项目完工时间估算=(1*6+4*8+1*16)/(1+4+1)=54/6=9 天。

参考答案

(69) C

试题（70）

某企业信息处理技术员小李的工作任务是每月根据以前的销售数据预测下月的销售额。几个月来，小李曾采用了 A～D 四种数学模型来做预测，而且过后又对预测值与实际值进行了比较。以下四图分别标记了各个模型几个月来记录的（预测值，实际值）诸点。综合起来看，模型__(70)__的预测效果更好。

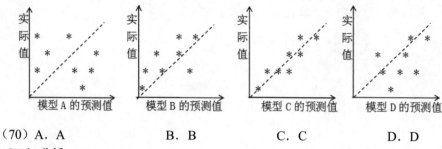

　　（70）A．A　　　　　B．B　　　　　C．C　　　　　D．D

试题（70）分析

　　本题考查信息处理实务基础知识。

　　选项 C 中，每次的预测值与实际值都比较接近。图中每个点的坐标（x,y）都比较靠近直线 y=x。

参考答案

　　（70）C

试题（71）

　　___（71）___ stands for Central Processing Unit.

　　（71）A．CRT　　　　B．Data　　　　C．CPU　　　　D．Disk

参考译文

　　CPU 代表中央处理机。

参考答案

　　（71）C

试题（72）

　　We can input data by a ___（72）___。

　　（72）A．printer　　　B．keyboard　　　C．disk　　　D．memory

参考译文

　　我们可以通过键盘输入数据。

参考答案

　　（72）B

试题（73）

　　___（73）___ enables you to see, hear, and understand the thoughts of others.

　　（73）A．Multimedia　　B．Sound　　　C．Picture　　D．Database

参考译文

　　多媒体使数千人能够彼此看到、听到、了解到。

参考答案

　　（73）A

试题（74）

　　___（74）___ software stores data as a series of records.

　　（74）A．Application　　B．System　　　C．File　　　D．Database

参考译文

数据库软件以一系列的记录来存储数据。

参考答案

（74）D

试题（75）

　　(75)　　 refers to a set of wireless networking technologies.

（75）A．LAN　　　　B．Wi-Fi　　　　C．WAN　　　　D．Internet

参考译文

Wi-Fi 指的是一组无线连网技术。

参考答案

（75）B

第 12 章 2016 下半年信息处理技术员上机考试试题分析与解答

第一题：（15 分）

利用系统提供的素材，按题目要求完成后，用 Word 的保存功能直接存盘。

奥林匹克运动会

奥林匹克运动会（英语：Olympic Games）简称"奥运会"，是国际奥林匹克委员会主办的世界规模最大的综合性运动会，每四年一届，会期不超过 16 日，分为夏季奥运会（奥运会）、夏季残奥会、冬季奥运会（冬奥会）、冬季残奥会、夏季青年奥运会（青奥会）、冬季青年奥运会和特殊奥林匹克运动会（特奥会）。

要求：

1. 将文章标题设置为宋体、二号、加粗、居中；正文设置为仿宋、小四。
2. 将页面设置为横向，纸张宽度 21 厘米，高度 15 厘米，页面内容居中对齐。
3. 为正文添加双线条的边框，并设置为红色、3 磅。
4. 为正文填充白色、背景 1、深色 25%底纹。
5. 在正文第一自然段后另起行录入第二段文字：奥运会中，各个国家用运动交流各国文化，以及切磋体育技能，其目的是为了鼓励人们不断进行体育运动。

试题一分析

【考查目的】

- 文字录入及编排。
- 开始菜单的使用。
- 页面布局菜单的使用。

【要点分析】

本题要点：文档字体设置、页面设置、文字录入、填充背景。

【操作的关键步骤】

（1）字体设置。选定文档对象，通过"开始"菜单下的"字体"命令进行文档格式设置。

（2）页面设置。通过"页面布局"菜单下的"页面设置"命令进行设置。

（3）填充背景。通过"页面布局"菜单下的"页面颜色"命令进行设置。

参考答案

奥林匹克运动会

奥林匹克运动会（英语：Olympic Games）简称"奥运会"，是国际奥林匹克委员会主办的世界规模最大的综合性运动会，每四年一届，会期不超过16日，分为夏季奥运会（奥运会）、夏季残奥会、冬季奥运会（冬奥会）、冬季残奥会、夏季青年奥运会（青奥会）、冬季青年奥运会和特殊奥林匹克运动会（特奥会）。

奥运会中，各个国家用运动交流各国文化，以及切磋体育技能，其目的是为了鼓励人们不断进行体育运动。

试题二（15分）

用 Word 软件制作如图示的"公司签呈"。按题目要求完成后，用 Word 的保存功能直接存盘。

公司签呈

呈报部门：			年　月　日	
呈报：				
抄报：		份　数		
抄送：		页/份		
主旨：				
事由： 　　　　　　　　　　呈报人：　　　　　日期：　年　月　日				
部门副经理批示： 　　　　　　　年　月　日		部门经理批示： 　　　　　　　年　月　日		
副总经理批示： 　　　　　　　年　月　日		总经理批示： 　　　　　　　年　月　日		

要求:
1. 利用相关工具绘制如图示的公司签呈。
2. 将标题设置为楷体、二号、加粗、居中；其他文字设置为宋体、五号。

【考查目的】
- 文字设置和编排。
- 绘制表格。

【要点分析】
本题要点：绘制表格、字体设置、录入文字并进行编排。

【操作的关键步骤】
（1）文字编排。使用"开始"菜单下的"字体"命令进行字号、字体的设置。
（2）表格菜单的使用。使用"插入"菜单下的"表格"命令绘制表格。

参考答案

公司签呈

呈报部门：		年　月　日	
呈报：			
抄报：		份　数	
抄送：		页/份	
主旨：			
事由：			
	呈报人：	日期：　年　月　日	
部门副经理批示：		部门经理批示：	
	年　月　日		年　月　日
副总经理批示：		总经理批示：	
	年　月　日		年　月　日

试题三（15分）

在 Excel 的 Sheet1 工作表的 A1:G9 单元格内创建"产品销售情况表"（内容如下图所示）。按题目要求完成后，用 Excel 的保存功能直接存盘。（表格没创建在指定区域将不得分）

	A	B	C	D	E	F	G
1	产品销售情况表						
2	产品型号	第一季度	第二季度	第三季度	第四季度	合计	平均销售量
3	K-11	256	342	654	487		
4	C-24	298	434	398	345		
5	B-81	467	454	487	546		
6	A-33	500	486	497	553		
7	K-16	565	329	436	465		
8	J-13	435	298	367	412		
9	总计						…

要求：

1. 表格要有可视的边框，并将文字设置为宋体、16 磅、居中。
2. 在对应单元格内用 SUM 函数计算每种产品年度（四个季度的和）销售合计。
3. 在对应单元格内用 AVERAGE 函数计算每种产品年度平均销售量，计算结果保留 1 位小数。
4. 在对应单元格内用 SUM 函数计算每季度所有型号产品销售总计以及全年销售总计。
5. 以 A2 到 E8 单元格为数据区域，在数据表的下方插入带数据标记的折线图，图表样式为样式 2（X 轴表示每个季度，Y 轴表示每个季度各产品型号销售量）。

试题三分析

【考查目的】
- 用 Excel 创建工作表。
- 单元格格式设置。
- 函数计算。

【要点分析】

本题要点：文字的编排（包括字体、字号等）、单元格格式设置、函数计算。

【操作的关键步骤】

（1）文字的编排。使用"开始"菜单下的"字体"命令进行设置。

（2）函数计算。产品型号为 K-11 的合计计算函数为："=SUM (B3:E3)"；产品型号为 K-11 的平均销售量计算函数为："=AVERAGE (B3:E3)"；第一季度销售总计计算函数为："=SUM (B3:B8)"；全年销售总计计算函数为："=SUM (F3:F8)"。

（3）带数据标记的折线图插入。使用"插入"菜单下的"带数据标记的折线图"命令进行设置。

（4）数值小数位设置。使用"开始"菜单下的"设置单元格格式"命令进行设置。

参考答案

	A	B	C	D	E	F	G
1	产品销售情况表						
2	产品型号	第一季度	第二季度	第三季度	第四季度	合计	平均销售量
3	K-11	256	342	654	487	1739	434.8
4	C-24	298	434	398	345	1475	368.8
5	B-81	467	454	487	546	1954	488.5
6	A-33	500	486	497	553	2036	509.0
7	K-16	565	329	436	465	1795	448.8
8	J-13	435	298	367	412	1512	378.0
9	总计	2521	2343	2839	2808	10511	…

试题四（15 分）

利用系统提供的资料，用 PowerPoint 创意制作演示文稿。按照题目要求完成后，用 PowerPoint 的保存功能直接存盘。

资料：

要以国家富强、人民幸福为己任，胸怀理想、志存高远，投身中国特色社会主义伟大实践，并为之终生奋斗。心中有阳光，脚下有力量，为了理想能坚持、不懈怠，才能创造无愧于时代的人生。

要求：

1．正文内容设置为 24 磅、宋体。

2．演示文稿设置飞入动画效果。

3．在页脚插入备注，内容为"2016 年 4 月 26 日，在知识分子、劳动模范、青年代表座谈会上的讲话"。

试题四分析

【考查目的】

用 PowerPoint 模板制作演示文稿并对文稿进行"动画效果"设置等。

【要点分析】

本题要点：PowerPoint 的基本操作。

【操作的关键步骤】

（1）熟悉 PowerPoint 的基本操作。

（2）应用"开始"菜单下的"字体"命令设置字体、字号等。

(3) 应用"动画"菜单下的"动画"命令进行动画设置。
(4) 应用"插入"菜单下的"页脚和页眉"命令插入页脚备注。

参考答案

　　要以国家富强、人民幸福为己任，胸怀理想、志存高远，投身中国特色社会主义伟大实践，并为之终生奋斗。心中有阳光，脚下有力量，为了理想能坚持、不懈怠，才能创造无愧于时代的人生。

试题五（15分）

按照题目要求完成后，用 Access 保存功能直接存盘。
要求：
1. 用 Access 创建"员工信息表"（内容如下表）。

工号	姓名	部门
A01	李清	人力资源部
A02	王萍	人力资源部
A03	王笑	销售部
A04	黎明	销售部
A05	曹莉	企划部

2. 用 Access 创建"考勤记录表"（内容如下表）。

工号	出勤记录
A01	全勤
A02	全勤
A03	病假1天
A04	事假2天
A05	休假1周

3. 通过 Access 的查询功能，生成"员工考勤统计表"（内容如下表）。

工号	姓名	出勤记录	部门
A01	李清	全勤	人力资源部
A02	王萍	全勤	人力资源部
A03	王笑	病假1天	销售部
A04	黎明	事假2天	销售部
A05	曹莉	休假1周	企划部

试题五分析

【考查目的】

用 Access 创建表、汇总表和用主键建立关系查询的方法。

【要点分析】

本题要点：在"员工信息表""考勤记录表"的基础上生成"员工考勤统计表"。

【操作的关键步骤】

（1）分别建立"员工信息表""考勤记录表"。并选择工号为主键。

（2）选择"数据库工具"菜单下的"关系"命令，在弹出"显示表"对话框中选择，把"员工信息表""考勤记录表"等通过"添加"按钮加到"关系"表中。

（3）通过编号建立表间联系，选择"员工信息表"中的"工号"并拖动鼠标到"考勤记录表"的编号，在弹出"编辑关系"对话框中单击"创建"按钮，建立表间联系。

（4）通过"创建"菜单下的"查询设计"命令建立"员工信息表""考勤记录表"间的关系。

（5）通过"设计"菜单下的"运行"命令生成"员工考勤统计表"。

参考答案

员工信息表

工号	姓名	部门
A01	李清	人力资源部
A02	王萍	人力资源部
A03	王笑	销售部
A04	黎明	销售部
A05	曹莉	企划部

考勤记录表

工号	出勤记录
A01	全勤
A02	全勤
A03	病假1天
A04	事假2天
A05	休假1周

员工考勤统计表

工号	姓名	出勤记录	部门
A01	李清	全勤	人力资源部
A02	王萍	全勤	人力资源部
A03	王笑	病假1天	销售部
A04	黎明	事假2天	销售部
A05	曹莉	休假1周	企划部

第13章 2017上半年信息处理技术员上午试题分析与解答

试题（1）

以下关于数据的叙述中，正确的是 __(1)__ 。

(1) A．原始数据必然都是真实、可靠、合理的

B．通过数据分析可以了解数据间的相关关系

C．依靠大数据来决策就一定不会被误导

D．用过去的大数据可以准确地预测未来

试题（1）分析

本题考查信息和信息技术基本概念。

原始数据中常含有不少错误。处理大数据时，只有以正确的业务视角，正确的分析方法，合理的展示才会得到正确的结论，否则容易产生误导。用大数据预测比用传统的方法更好些，但即使用大数据做预测也不能确保完全准确。一般来说，通过大数据分析可以了解数据之间是否存在某种相关关系（不是因果关系）。

参考答案

(1) B

试题（2）

以下关于企业信息处理的叙述中，不正确的是 __(2)__ 。

(2) A．数据是企业的重要资源　　　　　B．信息与噪声共存是常态

C．数据处理是简单重复劳动　　　　D．信息处理需要透过数据看本质

试题（2）分析

本题考查信息和信息技术基本概念。

企业中的数据处理工作非常重要，无论是数据收集、清洗、整理、存储、分析处理等工作，要做好，并提高效率，确保质量，有效促进业务工作，都需要掌握必要的理论知识和实际技能，都需要丰富的实际经验，还要求有良好的信息素养。

参考答案

(2) C

试题（3）

以下关于政务信息化的要求中，不正确的是 __(3)__ 。

(3) A．加快推动政务信息系统互联和公共数据共享

B．除涉及国家安全、商业秘密、个人隐私外，政务信息应向社会开放

C．让信息多跑路，群众少跑路

D．实现政务信息处理全自动化

试题（3）分析

本题考查信息和信息技术基本概念。

政务信息化要求尽可能自动地做一些日常规范的信息处理工作，但不可能要求全自动化。对疑难问题、特殊问题、复杂问题、政策边缘问题都需要由专职人员处理。

参考答案

（3）D

试题（4）

某企业今年1至4月的销售额依次为a_1、a_2、a_3、a_4，现采用加权平均来预测5月份的销售额。权重的比例为1:2:3:4，时间越近则权重越大，预测的结果为___(4)___。

(4) A．$a_1 + 2a_2 + 3a_3 + 4a_4$　　　　B．$0.1a_1 + 0.2a_2 + 0.3a_3 + 0.4a_4$

　　C．$4a_1 + 3a_2 + 2a_3 + a_4$　　　　D．$0.4a_1 + 0.3a_2 + 0.2a_3 + 0.1a_4$

试题（4）分析

本题考查初等数学应用能力。

5月份的销售额为$(1×a_1+2×a_2+3×a_3+4×a_4)/(1+2+3+4)=0.1a_1+0.2a_2+0.3a_3+0.4a_4$

参考答案

（4）B

试题（5）

某公司某种商品每天的销售量N（个）是价格P（元）的函数：N=7500-50P，已销售商品的总成本C（元）是销售量N（个）的函数C=25000+40N，销售每个商品需要交税10元。在以下四种价格中，定价P=___(5)___元能使公司每天获得更高的总利润（总收入-总成本-总税）。

(5) A．50　　　　B．80　　　　C．100　　　　D．120

试题（5）分析

本题考查初等数学应用能力。

取选项A时，N=5000，C=22.5万，总税=5万，总收入=25万，总利润=-2.5万。

取选项B时，N=3500，C=16.5万，总税=3.5万，总收入=28万，总利润=8万。

取选项C时，N=2500，C=12.5万，总税=2.5万，总收入=25万，总利润=10万。

取选项D时，N=1500，C=8.5万，总税=1.5万，总收入=18万，总利润=8万。

参考答案

（5）C

试题（6）

某企业外聘了甲、乙、丙三人挖树坑，按定额任务每天支付给每人90元报酬。有一天，甲临时有事，没有挖。结果，乙挖了5个树坑，丙挖了4个树坑，完成了当天三人的总定额。随后，甲将当天的报酬90元交给乙和丙合理分配。为此，乙和丙分别分得___(6)___。

(6) A．50元和40元　　　　B．60元和30元

　　C．70元和20元　　　　D．80元和10元

试题（6）分析

本题考查初等数学应用能力。

根据题意，当天的总定额是 9 个树坑，总报酬是 3×90 元。因此，挖一个树坑的报酬为 30 元。乙应得 5×30=150 元，丙应得 4×30=120 元。乙和丙除了该企业发的 90 元报酬外，还应给甲分别补 150-90=60 元和 120-90=30 元。

参考答案

（6）B

试题（7）

数据分析的主要目的是___（7）___。

（7）A．删除异常的和无用的数据　　B．挑选出有用和有利的数据
　　　C．以图表形式直观展现数据　　D．发现问题并提出解决方案

试题（7）分析

本题考查信息处理基础知识。

数据分析的目的是从数据中发现业务方面的问题，并提出解决方案，供管理人员决策参考。

参考答案

（7）D

试题（8）

数据分析的四个步骤依次是___（8）___。

（8）A．获取数据、处理数据、分析数据、呈现数据
　　　B．获取数据、呈现数据、处理数据、分析数据
　　　C．获取数据、处理数据、呈现数据、分析数据
　　　D．呈现数据、分析数据、获取数据、处理数据

试题（8）分析

本题考查信息处理基础知识。

数据分析的步骤是：先收集、获取数据，然后对这些数据进行清洗和整理，加工处理，再利用分析工具分析数据，发现问题，并提出解决方案，最后在数据分析报告中用图表等形式直观地向有关人员呈现数据。

参考答案

（8）A

试题（9）

以下对企业根据商务问题的要求获取数据的叙述中，不正确的是___（9）___。

（9）A．获取数据的前提是对商务问题的理解，把商务问题转化成数据问题
　　　B．获取数据前应先确定从哪些维度来分析问题
　　　C．获取数据前需要确定数据源以及获取的途径和方式，并制订计划
　　　D．获取数据过程中应舍去不符合格式要求的数据，以利于后续处理

试题（9）分析

本题考查信息处理基础知识。

不符合格式的数据一般可以通过软件工具自动进行规范化，也可以用手工来实现。许多重要数据即使格式不规范，也不能舍去，需要在格式修改后好好利用。

参考答案

（9）D

试题（10）

数据源有多种，从传感器、智能仪表自动发送过来的数据属于　（10）　。

（10）A．业务办理数据　　　　　　B．调查统计数据
　　　 C．物理收集数据　　　　　　D．互联网交互数据

试题（10）分析

本题考查信息处理基础知识。

从传感器、智能仪表自动发送过来的数据属于用物理方法收集数据。

参考答案

（10）C

试题（11）

数据差错检测一般不包括　（11）　。

（11）A．数据格式是否匹配　　　　B．数据量是否在增长
　　　 C．数据的值是否越界　　　　D．数据是否重复

试题（11）

本题考查信息处理基础知识。

数据差错检测主要需要查出错误的数据、重复多余的数据，有时也会检查数据是否缺失、数据数量是否正确，一般不会检查数据量是否在增长。

参考答案

（11）B

试题（12）

企业客户的数据中，姓名、性别、电子信箱等属于　（12）　。

（12）A．属性数据　　B．交易数据　　C．行为数据　　D．关系数据

试题（12）分析

本题考查信息处理基础知识。

客户的姓名、性别、电子信箱等属于客户的属性数据。

参考答案

（12）A

试题（13）

3‰=　（13）　。

（13）A．0.003　　　　B．0.03　　　　C．0.3　　　　D．3.00

试题（13）分析

本题考查信息处理基础知识。

3‰的含义是千分之三。

参考答案

（13）A

试题（14）

数据分析平台面向四类用户群，对于__(14)__，平台要便于操作，能随时随地以直观形式查看所需的数据，并提供决策支持。

（14）A．报表开发者　　　B．业务人员　　　C．数据分析师　　　D．企业管理者

试题（14）分析

本题考查信息处理基础知识。

数据平台的使用者包括业务人员、数据分析人员、企业管理人员和软件开发人员。对管理者来说，他们希望平台操作简便，随时能用直观的形式查看自己想要的数据，为决策提供支持。

参考答案

（14）D

试题（15）

台式计算机的机箱内，风扇主要是为运行中的__(15)__散热。

（15）A．CPU　　　　　B．内存　　　　　C．硬盘　　　　　D．显示器

试题（15）分析

本题考查计算机基础知识（硬件）。

因为CPU运行时温度很高，如果散热不良则会严重影响系统运行，缩短CPU寿命。

参考答案

（15）A

试题（16）

连接计算机的__(16)__一般带有电源插头，需要由外部电源供电。

（16）A．摄像头　　　　B．键盘　　　　　C．鼠标　　　　　D．打印机

试题（16）分析

本题考查计算机基础知识（硬件）。

打印机一般需要直接外接电源。

参考答案

（16）D

试题（17）

硒鼓和墨粉是__(17)__的消耗品。

（17）A．针式打印机　　　B．行式打印机　　　C．喷墨打印机　　　D．激光打印机

试题（17）分析

本题考查计算机基础知识（硬件）。

激光打印机内有硒鼓，里面装有墨粉。这是消耗品，使用一段时间后需要更换。

参考答案

（17）D

试题（18）

操作系统的功能不包括__(18)__。

(18) A．管理计算机系统中的资源　　　　B．调度运行程序
　　　C．对用户数据进行分析处理　　　　D．提供人机交互界面

试题（18）分析

本题考查计算机基础知识（软件）。

对用户数据进行分析处理是应用部门选用应用程序来做的。

参考答案

（18）C

试题（19）

在 Windows 系统中，控制面板的功能不包括__(19)__。

(19) A．设置系统有关部分的参数　　　　B．查看系统各部分的属性
　　　C．新建、管理和删除用户文件　　　D．为打印机安装驱动程序

试题（19）分析

本题考查计算机基础知识（软件）。

新建、管理和删除用户文件是资源管理器的功能，不属于控制面板功能。

参考答案

（19）C

试题（20）

Windows 文件名中不允许使用__(20)__。

(20) A．符号"/"　　　　　　　　　　　B．符号"-"
　　　C．符号"."　　　　　　　　　　　D．符号"("和")"

试题（20）分析

本题考查计算机基础知识（软件）。

Windows 系统中，符号"/"是文件路径中各部分之间的分隔符。若在文件名中使用，就会产生二义性。

参考答案

（20）A

试题（21）

Windows 系统运行时，默认情况下，当屏幕上的鼠标变成__(21)__时，单击该处就可以实现超级链接。

(21) A．箭头　　　　B．双向箭头　　　　C．沙漏　　　　D．手形

试题（21）分析

本题考查计算机基础知识（操作）。

当屏幕上的鼠标变成手形时，单击该处就可以实现超级链接，转到所需的网页。

参考答案

（21）D

试题（22）

Windows 系统中，"复制"和"粘贴"操作常用快捷键　（22）　来实现。

（22）A．Ctrl+C 和 Ctrl+V　　　　　　B．Shift+C 和 Shift+V
　　　 C．Ctrl+F 和 Ctrl+T　　　　　　D．Shift+F 和 Shift+T

试题（22）分析

本题考查计算机基础知识（操作）。

Windows 系统中，"复制"和"粘贴"操作常用快捷键 Ctrl+C 和 Ctrl+V 来实现。

参考答案

（22）A

试题（23）

在 Windows 系统的资源管理器中，文件不能按　（23）　来排序显示。

（23）A．名称　　　　B．类型　　　　C．属性　　　　D．修改日期

试题（23）分析

本题考查计算机基础知识（操作）。

在 Windows 系统的资源管理器中，文件可以按名称、类型、修改日期来排序，但不能按属性来排序。

参考答案

（23）C

试题（24）、（25）

微型计算机使用了一段时间后，出现了以下一些现象，除了　（24）　以外，需要对系统进行优化。对系统进行手工优化的工作不包括　（25）　。人们还常用系统优化工具进行优化。

（24）A．系统盘空间不足　　　　　　　B．系统启动时间过长
　　　 C．系统响应迟钝　　　　　　　　D．保存的文件越来越多
（25）A．禁用多余的自动加载程序　　　B．删除多余的设备驱动程序
　　　 C．终止没有响应的进程　　　　　D．磁盘清理和整理磁盘碎片

试题（24）、（25）分析

本题考查计算机基础知识（维护）。

如果保存的文件越来越多，则需要由用户自己来管理，包括整理、删除、备份等，这不属于系统执行的优化工作。系统内含有许多设备驱动程序，这些程序很小，供连接各种设备时选用，没有必要删除，也很难分清楚哪些驱动程序多余。

参考答案

（24）D　（25）B

试题（26）

计算机维护的注意事项中不包括　（26）　。

(26) A. 不要带电拔插元器件　　　　　　B. 防尘防脏
　　　 C. 要定期送维修店检查　　　　　　D. 防潮防水

试题（26）分析

本题考查计算机基础知识（维护）。

只有在计算机系统出现故障，自己或同事不能排除故障时，才需要送维修店处理。

参考答案

（26）C

试题（27）

一般而言，文件的类型可以根据__(27)__来识别。

(27) A. 文件的大小　　　　　　　　　　B. 文件的用途
　　　 C. 文件的扩展名　　　　　　　　　D. 文件的存放位置

试题（27）分析

本题考查计算机基础知识（Windows）。

文件的类型可以根据文件的扩展名来识别。

参考答案

（27）C

试题（28）

在 Windows 7 中，"写字板"和"记事本"软件所编辑的文档__(28)__。

(28) A. 均可通过剪切、复制和粘贴与其他 Windows 应用程序交换信息
　　　 B. 只有写字板可通过剪切、复制和粘贴与其他 Windows 应用程序交换信息
　　　 C. 只有记事本可通过剪切、复制和粘贴与其他 Windows 应用程序交换信息
　　　 D. 两者均不能与其他 Windows 应用程序交换信息

试题（28）分析

本题考查计算机基础知识（Windows）。

写字板具有 Word 最初的形态，有格式控制等，存储文件的扩展名默认为.rtf；记事本存储文件的扩展名为.txt，文件属性没有任何格式标签或者风格，特点是只支持纯文本。

参考答案

（28）A

试题（29）

下列关于快捷方式的叙述中，不正确的是__(29)__。

(29) A. 快捷方式会改变程序或文档在磁盘上的存放位置
　　　 B. 快捷方式提供了对常用程序或文档的访问捷径
　　　 C. 快捷方式图标的左下角有一个小箭头
　　　 D. 删除快捷方式不会对源程序或文档产生影响

试题（29）分析

本题考查计算机基础知识（Windows）。

快捷方式是Windows提供的一种快速启动程序、打开文件或文件夹的方法。它是应用程序

的快速连接。都有一个共同的特点,在每个图标的左下角都有一个非常小的箭头,这个箭头就是用来表明该图标是一个快捷方式。安装或删除不会改变程序或文档在磁盘上的存放位置

参考答案
　　(29) A

试题 (30)
　　在 Windows 7 中,关于文件夹的描述不正确的是 　(30)　 。
　　(30) A．文件夹是用来组织和管理文件的
　　　　 B．"计算机"是一个系统文件夹
　　　　 C．文件夹中可以存放驱动程序文件
　　　　 D．同一文件夹中可以存放两个同名文件

试题 (30) 分析
　　本题考查计算机基础知识（Windows）。
　　文件夹是用来协助管理计算机文件,每一个文件夹对应一块磁盘空间,它提供了指向对应空间的地址,它没有扩展名,同一文件夹中不可以存放两个同名文件。

参考答案
　　(30) D

试题 (31)
　　文件 ABC.bmp 存放在 F 盘的 T 文件夹中的 G 子文件夹下,它的完整文件标识符是 　(31)　 。
　　(31) A．F:\T\G\ABC　　　　　　　　B．T:\ABC.bmp
　　　　 C．F:\T\G\ABC.bmp　　　　　　D．F:\T:\ABC.bmp

试题 (31) 分析
　　本题考查计算机基础知识（Windows）。
　　一个完整文件标识符由驱动器号、路径、文件名和文件的扩展名,因此,正确的文件标示符为 F:\T\G\ABC.bmp。

参考答案
　　(31) C

试题 (32)
　　在 Windows 7 中,剪贴板是用来在程序和文件间传递信息的临时存储区,此存储区是 　(32)　 。
　　(32) A．回收站的一部分　　　　　　B．硬盘的一部分
　　　　 C．内存的一部分　　　　　　　D．显存的一部分

试题 (32) 分析
　　本题考查计算机基础知识（Windows）。
　　剪贴板（ClipBoard）是内存中的一块区域,是Windows内置的一个非常有用的工具,通过剪贴板,可使各种应用程序传递和共享信息成为可能。但剪贴板只能保留一份数据,每当新的数据传入,旧的便会被覆盖。

参考答案

(32) C

试题 (33)

用 Word 2007 编辑文件时，查找和替换中能使用的通配符是__(33)__。

(33) A. +和-   B. *和,   C. *和?   D. /和*

试题 (33) 分析

本题考查文字处理基础知识（Word）。

通配符是一些特殊的语句，主要作用是用来模糊搜索和替换使用。在Word中使用通配符可以查找和替换文字、格式、段落标记等，"?"为任意单个字符，可以代表任意单个字符，输入几个"?"就代表几个未知字符，如：输入"?国"就可以找到诸如"中国""美国""英国"等字符；输入"???国"可以找到"孟加拉国"等字符。"*"为任意多个字符：可以代表任意多个字符。如：输入"*国"就可以找到"中国""美国""孟加拉国"等字符。

参考答案

(33) C

试题 (34)

下列关于 Word 2007 撤销操作的叙述中，正确的是__(34)__。

(34) A. 只能撤销最后一次对文档的操作
　　 B. 可随时撤销以前所有的错误操作
　　 C. 不能进行撤销操作
　　 D. 可撤销针对该文档当前操作前有限次数的操作

试题 (34) 分析

本题考查文字处理基础知识（Word）。

可撤销针对该文档当前操作前有限次数的操作。

参考答案

(34) D

试题 (35)

在 Word 2007 文档中查找所有的"广西""广东"，可在查找内容中输入__(35)__，再陆续检查处理。

(35) A. 广西或广东   B. 广西   C. 广?   D. 广西、广东

试题 (35) 分析

本题考查文字处理基础知识（Word）。

"?"为任意单个字符，可以代表任意单个字符，输入几个"?"就代表几个未知字符。

参考答案

(35) C

试题 (36)

在 Word 2007 中，同时打开的文档窗口越多，占用内存__(36)__。

(36) A. 越少   B. 不变   C. 互相覆盖   D. 越多

试题（36）分析

本题考查文字处理基础知识（Word）。

在 Word 2007 中，同时打开的文档窗口越多，占用内存越多。

参考答案

（36）D

试题（37）

在 Word 2007 中，执行"编辑"菜单中的"粘贴"命令后，__(37)__。

(37) A．被选择的内容移到插入点　　B．被选择的内容移到剪贴板
　　　C．剪贴板中的内容移到插入点　D．剪贴板中的内容复制到插入点

试题（37）分析

本题考查文字处理基础知识（Word）。

在 Word 2007 中，执行"编辑"菜单中的"粘贴"命令后，剪贴板中的内容复制到插入点。

参考答案

（37）D

试题（38）

下列关于 Word 2007 "格式刷"工具的叙述中，不正确的是__(38)__。

(38) A．格式刷可以用来复制文字　　　B．格式刷可以用来快速复制文字格
　　　C．格式刷可以用来快速设置段落格式　D．格式刷可以多次复制同一格式

试题（38）分析

本题考查文字处理基础知识（Word）。

格式刷是 Word 中的一种工具。用格式刷"刷"格式，可以快速将指定段落或文本的格式沿用到其他段落或文本上，大大减少了排版的重复劳动。

参考答案

（38）A

试题（39）

在 Word 2007 中，针对页眉和页脚上的文字，__(39)__。

(39) A．不可以设置字体、字号、颜色
　　　B．可以对字体、字号、颜色进行设置
　　　C．仅可设置字体，不能设置字号和颜色
　　　D．不能设置段落格式，如行间距、段落对齐方式

试题（39）分析

本题考查文字处理基础知识（Word）。

在 Word 2007 中，针对页眉和页脚上的文字，可以对字体、字号、颜色进行设置。

参考答案

（39）B

试题（40）

在 Word 2007 中，汉字字号从小到大分为 16 级，最大的字号为__(40)__。

(40) A. 初号　　　　B. 小初号　　　　C. 五号　　　　D. 八号

试题（40）分析

本题考查文字处理基础知识（Word）。

在 Word 2007 中，汉字字号从小到大分为 16 级，最大的字号为初号。

参考答案

(40) A

试题（41）

在 Word 2007 中，打印页码 2-4，8，11 表示打印___（41）___。

(41) A. 第 2 页、第 4 页、第 8 页、第 11 页
　　　B. 第 2 页至第 4 页、第 8 页至第 11 页
　　　C. 第 2 页至第 4 页、第 8 页、第 11 页
　　　D. 第 2 页至第 8 页、第 11 页

试题（41）分析

本题考查文字处理基础知识（Word）。

打印页码 2-4，8，11 表示打印第 2 页至第 4 页、第 8 页、第 11 页。

参考答案

(41) C

试题（42）

在 Excel 中，相对地址在被复制或移动到其他单元格时，其单元格地址___（42）___。

(42) A. 不会改变　　B. 部分改变　　C. 全部改变　　D. 不能复制

试题（42）分析

本题考查电子表格处理基础知识（Excel）。

相对地址在公式中使用相对地址引用，公式复制过程中引用地址（值）随位置而变。

参考答案

(42) C

试题（43）

在 Excel 中，若要计算出 B3:E6 区域内的数据的最小值并保存在 B7 单元格中，应在 B7 单元格中输入___（43）___。

(43) A. =MIN(B3:E6)　　　　　　B. =MAX(B3:E6)
　　　C. =COUNT(B3:E6)　　　　D. =SUM(B3:E6)

试题（43）分析

本题考查电子表格处理基础知识（Excel）。

MIN 函数可表示为 min(x,y)=0.5*(x+y-|x-y|)，作用是返回给定参数表中的最小值。函数参数可以是数字、空白单元格、逻辑值或表示数值的文字串，如果参数中有错误值或无法转换成数值的文字时，将引起错误。

参考答案

(43) A

试题（44）

　　　(44)　是 Excel 工作簿的最小组成单位。
　　(44) A．字符　　　　B．工作表　　　C．单元格　　　D．窗口

试题（44）分析

　　本题考查电子表格处理基础知识（Excel）。
　　单元格是 Excel 工作簿的最小组成单位。

参考答案

　　(44) C

试题（45）

　　在 Excel 中，若 A1 单元格中的值为-1，B1 单元格中的值为 1，在 B2 单元格中输入=SUM(SIGN(A1)+B1)，则 B2 单元格中的值为　(45)　。
　　(45) A．-1　　　　B．0　　　　　C．1　　　　　D．2

试题（45）分析

　　本题考查电子表格处理基础知识（Excel）。
　　SIGN 函数能够把函数的符号析离出来。在数学和计算机运算中，其功能是取某个数的符号（正或负）：当 x>0，sign(x)=1；当 x=0，sign(x)=0；当 x<0，sign(x)=-1。因此，函数"=SUM(SIGN(A1)+B1)"的计算结果为 0。

参考答案

　　(45) B

试题（46）

　　在 Excel 中，若在 A1 单元格中输入=POWER(2,3)，则 A1 单元格中的值为　(46)　。
　　(46) A．5　　　　　B．6　　　　　C．8　　　　　D．9

试题（46）分析

　　本题考查电子表格处理基础知识（Excel）。
　　函数"=POWER(2,3)"的含义是计算 2 的 3 次幂，计算结果为 8。

参考答案

　　(46) C

试题（47）

　　在 Excel 中，若 A1 单元格中的值为 50，B1 单元格中的值为 60，若在 A2 单元格中输入函数=IF(AND(A1>=60,B1>=60),"合格","不合格")，则 A2 单元格中的值为　(47)　。
　　(47) A．50　　　　B．60　　　　C．合格　　　　D．不合格

试题（47）分析

　　本题考查电子表格处理基础知识（Excel）。
　　函数"=IF(AND(A1>=60,B1>=60),"合格","不合格")"的含义是 A1 和 B1 单元格中的值都同时大于等于 60 则显示合格，否则不合格，计算机结果为不合格。

参考答案

　　(47) D

试题（48）

在 Excel 中，若在 A1 单元格中输入函数=LEN("信息处理技术员")，则 A1 单元格中的值为___（48）___。

(48) A．7   B．信息   C．技术员   D．信息处理技术员

试题（48）分析

本题考查电子表格处理基础知识（Excel）。

LEN 函数的功能是返回文本串的字符数，因此，函数=LEN("信息处理技术员")的计算结果为 7。

参考答案

(48) A

试题（49）

在 Excel 中，若 A1、B1、C1、D1 单元格中的值分别为 2、4、8、16，在 E1 单元格中输入函数=MAX(C1:D1)^MIN(A1:B1)，则 E1 单元格中的值为___（49）___。

(49) A．4   B．16   C．64   D．256

试题（49）分析

本题考查电子表格处理基础知识（Excel）。

函数 MAX(C1:D1)的含义是计算 C1 到 D1 单元格中的最大值，计算结果为 16；MIN(A1:B1)的含义是计算 A1 到 B1 单元格中的最小值，计算结果为 2；函数"=MAX(C1:D1)^MIN(A1:B1)"的含义就是计算 16 的 2 次幂，结算结果为 256。

参考答案

(49) D

试题（50）

在 Excel 中，在公式中使用多个运算符时，其优先级从高到低依次为___（50）___。

(50) A．算术运算符→引用运算符→文本运算符→比较运算符
　　　B．引用运算符→文本运算符→算术运算符→比较运算符
　　　C．引用运算符→算术运算符→文本运算符→比较运算符
　　　D．比较运算符→算术运算符→文本运算符→引用运算符

试题（50）分析

本题考查电子表格处理基础知识（Excel）。

在 Excel 中，在公式中使用多个运算符时，其优先级从高到低依次为引用运算符→算术运算符→文本运算符→比较运算符。

参考答案

(50) C

试题（51）

在 Excel 中，若 A1、B1、C1、D1 单元格中的值分别为-22.38、21.38、31.56、-30.56，在 E1 单元格中输入函数=ABS(SUM(A1:B1))/AVERAGE(C1:D1)，则 E1 单元格中的值为___（51）___。

第 13 章 2017 上半年信息处理技术员上午试题分析与解答

(51) A. -1 　　　　 B. 1 　　　　 C. -2 　　　　 D. 2

试题（51）分析

本题考查电子表格处理基础知识（Excel）。

ABS(SUM(A1:B1))的含义是计算 A1 到 B1 单元格的和的绝对值，计算结果为 1；AVERAGE(C1:D1)的含义是计算 C1 到 D1 单元格中的平均值，计算结果为 0.5；函数 "ABS(SUM(A1:B1))/AVERAGE(C1:D1)" 的含义就是 1 除以 0.5，计算结果为 2。

参考答案

(51) D

试题（52）

PowerPoint 2007 提供了多种 __(52)__ ，它包含了相应的配色方案、母版和字体样式等，可供用户快速生成风格统一的演示文稿。

(52) A. 版式 　　　　 B. 模板 　　　　 C. 背景 　　　　 D. 幻灯片

试题（52）分析

本题考查演示文档处理基础知识（PowerPoint）。

PowerPoint 2007 提供了多种模板，它包含了相应的配色方案、母版和字体样式等，可供用户快速生成风格统一的演示文稿。

参考答案

(52) B

试题（53）

演示文稿中的每一张演示的单页称为 __(53)__ ，它是演示文稿的核心。

(53) A. 版式 　　　　 B. 模板 　　　　 C. 母版 　　　　 D. 幻灯片

试题（53）分析

本题考查演示文档处理基础知识（PowerPoint）。

演示文稿中的每一张演示的单页称为幻灯片，它是演示文稿的核心。

参考答案

(53) D

试题（54）

当新插入的图片遮挡原来的对象时，最合适的调整方法是 __(54)__ 。

(54) A. 调整剪贴画的大小
　　　 B. 调整剪贴画的位置
　　　 C. 删除这个剪贴画，更换大小合适的剪贴画
　　　 D. 调整剪贴画的叠放次序，将被遮挡的对象提前

试题（54）分析

本题考查演示文档处理基础知识（PowerPoint）。

插入的图片遮挡原来的对象时，最合适的调整方法是调整剪贴画的叠放次序，将被遮挡的对象提前。

参考答案

（54）D

试题（55）

在 PowerPoint 2007 中，为精确控制幻灯片的放映时间，可使用__（55）__功能。

（55）A．幻灯片效果切换　　　　　　B．自定义动画
　　　C．排练计时　　　　　　　　　D．录制旁白

试题（55）分析

本题考查演示文档处理基础知识（PowerPoint）。

在 PowerPoint 2007 中，为精确控制幻灯片的放映时间，可使用排练计时功能。

参考答案

（55）C

试题（56）

Access 数据库对象中，__（56）__是实际存放数据的地方。

（56）A．表　　　　B．模式　　　　C．报表　　　　D．窗体

试题（56）分析

本题考查数据库理基础知识（Access）。

数据库对象中，表是实际存放数据的地方。

参考答案

（56）A

试题（57）

下列关于主键的叙述中，不正确的是__（57）__。

（57）A．Access 2007 并不要求在每一个表中都必须包含一个主键
　　　B．在一个表中只能指定一个字段为主键
　　　C．在输入数据或对数据进行修改时，不能向主键的字段输入相同的值
　　　D．利用主键可以加快数据查找

试题（57）分析

本题考查数据库理基础知识（Access）。

主键是表中的一个或多个字段，它的值用于唯一地标识表中的某一条记录。在两个表的关系中，主键用来在一个表中引用来自于另一个表中的特定记录。主键是一种唯一关键字，表定义的一部分。一个表的主键可以由多个关键字共同组成，并且主键的列不能包含空值。

参考答案

（57）B

试题（58）

在一个数据库中存储着若干个表，这些表之间可以通过__（58）__建立关系。

（58）A．内容不相同的字段　　　　　B．内容全部相同的字段
　　　C．第一个字段　　　　　　　　D．最后一个字段

试题（58）分析

本题考查数据库理基础知识（Access）。

在一个数据库中存储着若干个表，这些表之间可以通过内容全部相同的字段建立关系。

参考答案

（58）B

试题（59）

在 Access 中，如果想要查询所有姓名为 2 个汉字的学生记录，在准则中应输入 (59) 。

(59) A．"LIKE **"　　B．"LIKE ##"　　C．"LIKE ??"　　D．LIKE "??"

试题（59）分析

本题考查数据库理基础知识（Access）。

要查询所有姓名为 2 个汉字的学生记录，在准则中应输入"LIKE ??"。

参考答案

（59）D

试题（60）

某金融企业正在开发移动终端非现场办公业务，为控制数据安全风险，采取的数据安全措施中并不包括 (60) 。

(60) A．身份认证　　　　　　　B．业务数据存取权限控制
　　　C．传输加密　　　　　　　D．数据分散存储于各网点

试题（60）分析

本题考查信息安全基础知识。

数据分散存储时，数据的安全性不容易控制，风险增大。

参考答案

（60）D

试题（61）

良好的手机使用习惯不包括 (61) 。

(61) A．设置手机开机密码　　　B．不扫描街头推销用的二维码
　　　C．开会时将手机关机　　　D．废弃手机前清除其中的内容

试题（61）分析

本题考查信息安全基础知识。

开会时可以将手机调成振动的，或音量调成最小（无声）。

参考答案

（61）C

试题（62）

计算机受病毒感染主要是 (62) 。

(62) A．接收外来信息时被感染　　B．因硬件损坏而被感染
　　　C．增添硬件设备时被感染　　D．因操作不当而被感染

试题（62）分析

本题考查信息安全基础知识。

计算机受病毒感染主要是接收外来信息时被感染（如某些电子邮件、外来 U 盘、不明网站的浏览等）。

参考答案

（62）A

试题（63）

企业制定数据处理流程规范的主要目的不包括 __(63)__ 。

(63) A．定岗定责，使工作井井有条，避免混乱，提高处理效率，保证数据质量
　　　B．建立数据录入、校验、更新、备份、保管、检索等制度，加强数据管理
　　　C．记录日志，便于检查、考核，防止数据泄露和篡改，出了问题便于追责
　　　D．有利于向上级汇报与对外宣传，提高员工的积极性，创建企业良好形象

试题（63）分析

本题考查信息技术法规基础知识。

企业制定数据处理流程规范的主要目的是提高数据处理的工作效率、提高数据质量和安全性，主要不是为了向上级汇报以及向社会展现。

参考答案

（63）D

试题（64）

《信息技术 汉字字型要求和检测方法》（GB/T 11460——2009）属于 __(64)__ 。

(64) A．国际标准　　　B．国家强制标准　　　C．国家推荐标准　　　D．行业标准

试题（64）分析

本题考查信息技术法规基础知识。

标准代码中，GB 表示国标，T 表示推荐。

参考答案

（64）C

试题（65）

为定量评估某试卷难度，以下做法中，一般不会选用 __(65)__ 。

(65) A．以平均得分率表示试卷难度
　　　B．以平均及格率表示试卷难度
　　　C．以平均解答长度来衡量试卷难度
　　　D．由一批教师为试卷难度打分，计算平均分

试题（65）分析

本题考查信息处理实务知识。

试题难易与解答长短不是一个概念，有时并不一致。

参考答案

（65）C

试题（66）

数据分析处理过程中，有时会有意或无意地选择偏好某些数据，从而导致处理结果出现偏差。这种偏差属于数据迁就偏差。某老牌企业希望展示百年来企业规模的发展情况，以下几种处理方法中，除__(66)__外，都存在数据迁就偏差。

(66) A．精心选择若干年份的数据，使其看起来企业一直在不断地迅速发展
　　 B．每五年时间段中选择其中的最大规模值，形成企业规模发展折线图
　　 C．每五年时间段中计算其中的平均规模值，形成企业规模发展折线图
　　 D．先画出逐年规模值发展的折线图，再删除某些下降或波动的折线段

试题（66）分析

本题考查信息处理实务知识。

每五年时间段计算其中的平均规模值，形成企业规模发展折线图，这种做法比较真实反映了企业发展状况。

参考答案

（66）C

试题（67）

用图表展示数据时，以下关于选用色彩的叙述中，不正确的是__(67)__。

(67) A．色彩是帮助人们理解数据的工具　　　B．颜色可以唤起情感的共鸣
　　 C．色彩是揭示数据意义的视觉提示　　　D．颜色比数据内容更为重要

试题（67）分析

本题考查信息处理实务知识。

应该是：数据内容比颜色更为重要。

参考答案

（67）D

试题（68）

人们常根据数据做统计推断，以下__(68)__统计推断的结论肯定不合理、不正确。

(68) A．某市规定对每条街道每隔20年翻修一次。我上班将路过20条街道，因此推断，每天上班都会遇到某条街道正在翻修
　　 B．据统计，世界上任何两人的平均距离为4.74度（好友关系算是1度距离，好友的好友是2度距离）
　　 C．据统计，每个快乐的朋友，让你也快乐的概率约增加9%；每个不快乐的朋友，让你快乐的概率约减少7%
　　 D．据统计，一个人在社交圈内与其有紧密联系的人数的上限为148人

试题（68）分析

本题考查信息处理实务知识。

如果每条街道每隔20年翻修一次，但翻修的时间只有一个月，那么上班路上遇到翻修的概率也不大。统计推断时需要考虑的重要因素不能短缺。

参考答案

(68) A

试题（69）

数据分析报告是整个数据分析过程的成果。对数据分析报告的要求不包括__(69)__。

(69) A. 数据分析必须全部基于权威部门公开发布的数据
　　　B. 数据分析的推理要有很强的逻辑性和严谨性
　　　C. 每项分析都应有结论，而且结论一定要明确
　　　D. 分析报告要有很强的可读性，尽量图表化

试题（69）分析

本题考查信息处理实务知识。

数据分析的基础是数据收集，有些数据来自权威部门的发布，有些数据是调查获得的，有些数据是传感器和智能仪表传送过来的。

参考答案

(69) A

试题（70）

某企业需要购买一台应用服务器，要求从主流设备中选购性价比最高者。总工曾对四种主流设备 A~D 的多项性能指标结合本企业应用需求给出了性能综合评分，信息处理技术员小黄进行了询价，并制作了下图。据此，该企业应选购设备__(70)__。

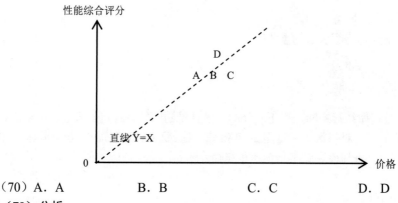

(70) A. A　　　　B. B　　　　C. C　　　　D. D

试题（70）分析

本题考查信息处理实务知识。

在图上，设备的性能/价格表现为设备点（X,Y）与原点（0,0）连线的斜率 Y/X。同一连线上的点性价比相同，连线越靠近 Y 轴则性价比越高。图中，设备 A 的性价比更高。

参考答案

(70) A

试题（71）

__(71)__ are used for backing up large amount of data.

(71) A. Keyboard　　　B. Hard disks　　　C. CPU　　　D. Display

参考译文

硬盘用于备份大量数据。

参考答案

（71）B

试题（72）

Computers with the same ___(72)___ can typically use the same software and peripheral devices.

(72) A．CPU　　　　B．operating system　　C．mainboard　　D．display

参考译文

安装同样操作系统的计算机可以使用同样的软件和外围设备。

参考答案

（72）B

试题（73）

You can ___(73)___ a file when you no longer need it.

(73) A．rename　　　B．move　　　　　　C．copy　　　　　D．delete

参考译文

对于不再需要的文件可以删除。

参考答案

（73）D

试题（74）

When you create an account, you are typically asked to enter a username and ___(74)___.

(74) A．key　　　　　B．keyword　　　　　C．password　　　D．user ID

参考译文

建立账号时，一般会要求输入用户名和密码。

参考答案

（74）C

试题（75）

With ___(75)___ you can communicate in real time with people all around the worlD.

(75) A．web page　　B．web chat　　　　　C．web site　　　D．E-mail

参考译文

利用网络聊天人们可以与全世界的人进行实时交流。

参考答案

（75）B

第14章 2017上半年信息处理技术员上机考试试题分析与解答

第一题：(15分)

利用系统提供的素材，按题目要求完成后，用Word的保存功能直接存盘。

青海湖环湖赛

青海湖国际公路自行车赛（Tour of Qinghai Lake）从2002年开始，是中国最高等级，也是亚洲顶级的公路自行车赛事，仅次于环法、环意大利、环西班牙等职业巡回赛，而且它的海拔高度是那些更著名的职业自行车赛无法企及的。

要求：

1. 将文章标题设置为宋体、二号、加粗、居中；正文设置为仿宋、小四。
2. 页面设置为横向，纸张宽度25厘米，高度18厘米，页面内容居中对齐。
3. 为正文添加双线条的边框，2.25磅，颜色设置为蓝色。
4. 为"青海湖国际公路自行车赛"添加双线型下画线。
5. 在正文第一自然段后另起一行录入第二段文字：截至2017年，已举办十六届，线路也从环湖地区延伸到祁连、张掖、武威、景泰等周边地市，总行程3139公里，骑行线路2002公里，最高海拔4120米。

试题一分析

【考查目的】

- 文字录入及编排。
- 开始菜单的使用。
- 页面布局菜单的使用。

【要点分析】

本题要点：文档字体设置、页面设置、文字录入、边框设置。

【操作的关键步骤】

(1) 字体设置。选定文档对象，通过"开始"菜单下的"字体"命令进行文档格式设置。

(2) 页面设置。通过"页面布局"菜单下的"页面设置"命令进行设置。

(3) 边框设置。通过"页面布局"菜单下的"页面边框"命令进行设置。

参考答案

青海湖环湖赛

青海湖国际公路自行车赛(Tour of Qinghai Lake)从2002年开始,是中国最高等级,也是亚洲顶级的公路自行车赛事,仅次于环法、环意大利、环西班牙等职业巡回赛,而且它的海拔高度是那些更著名的职业自行车赛无法企及的。

截至2017年,已举办十六届,线路也从环湖地区延伸到祁连、张掖、武威、景泰等周边地市,总行程3139公里,骑行线路2002公里,最高海拔4120米。

试题二(15分)

用 Word 软件制作如图示的应聘人员登记表。按题目要求完成后,用 Word 的保存功能直接存盘。

应聘人员登记表

应聘部门及职位:					填表时间:		年 月 日	
姓 名		性别		民族		婚否		照片
出生年月		年龄		身高		血型		
政治面貌		期望薪金						
户籍地址				身份证号码				
现住址				联系方式				
最高学历		毕业学校						
毕业时间		专 业				人事档案存放单位		
个人能力及特长								
工作经历	工作单位		职 务		起止时间		薪 金	离职原因
应聘部门意见								
行政人事部意见								

要求:

1. 利用相关工具绘制如图示的应聘人员登记表。
2. 将标题设置为宋体、二号、黑色、加粗、居中;其他文字设置为宋体、小四、黑色。

【考查目的】

- 文字设置和编排。
- 绘制表格。

【要点分析】

本题要点：绘制表格、字体设置、录入文字并进行编排。

【操作的关键步骤】

（1）文字编排。使用"开始"菜单下的"字体"命令进行字号、字体的设置。

（2）表格菜单的使用。使用"插入"菜单下的"表格"命令绘制表格。

参考答案

应聘人员登记表

应聘部门及职位：						填表时间：		年 月 日	
姓　名		性别		民族		婚否			照片
出生年月		年龄		身高		血型			
政治面貌		期望薪金							
户籍地址					身份证号码				
现住址					联系方式				
最高学历				毕业学校					
毕业时间				专业			人事档案存放单位		
个人能力及特长									
工作经历	工作单位		职务		起止时间		薪金		离职原因
应聘部门意见									
行政人事部意见									

试题三（15分）

在Excel的Sheet1工作表的A1:I10单元格内创建"学生成绩表"（内容如下图所示）。按题目要求完成后，用Excel的保存功能直接存盘。

	A	B	C	D	E	F	G	H	I
1	学生成绩表								
2	学号	物理	化学	政治	历史	物理化学总成绩	政治历史总成绩	文科或理科	理科人数
3	20170101	98	92	87	76				
4	20170102	89	84	78	76				
5	20170103	88	89	70	76				
6	20170104	78	78	96	95				
7	20170105	99	88	89	92				
8	20170106	66	78	88	86				
9	20170107	59	60	87	90				
10	20170108	55	40	80	89				

要求：
1. 表格要有可视的边框，并将文字设置为宋体、16磅、居中。
2. 用SUM函数计算每名学生的物理化学总成绩，并将计算结果填入对应单元格中。
3. 用SUM函数计算每名学生的政治历史总成绩，并将计算结果填入对应单元格中。
4. 用IF函数计算每名学生应选择文科或理科，如果物理化学总成绩大于政治历史总成绩，在对应单元格中填入"理科"，否则填入"文科"。
5. 用COUNTIF函数统计理科人数，并将统计结果填入对应单元格中。

试题三分析
【考查目的】
- 用Excel创建工作表。
- 单元格格式设置。
- 函数计算。

【要点分析】
本题要点：文字的编排（包括字体、字号等）、单元格格式设置、函数计算。

【操作的关键步骤】
（1）文字的编排。使用"开始"菜单下的"字体"命令进行设置。
（2）函数计算。学号20170101的学生物理化学总成绩计算函数为："=SUM(B3:C3)"；政治历史总成绩计算函数为："=SUM(D3:E3)"；文科或理科计算函数为："=IF(F3>G3,"理科","文科")"；理科人数统计函数为"=COUNTIF(H3:H10,"理科")"。

参考答案

	A	B	C	D	E	F	G	H	I
1	学生成绩表								
2	学号	物理	化学	政治	历史	物理化学总成绩	政治历史总成绩	文科或理科	理科人数
3	20170101	98	92	87	76	190	163	理科	4
4	20170102	89	84	78	76	173	154	理科	
5	20170103	88	89	70	76	177	146	理科	
6	20170104	78	78	96	95	156	191	文科	
7	20170105	99	88	89	92	187	181	理科	
8	20170106	66	78	88	86	144	174	文科	
9	20170107	59	60	87	90	119	177	文科	
10	20170108	55	40	80	89	95	169	文科	

试题四（15分）
利用系统提供的资料，用PowerPoint创意制作演示文稿。按照题目要求完成后，用PowerPoint的保存功能直接存盘。

资料：
人生就是如此，总是忙忙碌碌的，却忽略很多，很多，当真正想起的时候，却再也不能找回当年的感觉了。物是人非，斗转星移，很多丢失的，遗忘的，可能都会袭击自己的记忆深处。谁是谁非，过往的经历，都已经烟云，只要现在安好就可。

要求：
1. 正文内容设置为 24 磅、宋体。
2. 演示文稿设置"飞入"动画效果。
3. 在页脚插入备注，内容为"人生就是如此"。

试题四分析

【考查目的】

用 PowerPoint 模板制作演示文稿并对文稿进行"动画效果"设置等。

【要点分析】

本题要点：PowerPoint 的基本操作。

【操作的关键步骤】

（1）熟悉 PowerPoint 的基本操作。
（2）应用"开始"菜单下的"字体"命令设置字体、字号等。
（3）应用"动画"菜单下的"动画"命令进行动画设置。
（4）应用"插入"菜单下的"页脚和页眉"命令插入页脚备注。

参考答案

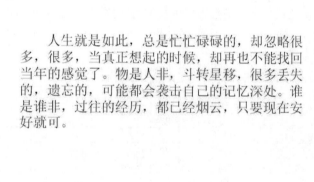

人生就是如此

试题五（15 分）

按照题目要求完成后，用 Access 保存功能直接存盘。

要求：

1. 用 Access 创建"姓名表"（内容如下表）。

第 14 章　2017 上半年信息处理技术员上机考试试题分析与解答　211

工号	姓名
548353	徐达
676262	赵睿鑫
73272	孙娜
8181	吉喆
99595	赫尔冬娜

2. 用 Access 创建"员工信息表"（内容如下表）。

工号	性别	籍贯	出生日期	入职日期
548353	男	哈尔滨	1978/5/28	2003/6/20
676262	男	成都	1983/5/25	2003/6/13
73272	女	杭州	1977/5/8	2003/6/15
8181	男	湖南	1980/1/1	2003/6/3
99595	女	内蒙古	1988/10/13	2003/6/8

3. 通过 Access 的查询功能，生成"员工基本信息情况表"（内容如下表）。

工号	姓名	性别	籍贯	出生日期	入职日期
548353	徐达	男	哈尔滨	1978/5/28	2003/6/20
676262	赵睿鑫	男	成都	1983/5/25	2003/6/13
73272	孙娜	女	杭州	1977/5/8	2003/6/15
8181	吉喆	男	广州	1980/1/1	2003/6/3
99595	赫尔冬娜	女	天津	1988/10/13	2003/6/8

试题五分析
【考查目的】
　　用 Access 创建表、汇总表和用主键建立关系查询的方法。
【要点分析】
　　本题要点：在"姓名表""员工信息表"的基础上生成"员工基本信息情况表"。
【操作的关键步骤】
　　（1）分别建立"姓名表""员工信息表"。并选择工号为主键。
　　（2）选择"数据库工具"菜单下的"关系"命令，在弹出"显示表"对话框中选择，把"姓名表""员工信息表"等通过"添加"按钮加到"关系"表中。
　　（3）通过编号建立表间联系，选择"姓名表"中的"工号"并拖动鼠标到"员工信息表"

的编号,在弹出"编辑关系"对话框中单击"创建"按钮,建立表间联系。

(4)通过"创建"菜单下的"查询设计"命令建立"姓名表""员工信息表"间的关系。

(5)通过"设计"菜单下的"运行"命令生成"员工基本信息情况表"。

参考答案

第15章 2017下半年信息处理技术员上午试题分析与解答

试题（1）

以下关于"互联网+"含义的叙述中，__(1)__ 并不恰当。

(1) A."互联网+"是在网速和带宽方面都有增强和提升的新一代互联网
　　B."互联网+"是将互联网深度融合于各领域之中的社会发展新形态
　　C."互联网+"是充分发挥互联网在生产要素配置中作用的新经济形态
　　D."互联网+"是工业化和信息化两化融合的升级版，是新的发展生态

试题（1）分析

本题考查信息基本概念。

通俗地说，"互联网+"就是"互联网+各个传统行业"，但这并不是简单的两者相加，而是利用信息通信技术以及互联网平台，让互联网与传统行业进行深度融合，创造新的发展生态。

"互联网+"代表一种新的经济形态，即充分发挥互联网在生产要素配置中的优化和集成作用，将互联网的创新成果深度融合于经济社会各领域之中，提升实体经济的创新力和生产力，形成更广泛的以互联网为基础设施和实现工具的经济发展新形态。

参考答案

(1) A

试题（2）

以下关于数据的叙述中，__(2)__ 并不正确。

(2) A. 企业讨论决策时应摆数据，讲分析
　　B. 数据是企业中最重要的物质基础
　　C. 企业应努力做到业务数据化，数据业务化
　　D. 只有深刻理解业务，才能正确地分析解读数据，获得结论

试题（2）分析

本题考查信息基本概念。

数据是企业中的信息资源，也是重要的资产。物质材料、能源、信息和智能是人类社会的四大类资源。

参考答案

(2) B

试题（3）

以下关于人工智能的叙述中，正确的是__(3)__。

(3) A. 人工智能必将补充和增强人类的能力
　　B. 未来人工智能必将全面超越人类智能

C. 人工智能主要由专业的科技人员所用
D. 未来所有的工作岗位必将被机器取代

试题（3）分析

本题考查信息基本概念。

人工智能是研究、开发用于模拟、延伸和扩展人的智能的理论、方法、技术及应用系统的一门新的技术科学。人工智能可以代替某些可以形式化的、重复、烦琐、危险的工作，人类将管控人工智能的发展，使其补充和增强人类的能力，防止危害情况的发生。

参考答案

（3）A

试题（4）

下表有 4×7 个单元格，由邻接的多个单元格可拼成矩形块。该表中共有 __(4)__ 个四角上都为 1 的矩形块。

1	1			1	1	
1		1	1	1		
1	1		1	1		
	1			1		1

（4）A. 6　　　　B. 7　　　　C. 10　　　　D. 12

试题（4）分析

本题考查初等数学应用基础知识。

用行号（1-4）与列号（1-7）表示一个单元格的坐标，用左上角和右下角两个单元坐标表示一个矩形块。四角上都是 1 的矩形块是所需矩形块。

左上角为 11 的所需矩形块有 4 个，右下角分别为 25，32，35，36；

左上角为 12 的所需矩形块有 3 个，右下角分别为 35，36，45；

左上角为 15 的所需矩形块有 1 个，右下角分别为 36；

左上角为 21 的所需矩形块有 2 个，右下角分别为 33，35；

左上角为 23 的所需矩形块有 1 个，右下角别为 35；

左上角为 32 的所需矩形块有 1 个，右下角为 45。

共有 12 个矩形块。

参考答案

（4）D

试题（5）

某学校男生与女生人数之比为 5:4，因此，男生比女生多百分之 a，女生比男生少百分之 b，其中 a 和 b 分别是 __(5)__ 。

（5）A. 20，20　　　B. 25，25　　　C. 20，25　　　D. 25，20

试题（5）分析

本题考查初等数学应用基础知识。

该学校男生与女生人数之比为 5:4。若男生人数为 5p，则女生人数为 4p。以女生为基础，则男生比女生多(5p-4p)/4p=25%。以男生为基础，则女生比男生少 p/5p=20%。

参考答案

（5）D

试题（6）

某人以 9 折后又以 2%折扣买了台电脑，实际花了 4410 元，则其原价为 __(6)__ 元。

（6）A．4950　　　　B．4990　　　　C．5000　　　　D．5010

试题（6）分析

本题考查初等数学应用基础知识。

设这种电脑原价为 x 元，则 9 折后价格为 $0.9x$ 元，再给 2%折扣，价格就为$(1-2\%) 0.9x=0.98 \times 0.9x=0.882x$ 元。由 $0.882x=4410$，得到 $x=5000$ 元。

参考答案

（6）C

试题（7）

以下是一批数据的描述性统计量，其中 __(7)__ 反映了数据远离中心的离散程度。

（7）A．平均值　　　B．中位数　　　C．标准差　　　D．众数

试题（7）分析

本题考查信息处理基础知识。

平均值、中位数和众数可以作为这批数据的代表。标准差（均方差）反映了这批数据远离中心的离散程度。

参考答案

（7）C

试题（8）

__(8)__ 是以沉浸性、交互性和构想性为基本特征的高级人机界面。

（8）A．大数据　　　B．虚拟现实　　　C．物联网　　　D．人工智能

试题（8）分析

本题考查信息处理基础知识。

虚拟现实技术是一种可以创建和体验虚拟世界的计算机仿真系统，它利用计算机生成一种模拟环境，是一种多源信息融合的交互式的三维动态视景和实体行为的系统仿真，使用户沉浸到该环境中。

参考答案

（8）B

试题（9）

获取数据后，为顺利分析数据，需要先进行数据清洗。数据清洗工作一般不包括 __(9)__ 。

（9）A．筛选清除多余重复的数据　　　　B．将缺失的数据补充完整

　　　C．估计合理值修改异常数据　　　　D．纠正或删除错误的数据

试题（9）分析

本题考查信息处理基础知识。

异常数据可能是错误数据，也可能是重要的特殊数据，还可能从中有新的发现。不能简单地删除异常数据，也不能主观地去估计合理值来修改数据，应该进行仔细具体的分析，根据不同情况进行处理。

参考答案

(9) C

试题（10）

以交互方式输入职工基本信息表的数据项时，为提高数据质量需要由软件及时进行自动校验，发现问题后提示错误信息并要求重新输入。例如，输入某职工的出生日期（年龄）时，可以做除了__(10)__以外的三种自动校验。

(10) A．数据类型校验　　　B．格式校验　　　C．界限校验　　　D．平衡校验

试题（10）分析

本题考查信息处理基础知识。

职工的出生日期数据一般是日期类型的数据，年龄则是数值类型的数据，具有规定的格式，并有界限限制条件，可根据这些约束条件进行自动校验。平衡校验是对报表数据的一种校验，例如汇总是否正确，收支是否平衡等。

参考答案

(10) D

试题（11）

对一批数据进行质量分析时，需要检查的问题一般不包括__(11)__。

(11) A．是否已获取了数据分析所需的各个方面的数据
　　　B．数据内在的逻辑关系是否满足，有没有不一致
　　　C．数据是否具有可追踪性，并向使用者进行解释
　　　D．整数是否精确到个位，小数是否精确到百分位

试题（11）分析

本题考查信息处理基础知识。

数据精确度需要根据实际情况以及应用要求确定。人口数量是整数，可能精确到百位或千位。占比是小数，可能精确到千分位。

参考答案

(11) D

试题（12）

以下关于数据可视化展现的叙述中，不正确的是__(12)__。

(12) A．数据可视化借助于图形化手段，清晰有效地传达与沟通信息
　　　B．我们要选择合适的图表类型，并以易于理解的方式呈现信息
　　　C．数据可视化将推动数据思维升华，发现数据中新的业务逻辑
　　　D．数据可视化应尽量采用3D、动画、阴影以及色彩斑斓的形式

试题（12）分析

本题考查信息处理基础知识。

数据可视化注重实际的作用，形式要服从目标和主题展现要求。

参考答案

（12）D

试题（13）

撰写数据分析报告的原则不包括__(13)__。

(13) A．需要有一个好的文档框架，结构要清晰、层次要分明
　　　B．要图文并茂、生动活泼，让读者一目了然，启发思考
　　　C．为确保分析科学严谨，采用的分析方法需要进行严格证明
　　　D．要有明确的结论，找出问题，并提出建议和解决方案

试题（13）分析

本题考查信息处理基础知识。

数据分析报告需要说明分析的方法，但方法的证明是基础科学的内容，无需在报告中详细写出。

参考答案

（13）C

试题（14）

某数字校园平台的应用架构包括用户层和以下四层，操作系统属于__(14)__。

(14) A．基础设施层　　　B．支撑平台层　　　C．应用层　　　D．表现层

试题（14）分析

本题考查信息处理基础知识。

计算机硬件、网络、操作系统等属于平台的基础设施。

参考答案

（14）A

试题（15）

对新买的计算机需要记录保存的硬件主要参数中，不包括__(15)__。

(15) A．CPU 型号　　　B．主存容量　　　C．磁盘容量　　　D．鼠标型号

试题（15）分析

本题考查计算机基础知识。

鼠标型号不属于计算机硬件的主要参数。

参考答案

（15）D

试题（16）

电脑主机箱上的 VGA 接口用于连接__(16)__。

(16) A．键盘　　　B．鼠标　　　C．显示器　　　D．打印机

试题（16）分析

本题考查计算机基础知识。

VGA 接口是计算机与显示器连接常用的一种接口。

参考答案

（16）C

试题（17）

扫描仪的主要技术指标不包括 __(17)__ 。

(17) A．分辨率　　　　B．扫描幅面　　　　C．扫描速度　　　　D．缓存容量

试题（17）分析

本题考查计算机基础知识。

缓存容量是操作系统为许多 I/O 设备设置的，并不是扫描仪的技术指标。

参考答案

（17）D

试题（18）

计算机操作系统的功能不包括 __(18)__ 。

(18) A．管理计算机系统的资源　　　　B．调度控制程序的执行
　　　C．实现用户之间的相互交流　　　　D．方便用户操作

试题（18）分析

本题考查计算机基础知识。

用户之间的交流（例如社交聊天软件）属于应用软件的功能。

参考答案

（18）C

试题（19）

Windows 控制面板的功能不包括 __(19)__ 。

(19) A．选择设置屏幕分辨率　　　　B．卸载不再需要的应用程序
　　　C．升级操作系统版本　　　　　D．查看网络状态和任务

试题（19）分析

本题考查计算机基础知识。

升级操作系统并不是控制面板的功能。

参考答案

（19）C

试题（20）

以下文件类型中， __(20)__ 表示视频文件。

(20) A．mp3　　　　B．mp4　　　　C．jpg　　　　D．gif

试题（20）分析

本题考查计算机基础知识。

常用的视频文件类型包括：avi、mp4 等。

参考答案

（20）B

试题（21）

计算机网络的功能不包括__(21)__。

(21) A．资源共享　　　B．信息交流　　　C．安全保护　　　D．分布式处理

试题（21）分析

本题考查计算机基础知识。

安全保护不是计算机网络本身的功能，而是计算机网络应配备的设施。

参考答案

（21）C

试题（22）

__(22)__是指在计算机网络中，通信双方为了实现通信而设计的需共同遵守的规则、标准和约定。

(22) A．网络协议　　　B．网络架构　　　C．网络基础设施　　　D．网络参考模型

试题（22）分析

本题考查计算机基础知识。

计算机网络之所以能实现信息通信，就是因为有网络协议，通信双方共同遵守的规则、标准和约定。

参考答案

（22）A

试题（23）

在 Internet 上对每一台计算机的区分，是通过__(23)__来识别的。

(23) A．计算机的登录名　　　　　B．计算机的域名
　　　C．计算机用户名　　　　　　D．IP 地址

试题（23）分析

本题考查计算机基础知识。

互联网上对计算机的识别最终是通过 IP 地址来实现的。计算机域名需要通过域名解析程序，将其转换成 IP 地址后再进行识别。

参考答案

（23）D

试题（24）

以下关于全角和半角的叙述中，__(24)__不正确。

(24) A．半角字符指小写字母和汉字简体，全角字符指大写字母和汉字繁体
　　　B．在屏幕上，全角字符显示的宽度为半角字符的两倍
　　　C．在磁盘内存储的文档中，每个半角字符占用一个字节
　　　D．在磁盘内存储的文档中，每个全角字符占用两个字节

试题（24）分析

本题考查计算机基础知识。

半角字符是指显示宽度只有一半的字符，常用于英文字符显示。

参考答案

（24）A

试题（25）

在默认情况下，按快捷键"__（25）__"可切换中英文输入方法。

（25）A．Ctrl+空格　　　B．Ctrl+Shift　　　C．Alt+空格　　　D．Shift+空格

试题（25）分析

本题考查计算机基础知识。

人们常用快捷键"Ctrl+空格"切换中英文输入方法。

参考答案

（25）A

试题（26）

在 Internet 上，为将一封电子邮件同时发往多个地址时，各邮件地址之间用符号__（26）__分隔。

（26）A．";"　　　　　B．"."　　　　　C．","　　　　　D．"/"

试题（26）分析

本题考查计算机基础知识。

在 Internet 上，为将一封电子邮件同时发往多个地址时，各邮件地址之间用分号分隔。

参考答案

（26）A

试题（27）

静电对计算机设备的危害较大。静电与机房环境的__（27）__关系很大。

（27）A．温度太低　　　B．湿度太低　　　C．灰尘太大　　　D．电磁场太强

试题（27）分析

本题考查计算机基础知识。

如果机房湿度太低，过于干燥，则容易引起静电，击穿集成电路板。

参考答案

（27）B

试题（28）

计算机使用时需要注意的事项中不包括__（28）__。

（28）A．不要让液体流入计算机设备内

　　　B．不要同时打开太多应用程序，用毕及时关闭

　　　C．不要同时运行多种杀毒软件

　　　D．不要用同一种 Office 软件同时处理多个文档

试题（28）分析

本题考查计算机基础知识。

用 Office 软件同时处理多个文档是经常这样做的。

参考答案

（28）D

试题（29）

计算机使用了一段时间后，系统磁盘空间不足，系统启动时间变长，系统响应延迟，应用程序运行缓慢，为此，需要对系统进行优化。系统优化工作不包括__(29)__。

(29) A．终止没有响应的程序　　　　　B．断开目前未用设备的连接
　　　C．加大虚拟内存　　　　　　　　D．磁盘清理和磁盘碎片整理

试题（29）分析

本题考查计算机基础知识。

人们常用系统优化工具对系统进行优化。目前未用的设备只要不加电，可以不用断开连接。不加电是为节能，不属于优化工作。

参考答案

（29）B

试题（30）

下列选项中，不属于计算机外部设备的是__(30)__。

(30) A．显卡　　　　B．摄像头　　　　C．移动硬盘　　　　D．打印机

试题（30）分析

本题考查计算机基础知识。

显卡安装在机箱内，插在主板上，属于接口设备，用于连接显示器。

参考答案

（30）A

试题（31）

下列选项中，不属于计算机日常维护性操作的是__(31)__。

(31) A．删除 Internet 临时文件　　　　B．对硬盘进行文件碎片整理
　　　C．对重要文件进行备份　　　　　D．更换 Windows 的桌面主题

试题（31）分析

本题考查计算机基础知识。

更换 Windows 的桌面主题属于个性化设置，不属于日常维护性操作。

参考答案

（31）D

试题（32）

在 Windows 7 的回收站中，可以恢复__(32)__。

(32) A．被剪切掉的文档段落　　　　　　B．从硬盘中删除的文件或文件夹
　　　C．从 U 盘中删除的文件或文件夹　　D．从光盘中删除的文件或文件夹

试题（32）分析

本题考查计算机基础知识。

从硬盘中删除的文件或文件夹默认放入回收站中，需要时可以恢复到原来的位置。

参考答案

（32）B

试题（33）

如果 U 盘感染了病毒，且 U 盘中的内容可以废弃，为防止该病毒传染到计算机系统，正确的措施是__(33)__。

(33) A．将 U 盘重新格式化 　　　　　B．给该 U 盘加上写保护
　　　 C．将 U 盘放一段时间后再使用 　D．删除该 U 盘上所有内容

试题（33）分析

本题考查计算机基础知识。

将 U 盘重新格式化不但彻底删除了 U 盘中的所有文件，还删除了 U 盘引导区中的信息，将 U 盘初始化为出厂的状态，从而，彻底删除了其中的病毒。

参考答案

（33）A

试题（34）

在 Windows 7 中，回收站是 __(34)__ 。

(34) A．内存中的一部分存储区域
　　　 B．硬盘上的一部分存储区域
　　　 C．主板上的一块存储区域
　　　 D．CPU 高速缓冲存储器的一部分存储区域

试题（34）分析

本题考查计算机基础知识。

在 Windows 中，回收站是硬盘上的一个区域，关机后仍保留其中的信息。

参考答案

（34）B

试题（35）

"Windows 是一个多任务操作系统"指的是 __(35)__ 。

(35) A．Windows 可运行多种类型各异的应用程序
　　　 B．Windows 可供多个用户同时使用
　　　 C．Windows 可同时运行多个应用程序
　　　 D．Windows 可同时管理多种资源

试题（35）分析

本题考查计算机基础知识。

多任务操作系统可同时运行多个应用程序。

参考答案

（35）C

试题（36）

使用 IE 浏览器上网时，可以把喜欢的网页保存到 __(36)__ 中，以便于再次浏览。

(36) A. 历史　　　　　B. 收藏夹　　　　C. 主页　　　　　D. Cookie

试题（36）分析

本题考查计算机基础知识。

浏览器的收藏夹可以存放所需保存的网页的 URL（在网上用统一的格式描述指定资源的位置），以便在需要时可直接选择再次浏览。

参考答案

（36）B

试题（37）

下列关于计算机病毒的说法中错误的是__（37）__。

(37) A. 目前传播计算机病毒的主要途径是 Internet
　　　B. 所有的计算机病毒都是程序代码
　　　C. 计算机病毒既可以感染可执行程序，也可以感染 Word 文档或图片文件
　　　D. 完备的数据备份机制是防止感染计算机病毒的根本手段

试题（37）分析

本题考查计算机基础知识。

数据备份的作用是在数据被破坏后，利用备份来恢复，并不能防止病毒感染。

参考答案

（37）D

试题（38）

在 Windows 7 中，磁盘文件类型可以根据__（38）__来识别。

(38) A. 文件的大小　　　　　　　B. 文件的用途
　　　C. 文件的扩展名　　　　　　D. 文件的存放位置

试题（38）分析

本题考查计算机基础知识。

在 Windows 中，磁盘文件的扩展名（后缀名）指明了文件类型。它可以与相应的应用程序建立关联，以便在双击文件名时自动启动相应的应用程序来处理。文件类型也常用于文件的分类排序。

参考答案

（38）C

试题（39）

在 Word 2007 中，如果在输入的文字或标点下面出现红色波浪线，则表示__（39）__。

(39) A. 拼写或语法错误　　　　　B. 句法错误
　　　C. 系统错误　　　　　　　　D. 文字设置错误

试题（39）分析

本题考查文字处理基础知识。

在 Word 2007 中，如果输入的文字有拼写或语法错误，则会在其下面标有红色波浪线，提示用户注意检查，若有错误则修改之。

参考答案

(39) A

试题（40）

在 Word 2007 中，如果有前后两个文字段落且每个段落的格式不同，当删除前一个段落末尾结束标记时，则__(40)__。

(40) A. 仍保持为两个段落，且各自的格式不变

B. 两个段落合并为一段，而原先各段落的格式自动变为文档默认格式

C. 两段文字合并为一段，且各自的格式不变

D. 两段文字合并为一段，并采用原来后面段落的格式

试题（40）分析

本题考查文字处理基础知识。

在 Word 2007 中，如果有前后两个文字段落且每个段落的格式不同，当删除前一个段落末尾结束标记时，则两段文字合并为一段，且各自的格式不变。

参考答案

(40) C

试题（41）

下列关于 Word 2007 分栏功能的描述中正确的是__(41)__。

(41) A. 最多可以设 6 栏　　　　　B. 各栏的宽度必须相等

C. 各栏的宽度可以不同　　　　D. 各栏之间的间距是固定不变的

试题（41）分析

本题考查文字处理基础知识。

Word 2007 中，对文字块分栏时，各栏可以设置不同的栏宽。

参考答案

(41) C

试题（42）

在 Word 2007 中，按回车键将产生一个__(42)__。

(42) A. 分页符　　　B. 分节符　　　C. 段落结束符　　　D. 换行符

试题（42）分析

本题考查文字处理基础知识。

在 Word 中，按回车键将产生一个段落结束符，默认显示在屏幕上，但打印时，只换行，不显示段落结束符。

参考答案

(42) C

试题（43）

在 Word 2007 中，段落对齐方式不包括__(43)__。

(43) A. 分散对齐　　　B. 两端对齐　　　C. 居中对齐　　　D. 上下对齐

试题（43）分析

本题考查文字处理基础知识。

在 Word 2007 中，段落对齐方式包括：左对齐、右对齐、居中、两端对齐、分散对齐（在左右边距之间均匀分布文本）。

参考答案

（43）D

试题（44）

在 Word 2007 表格编辑中，不能进行的操作是__（44）__。

（44）A．旋转单元格　　B．插入单元格　　C．删除单元格　　D．合并单元格

试题（44）分析

本题考查文字处理基础知识。

在 Word 2007 表格编辑中，可以插入、删除、合并单元格，但不能旋转单元格。

参考答案

（44）A

试题（45）

在 Word 2007 的编辑状态，打开了一份名为"AAA．docx"的文档，若要将经过编辑后的文档以"BBB．docx"为文件名进行存盘，应当执行"文件"菜单中__（45）__命令。

（45）A．保存　　　　　　　　　　B．另存为 Word XML 文档
　　　C．另存为 Word 文档　　　　D．另存为 Word 97-2003 文档

试题（45）分析

本题考查文字处理基础知识。

在 Word 2007 的文件编辑状态，"另存为 Word 文档"意味着按默认格式（.docx）另存入指定的文件。

参考答案

（45）C

试题（46）

下列关于页眉和页脚的叙述中，不正确的是__（46）__。

（46）A．默认情况下，页眉和页脚适用于整个文档
　　　B．奇数页和偶数页可以有不同的页眉和页脚
　　　C．在页眉和页脚中可以设置页码
　　　D．首页不能设置页眉和页脚

试题（46）分析

本题考查文字处理基础知识。

在 Word 的编辑状态，首页也可以设置页眉和页脚。

参考答案

（46）D

试题（47）

在 Word 2007 文档中，若选定某一行文字后按 Delete 键，将___(47)___。

(47) A. 删除选定文字外的所有文字

　　　B. 删除选定行文字之后的所有文字

　　　C. 删除选定的某一行文字

　　　D. 删除选定行文字之前的所有文字

试题（47）分析

本题考查文字处理基础知识。

选定文字块后再按删除键，则会删除该文字块。

参考答案

(47) C

试题（48）

在 Excel 2007 中，如果在 A1 单元格输入"计算机"，在 A2 单元格输入"软件资格考试"，在 A3 单元格输入"=A1&A2"，按回车键后，结果为___(48)___。

(48) A. 计算机&软件资格考试　　　　　B. "计算机" & "软件资格考试"

　　　C. 计算机软件资格考试　　　　　　D. 计算机-软件资格考试

试题（48）分析

本题考查电子表格处理基础知识。

公式中的符号"&"表示字符串的接续运算。

参考答案

(48) C

试题（49）

在 Excel 2007 中，删除工作表中与图表隐含链接的数据时，图表___(49)___。

(49) A. 不会发生变化

　　　B. 将自动删除相应的数据点

　　　C. 必须用编辑操作手工删除相应的数据点

　　　D. 将与链接的数据一起自动复制到一个新工作表中

试题（49）分析

本题考查电子表格处理基础知识。

在 Excel 中，根据某些区域中的数据制作图表后，图表上的数据点与表格中的数据建立了关联。如果删除了表格中的数据，则图表中的数据点也会自动删除。

参考答案

(49) B

试题（50）

在 Excel 2007 中，下列选项中与函数"=SUM(C4,E4:F5)"等价的公式是___(50)___。

(50) A. =C4+E4+E5+F4+F5　　　　　B. =C4+E4+F4+F5

　　　C. =C4+E4+F5　　　　　　　　　D. =C4+E4+E5+F5

试题（50）分析

本题考查电子表格处理基础知识。

"E4:F5"指的是包含 E4 与 F5 最小的矩形块，即 E4、E5、F4、F5 四个单元格。SUM 表示求和函数。

参考答案

（50）A

试题（51）

在 Excel 2007 的某个单元格中输入"=4^2"，按回车键后，该单元格显示的结果为__（51）__。

（51）A. 42　　　　B. 8　　　　C. 4　　　　D. 16

试题（51）分析

本题考查电子表格处理基础知识。

公式"=4^2"表示将进行指数运算 4^2。

参考答案

（51）D

试题（52）

在 Excel 2007 的某个单元格中输入"=56>=57"，按回车键后，该单元格显示的结果为__（52）__。

（52）A. 56<57　　　　B. =56<57　　　　C. True　　　　D. False

试题（52）分析

本题考查电子表格处理基础知识。

公式"=56>=57"表示将根据判断"56≥57"是否成立，获得结果 True 或 False。

参考答案

（52）D

试题（53）

在 Excel 2007 的 A1 单元格中输入函数"=RIGHT("CHINA",1)"，按回车键后，则 A1 单元格中的值为__（53）__。

（53）A. C　　　　B. H　　　　C. N　　　　D. A

试题（53）分析

本题考查电子表格处理基础知识。

函数"=RIGHT("CHINA",1)"表示字符串"CHINA"右端的 1 个字符。

参考答案

（53）D

试题（54）

在 Excel 2007 中，若在单元格 A1 中输入函数"=ROUNDUP(3.1415926,2)"，按回车键后，则 A1 单元格中的值为__（54）__。

（54）A. 3.1　　　　B. 3.14　　　　C. 3.15　　　　D. 3.1415926

试题（54）分析

本题考查电子表格处理基础知识。

ROUNDUP 的含义是向上舍入。函数"=ROUNDUP(3.1415926,2)"表示对数据 3.1415926 取两位小数，如果后面还有数字，则需要"入"。

参考答案

（54）C

试题（55）

在 Excel 2007 中，设单元格 A1 中的值为-1，B1 中的值为 1，A2 中的值为 0，B2 中的值为 1，若在 C1 单元格中输入函数"=IF(AND(A1>0,B1>0),A2,B2)"，按回车键后，C1 单元格中的值为__(55)__。

(55) A．-1　　　　　B．0　　　　　C．1　　　　　D．2

试题（55）分析

本题考查电子表格处理基础知识。

逻辑判断"A1>0"的值为假，"B1>0"的值为真，AND(A1>0,B1>0)的值为假，因此函数"=IF(AND(A1>0,B1>0),A2,B2)"的结果就是 B2 的值 1。

参考答案

（55）C

试题（56）

下列关于 PowerPoint 2007 内置主题的描述中，正确的是__(56)__。

(56) A．可以定义版式、背景样式、文字格式
　　　B．可以定义版式，但不可以定义背景样式、文字格式
　　　C．不可以定义版式，但可以定义背景样式、文字格式
　　　D．可以定义版式和背景样式，但不可以定义文字格式

试题（56）分析

本题考查演示文稿处理基础知识。

PowerPoint 2007 内置主题可以定义版式，但不能定义背景样式和文字格式。

参考答案

（56）B

试题（57）

在 PowerPoint 2007 中，如果幻灯片上所插入的图片盖住了先前输入的文字，则可使用右键快捷菜单中的__(57)__命令来调整。

(57) A．设置图片格式　　　　　　B．组合
　　　C．叠放次序　　　　　　　　D．添加文本

试题（57）分析

本题考查演示文稿处理基础知识。

如果多个对象放的位置有覆盖时，可以用右键快捷菜单中的"叠放次序"命令来调整各个对象的叠放情况。

参考答案

（57）C

试题（58）

用二维表来表示实体及实体之间联系的数据模型是 ___(58)___ 。

（58）A．联系模型　　　B．层次模型　　　C．网状模型　　　D．关系模型

试题（58）分析

本题考查数据库处理基础知识。

关系模型用二维表来表示实体以及实体之间的联系。

参考答案

（58）D

试题（59）

在 Access 2007 中，若要想查询所有姓名为 2 个汉字的学生记录，应在准则中输入___(59)___。

（59）A．"LIKE **"　　B．LIKE "**"　　C．"LIKE ??"　　D．LIKE "??"

试题（59）分析

本题考查数据库处理基础知识。

查询中常采用的匹配符号有"*"和"?"。"?"代表任意一个字符，"*"代表任意多个字符。

参考答案

（59）D

试题（60）

以下关于信息安全的叙述中，___(60)___并不正确。

（60）A．信息安全已经上升到国家战略层面
　　　B．海陆空天网五大疆域体现国家主权
　　　C．信息安全体系要确保百分之百安全
　　　D．信息安全措施需三分技术七分管理

试题（60）分析

本题考查信息安全基础知识。

信息安全难以做到百分之百安全，只能尽量确保安全。

参考答案

（60）C

试题（61）

使用盗版软件的危害性一般不包括___(61)___。

（61）A．来历不明的盗版软件可能带有恶意代码
　　　B．发现问题后得不到服务，难以修复漏洞
　　　C．可能带来法律风险，也会引发信息泄露
　　　D．没有使用手册，非专业人员难于操作

试题（61）分析

本题考查信息安全基础知识。

现在的软件一般都容易操作，盗版软件的危害性不在此处。

参考答案

（61）D

试题（62）

对多数企业而言，企业数据资产安全体系建设的原则不包括__（62）__。

（62）A．安全与易用兼顾　　　　　　　B．技术与管理配合

　　　C．管控与效率平衡　　　　　　　D．购买与开发并重

试题（62）分析

本题考查信息安全基础知识。

购买软件还是自行开发主要取决于开发技术队伍以及开发价格。为了确保安全，有时要求自行开发，有时要求购买更完善的软件。购买与开发并重与安全无关。

参考答案

（62）D

试题（63）

《信息安全技术云计算服务安全指南》（GB/T 31167——2014）属于__（63）__。

（63）A．国际标准　　B．国家强制标准　　C．国家推荐标准　　D．行业标准

试题（63）分析

本题考查标准与法规基础知识。

标准的编号中，GB 表示国标，T 表示推荐。

参考答案

（63）C

试题（64）

企业信息处理流程规范中不包括__（64）__。

（64）A．制定分阶段的工作计划和要求　　B．每个阶段实施时做好质量控制

　　　C．每个阶段结束前做好数据校验　　D．每个阶段结束后组织考核评估

试题（64）分析

本题考查标准与法规基础知识。

一般来说，信息处理工作每个阶段结束后，不会进行考核评估（至多在项目全部完成后进行评估）。

参考答案

（64）D

试题（65）～（67）

某企业的大数据工程项目包括如下四个阶段的工作：①数据获取，②数据清洗与整理，③数据分析，④数据展现。一般来说，工作量较大、花费时间较长的阶段是__（65）__，技术含量最高的阶段是__（66）__，准备向有关部门递交成果的阶段是__（67）__。

(65) A. ①②　　　B. ③　　　C. ④　　　D. ③④
(66) A. ①　　　　B. ②　　　C. ③　　　D. ④
(67) A. ①　　　　B. ②　　　C. ③　　　D. ④

试题（65）～（67）分析

本题考查信息处理实务基础知识。

大数据工程项目中，数据收集和数据清洗整理工作最费时间，工作量很大。技术性最强的阶段是数据分析，需要数据分析师来做。将数据分析成果用可视化形式来展现是最后阶段的工作。

参考答案

（65）A　（66）C　（67）D

试题（68）

设某数值型字段中的最小值是 min，最大值是 max，则该字段中的任一值 x 经过 $y=$ ___（68）___ 变换后，其新的值 y 都位于区间[0,1]中。这种做法称为0-1标准化，有利于同类数据的比较。

(68) A. (x−min)/max　　　　　B. x*min/max
　　　C. (x−min)/(max−x)　　　D. (x−min)/(max−min)

试题（68）分析

本题考查信息处理实务基础知识。

变换函数 $y=(x-min)/(max-min)$ 将 $x=min$ 变换成 $y=0$，将 $x=max$ 变换成 $y=1$，将区间（min, max）中的任一 x 值变换成（0,1）之间的一个值。

参考答案

（68）D

试题（69）

某计算机房夏季的环境温度要求控制在28℃至32℃，该范围可简写为___（69）___。

(69) A. 28℃±2℃　　B. 28℃±4℃　　C. 30℃±2℃　　D. 30℃±4℃

试题（69）分析

本题考查信息处理实务基础知识。

30℃±2℃表示温度允许范围：最低 30℃−2℃=28℃，最高 30℃+2℃=32℃。

参考答案

（69）C

试题（70）

撰写数据分析报告时，如何用图正确地展现数据，需要考虑的问题中，不包括___（70）___。

(70) A. 绘图选用的数据源是否正确
　　　B. 度量以及标记是否合适
　　　C. 图的形式是否会误导读者
　　　D. 图的形式是否独特新颖

试题（70）分析

本题考查信息处理实务基础知识。

展现数据的形式应服从主题内容以及展现的目标要求，让人易于理解，不能单纯追求独特新颖。

参考答案

（70）D

试题（71）

A ___(71)___ is a desktop or notebook size computing device.

(71) A．microcomputer B．minicomputer
　　 C．mainframe computer D．supercomputer

参考译文

微型计算机是台式或笔记本大小的计算设备。

参考答案

（71）A

试题（72）

Computer ___(72)___ is used to temporarily store data.

(72) A．CPU B．memory C．keyboard D．disk

参考译文

计算机内存用于临时存储数据。

参考答案

（72）B

试题（73）

___(73)___ acts as an interface between computer hardware and users.

(73) A．Operating system B．Application software
　　 C．USB D．MODEM

参考译文

操作系统是计算机硬件与用户之间的接口。

参考答案

（73）A

试题（74）

Operations ___(74)___ is a document that describes in detail the processes that users operate the software.

(74) A．paper B．book C．menu D．manual

参考译文

操作手册是详细描述用户操作使用软件过程的文档。

第 15 章 2017 下半年信息处理技术员上午试题分析与解答

参考答案

（74）D

试题（75）

___(75)___ enables users to search, access, and download information from Internet.

（75）A．E-mail B．OA C．WWW D．AI

参考译文

万维网（WWW 服务）使用户能从互联网上搜索、存取和下载信息。

参考答案

（75）C

第16章 2017下半年信息处理技术员上机考试试题分析与解答

第一题:(15分)

利用系统提供的素材,按题目要求完成后,用 Word 的保存功能直接存盘。

山地之旅——贵州

贵州,这个被称为"地无三尺平"的地方,是中国唯一没有平原的省份,开门即见山。即便是省城贵阳,也是群山环伺。在贵州的山景中,最具观赏性、最独特是两种地貌—喀斯特峰林与丹霞山。

要求:

1. 将文章标题设置为宋体、二号、加粗、居中;正文设置为宋体、小四。
2. 将正文间距设置为段前 1 行,段后 1 行,1.5 倍行距。
3. 为正文添加边框,3 磅,颜色设置为红色,底纹填充图案,样式:35%。
4. 为文档添加灰色-25%"喀斯特与丹霞"文字水印,楷体,半透明,斜式。
5. 在正文第一自然段后另起一行录入第二段文字:它们分据黔地的一南一北,并一起获得了世界自然遗产的封号,这也使得人们不惜纵穿贵州全境,分头拜谒荔波的喀斯特和赤水丹霞。

试题一分析

【考查目的】

- 文字录入及编排。
- 开始菜单的使用。
- 页面布局菜单的使用。

【要点分析】

本题要点:文档字体设置、页面设置、文字录入、边框设置、水印设置。

【操作的关键步骤】

(1) 字体设置。选定文档对象,通过"开始"菜单下的"字体"命令进行文档格式设置。

(2) 页面设置。通过"页面布局"菜单下的"页面设置"命令进行设置。

(3) 边框设置。通过"页面布局"菜单下的"页面边框"命令进行设置。

(4) 水印设置。通过"页面布局"菜单下的"水印"命令进行设置。

参考答案

山地之旅——贵州

> 贵州，这个被称为"地无三尺平"的地方，是中国唯一没有平原的省份，开门即见山。即便是省城贵阳，也是群山环伺。在贵州的山景中，最具观赏性、最独特是两种地貌—喀斯特峰林与丹霞山。
>
> 它们分据黔地的一南一北，并一起获得了世界自然遗产的封号，这也使得人们不惜纵穿贵州全境，分头拜谒荔波的喀斯特和赤水丹霞。

试题二（15分）

用 Word 软件制作如图示的面试评定表。按题目要求完成后，用 Word 的保存功能直接存盘。

面试评定表

姓名		性别		年龄	
应聘职位		所属部门		面试人	
评价要素	评定等级				
	1（差）	2（较差）	3（一般）	4（较好）	5（好）
求职动机					
仪表风度					
语言表达					
专业知识					
工作经验					
人际交往					
情绪控制					
逻辑分析					
应变能力					
评价	□建议录用		□建议不录用		

要求：
1. 利用相关工具绘制如图示的面试评定表。
2. 将标题设置为楷体、二号、黑色、加粗、居中；其他文字设置为宋体、五号、黑色。

【考查目的】
- 文字设置和编排。
- 绘制表格。

【要点分析】

本题要点：绘制表格、字体设置、录入文字并进行编排。

【操作的关键步骤】

（1）文字编排。使用"开始"菜单下的"字体"命令进行字号、字体的设置。

（2）表格菜单的使用。使用"插入"菜单下的"表格"命令绘制表格。

参考答案

面试评定表

姓名		性别		年龄	
应聘职位		所属部门		面试人	
评价要素	评定等级				
	1（差）	2（较差）	3（一般）	4（较好）	5（好）
求职动机					
仪表风度					
语言表达					
专业知识					
工作经验					
人际交往					
情绪控制					
逻辑分析					
应变能力					
评价		□建议录用		□建议不录用	

试题三（15 分）

在 Excel 的 Sheet1 工作表的 A1:D16 单元格内创建"期中考试数学成绩表"（内容如下图所示）。按题目要求完成后，用 Excel 的保存功能直接存盘。（表格没创建在指定区域将不得分）

	A	B	C	D
1	期中考试数学成绩表			
2	学号	成绩	学号	成绩
3	201701	85	201711	99
4	201702	89	201712	96
5	201703	54	201713	63
6	201704	79	201714	67
7	201705	59	201715	56
8	201706	84	201716	48
9	201707	81	201717	74
10	201708	83	201718	68
11	201709	82	201719	69
12	201710	64	201720	78
13	<60人数			
14	≥90人数			
15	及格率			
16	最高分			

要求:
1. 表格要有可视的边框,并将文字设置为宋体、16 磅、居中。
2. 在相应单元格内用 SUM、COUNTIF 函数计算小于 60 分的人数。
3. 在相应单元格内用 SUM、COUNTIF 函数计算大于等于 90 分的人数。
4. 在相应单元格内用 SUM、COUNTIF、COUNT 函数计算及格率(大于等于 60 分为及格),计算结果用百分比形式表示,保留 1 位小数。
5. 在相应单元格内用 MAX 函数计算最高分。

试题三分析
【考查目的】
- 用 Excel 创建工作表。
- 单元格格式设置。
- 函数计算。

【要点分析】
本题要点:文字的编排(包括字体、字号等)、单元格格式设置、函数计算。

【操作的关键步骤】
(1)文字的编排。使用"开始"菜单下的"字体"命令进行设置。
(2)函数计算。小于 60 分的人数计算函数为:"=SUM(COUNTIF(B3:B12,"<60"),COUNTIF(D3:D12,"<60"))";大于等于 90 分的人数计算函数为:"=SUM(COUNTIF(B3:B12,">=90"),COUNTIF(D3:D12,">=90"))";及格率计算函数为:"=SUM(COUNTIF(B3:B12,">=60"),COUNTIF(D3:D12,">=60"))/SUM(COUNT(B3:B12),COUNT(D3:D12))";最高分计算函数为:"=MAX(MAX(B3:B12),MAX(D3:D12))"。

参考答案

	A	B	C	D
1	期中考试数学成绩表			
2	学号	成绩	学号	成绩
3	201701	85	201711	99
4	201702	89	201712	96
5	201703	54	201713	63
6	201704	79	201714	67
7	201705	59	201715	56
8	201706	84	201716	48
9	201707	81	201717	74
10	201708	83	201718	68
11	201709	82	201719	69
12	201710	64	201720	78
13	<60人数	4		
14	≥90人数	2		
15	及格率	80.0%		
16	最高分	99		

试题四(15 分)
利用系统提供的资料,用 PowerPoint 创意制作演示文稿。按照题目要求完成后,用 PowerPoint 的保存功能直接存盘。

资料：

临洞庭上张丞相

孟浩然

八月湖水平，涵虚混太清。

气蒸云梦泽，波撼岳阳城。

欲济无舟楫，端居耻圣明。

坐观垂钓者，徒有羡鱼情。

要求：

1. 标题和作者名字设置为 32 磅、宋体；正文内容设置为 24 磅、宋体。
2. 为标题、作者和正文每句设置飞入动画效果进入。
3. 在页脚插入备注，内容为"临洞庭上张丞相"。

试题四分析

【考查目的】

用 PowerPoint 模板制作演示文稿并对文稿进行"动画效果"设置等。

【要点分析】

本题要点：PowerPoint 的基本操作。

【操作的关键步骤】

（1）熟悉 PowerPoint 的基本操作。

（2）应用"开始"菜单下的"字体"命令设置字体、字号等。

（3）应用"动画"菜单下的"动画"命令进行动画设置。

（4）应用"插入"菜单下的"页脚和页眉"命令插入页脚备注。

参考答案

临洞庭上张丞相

孟浩然

八月湖水平，涵虚混太清。

气蒸云梦泽，波撼岳阳城。

欲济无舟楫，端居耻圣明。

坐观垂钓者，徒有羡鱼情。

试题五（15 分）

按照题目要求完成后，用 Access 保存功能直接存盘。

要求：

1. 用 Access 创建"个人表"（内容如下表）。

工号	姓名	职位	公司部门
T01	李清	总监	人力资源部
T02	王萍	主管	人力资源部
T03	王笑	销售代表	销售部
T04	黎明	区域销售代表	销售部
T05	曹莉	主管	企划部

2. 用 Access 创建 "考勤记录表"（内容如下表）。

工号	出勤记录
T01	全勤
T02	全勤
T03	病假
T04	事假
T05	全勤

3. 通过 Access 的查询功能，生成 "员工考勤统计表"（内容如下表）。

工号	姓名	职位	公司部门	出勤记录
T01	李清	总监	人力资源部	全勤
T02	王萍	主管	人力资源部	全勤
T03	王笑	销售代表	销售部	病假
T04	黎明	区域销售代表	销售部	事假
T05	曹莉	主管	企划部	全勤

试题五分析
【考查目的】
用 Access 创建表、汇总表和用主键建立关系查询的方法。
【要点分析】
本题要点：在 "个人表" "考勤记录表" 的基础上生成 "员工考勤统计表"。
【操作的关键步骤】
（1）分别建立 "个人表" "考勤记录表"。并选择工号为主键。
（2）选择 "数据库工具" 菜单下的 "关系" 命令，在弹出 "显示表" 对话框中选择，把 "个人表" "考勤记录表" 等通过 "添加" 按钮加到 "关系" 表中。
（3）通过编号建立表间联系，选择 "个人表" 中的 "工号" 并拖动鼠标到 "考勤记录表" 的编号，在弹出 "编辑关系" 对话框中单击 "创建" 按钮，建立表间联系。

（4）通过"创建"菜单下的"查询设计"命令建立"个人表""考勤记录表"间的关系。

（5）通过"设计"菜单下的"运行"命令生成"员工考勤统计表"。

参考答案

个人表

工号	姓名	职位	公司部门
T01	李清	总监	人力资源部
T02	王萍	主管	人力资源部
T03	王笑	销售代表	销售部
T04	黎明	区域销售代表	销售部
T05	曹莉	主管	企划部

考勤记录表

工号	出勤记录
T01	全勤
T02	全勤
T03	病假
T04	事假
T05	全勤

员工考勤统计表

工号	姓名	职位	公司部门	出勤记录
T01	李清	总监	人力资源部	全勤
T02	王萍	主管	人力资源部	全勤
T03	王笑	销售代表	销售部	病假
T04	黎明	区域销售代表	销售部	事假
T05	曹莉	主管	企划部	全勤

第17章 2018上半年信息处理技术员上午试题分析与解答

试题（1）

以下关于数据处理的叙述中，不正确的是 __(1)__ 。

(1) A．数据处理不仅能预测不久的未来，有时还能影响未来

　　B．数据处理和数据分析可以为决策提供真知灼见

　　C．数据处理的重点应从技术角度去发现和解释数据蕴涵的意义

　　D．数据处理是从现实世界到数据，再从数据到现实世界的过程

试题（1）分析

本题考查信息基础知识。

数据处理的重点应从业务角度去发现和解释数据蕴涵的意义。数据处理为决策提供依据，而这种决策往往会影响未来。

参考答案

(1) C

试题（2）

"互联网+制造"是实施《中国制造2025》的重要措施。以下对"互联网+制造"主要特征的叙述中，不正确的是 __(2)__ 。

(2) A．数字技术得到普遍应用，设计和研发实现协同与共享

　　B．通过系统集成，打通整个制造系统的数据流、信息流

　　C．企业生产将从以用户为中心向以产品为中心转型

　　D．企业、产品和用户通过网络平台实现联接和交互

试题（2）分析

本题考查信息基础知识。

"互联网+制造"将促使企业生产从以产品为中心向以用户为中心转型，强调用户参与、用户体验和向用户提供服务。

参考答案

(2) C

试题（3）

信息技术对传统教育方式带来了深刻的变化。以下叙述中，不正确的是 __(3)__ 。

(3) A．学习者可以克服时空障碍，实现随时、随地、随愿学习

　　B．给学习者提供宽松的、内容丰富的、个性化的学习环境

　　C．通过信息技术与学科教学的整合，激发学生的学习兴趣

　　D．教育信息化的发展使学校各学科全部转型为电子化教育

试题（3）分析

本题考查信息基础知识。

电子化教育是重要的手段，但不能完全代替教师指导和实践训练。

参考答案

（3）D

试题（4）

n=1,2,3,…,100 时，[n/3]共有 __(4)__ 个不同的数（[a]表示 a 的整数部分，例如[3.14]=3）。

(4) A. 33　　　　　B. 34　　　　　C. 35　　　　　D. 100

试题（4）分析

本题考查初等数学应用知识。

n=1,2,3,…,100 时，[n/3]=0,0,1,1,1,2,2,2,…,32,32,32,33,33，共有 34 个不同的数。

参考答案

（4）B

试题（5）

某工厂共 40 人参加技能考核，平均成绩 80 分，其中男工平均成绩 83 分，女工平均成绩 78 分。该工厂参加技能考核的女工有 __(5)__ 人。

(5) A. 16　　　　　B. 18　　　　　C. 20　　　　　D. 24

试题（5）分析

本题考查初等数学应用知识。

设该厂女工有 x 人参加技能考核，则男工有 $40-x$ 人参加考核。本次考核的总分=40×80=83（40–x）+78x。因此，x=24。

参考答案

（5）D

试题（6）

$(a+b-|a-b|)/2=$ __(6)__ 。

(6) A. a　　　　　B. b　　　　　C. min(a,b)　　　　　D. max(a,b)

试题（6）分析

本题考查初等数学应用知识。

若 $a\geq b$，则 $(a+b-|a-b|)/2=b$；若 $a<b$，则 $(a+b-|a-b|)/2=a$。

参考答案

（6）C

试题（7）

在信息收集过程中，需要根据项目的目标把握数据 __(7)__ 要求，既不要纳入过多无关的数据，也不要短缺主要的数据；既不要过于简化，也不要过于烦琐。

(7) A. 适用性　　　　B. 准确性　　　　C. 安全性　　　　D. 及时性

试题（7）分析

本题考查信息处理基础知识。

第 17 章 2018 上半年信息处理技术员上午试题分析与解答 243

收集适用的数据，既不短缺，也不多余，降低成本，提高效率。

参考答案

（7）A

试题（8）

许多企业常把大量暂时不用的过期数据分类归档转存于__(8)__中。

（8）A．ROM　　　　B．移动硬盘　　　　C．Cache　　　　D．RAM

试题（8）分析

本题考查信息处理基础知识。

移动硬盘容量大，易于脱机保存。

参考答案

（8）B

试题（9）

信息传递的三个基本环节中，信息接收者称为__(9)__。

（9）A．信源　　　　B．信道　　　　C．信标　　　　D．信宿

试题（9）分析

本题考查信息处理基础知识。

信息传递的三个基本环节为：信源、信道和信宿。信源是信息的发送者，信道是信息的传播者，信宿的信息的接收者。

参考答案

（9）D

试题（10）

数据处理过程中，影响数据精度的因素不包括__(10)__。

（10）A．显示器的分辨率　　　　　　B．收集数据的准确度
　　　　C．数据的类型　　　　　　　　D．对小数位数的指定

试题（10）分析

本题考查信息处理基础知识。

显示器的分辨率影响数据显示的大小和清晰度，与数据精度无关。

参考答案

（10）A

试题（11）

某商场记录（统计）销售情况的数据库中，对每一种商品采用了国家统一的商品编码。这种做法的好处不包括__(11)__。

（11）A．节省存储量　　　　　　　　B．确保唯一性
　　　　C．便于人识别　　　　　　　　D．便于计算机处理

试题（11）分析

本题考查信息处理基础知识。

商品标准编码用符号表示名称，长度统一，节省存储量，确保唯一性，也便于计算机处

理,但不容易被人识别。打印时,还需要转换成实际的商品名称。

参考答案

(11) C

试题(12)

某地区对高二学生举行了一次数学统考,并按"成绩-人数"绘制了分布曲线。考试成绩呈__(12)__,分布比较合理。

(12) A. 比较平坦的均匀分布　　　　　　B. 两头高中间低的凹形分布
　　　C. 大致逐渐降低的分布　　　　　　D. 两头低中间高的正态分布

试题(12)分析

本题考查信息处理基础知识。

一般来说,学生成绩-人数的分布大致成正态分布:中间成绩的人数较多,特别高分和低分的人数较少,呈现两头低中间高的曲线形态。

参考答案

(12) D

试题(13)

数据分析工具的__(13)__特性是指它能导入和导出各种常见格式的数据文件或分析结果。

(13) A. 硬件兼容性　　　　　　　　　　B. 软件兼容性
　　　C. 数据兼容性　　　　　　　　　　D. 应用兼容性

试题(13)分析

本题考查信息处理基础知识。

数据兼容性意味着能处理多种格式的数据。

参考答案

(13) C

试题(14)

某数字校园平台的系统架构包括用户层和以下四层。制作各种可视化图表的工具属于__(14)__。

(14) A. 基础设施层　　B. 支撑平台层　　C. 应用层　　D. 表现层

试题(14)分析

本题考查信息处理基础知识。

系统架构的最高层是用户直接用的。可视化图表工具是用户直接用来展现数据的。

参考答案

(14) D

试题(15)

微机 CPU 的主要性能指标不包括__(15)__。

(15) A. 主频　　　　B. 字长　　　　C. 芯片尺寸　　　　D. 运算速度

试题(15)分析

本题考查计算机基础知识。

芯片尺寸与性能关系不大。芯片只要能与主板契合，性能价格比好就可以。

参考答案

（15）C

试题（16）

I/O 设备表示__（16）__。

（16）A．录音播放设备　　　　　　　B．输入输出设备
　　　C．录像播放设备　　　　　　　D．扫描复印设备

试题（16）分析

本题考查计算机基础知识。

I/O 是 Input/Output（输入/输出）的缩写。

参考答案

（16）B

试题（17）

以下设备中，__（17）__属于输出设备。

（17）A．扫描仪　　　B．键盘　　　C．鼠标　　　D．打印机

试题（17）分析

本题考查计算机基础知识。

打印机的功能是将计算机运行的结果打印出来，当然属于输出设备。

参考答案

（17）D

试题（18）

__（18）__不属于基础软件。

（18）A．操作系统　　　　　　　　　B．办公软件
　　　C．计算机辅助设计软件　　　　D．通用数据库系统

试题（18）分析

本题考查计算机基础知识。

操作系统和办公软件等属于几乎所有计算机都需要用的基础软件。计算机辅助设计软件则仅供部分应用单位使用，属于应用软件。

参考答案

（18）C

试题（19）

以下文件类型中，__（19）__表示视频文件。

（19）A．wav　　　　B．avi　　　　C．jpg　　　　D．gif

试题（19）分析

本题考查计算机基础知识。

文件类型 avi 表示视频文件，wav 表示音频文件，jpg 和 gif 表示图像文件。

参考答案

(19) B

试题（20）

以下关于 Windows 7 文件名的叙述中，__(20)__ 是正确的。

(20) A．文件名中间可包含换行符　　　　B．文件名中可以有多种字体
　　　C．文件名中可以有多种字号　　　　D．文件名中可以有汉字和字母

试题（20）分析

本题考查计算机基础知识。

Windows 文件名中可以有汉字和英文字母，还可以有一部分特殊的符号。

参考答案

(20) D

试题（21）

网络有线传输介质中，不包括__(21)__。

(21) A．双绞线　　　B．红外线　　　C．同轴电缆　　　D．光纤

试题（21）分析

本题考查计算机基础知识。

红外线属于无线介质。

参考答案

(21) B

试题（22）

网络互联设备不包括__(22)__。

(22) A．集线器　　　B．路由器　　　C．浏览器　　　D．交换机

试题（22）分析

本题考查计算机基础知识。

浏览器属于软件，其主要功能是浏览网页。

参考答案

(22) C

试题（23）

以下关于电子邮件的叙述中，不正确的是__(23)__。

(23) A．发送电子邮件时，通信双方必须都在线
　　　B．一封电子邮件可以同时发送给多个用户
　　　C．可以通过电子邮件发送文字、图像、语音等信息
　　　D．电子邮件比人工邮件传送迅速、可靠，且范围更广

试题（23）分析

本题考查计算机基础知识。

发送电子邮件时对方可以不在线，邮件只发送到对方申请的邮件服务器中。

参考答案

(23) A

试题（24）

在 Windows 7 运行时，为强行终止某个正在持续运行且没有互动反应的应用程序，可按组合键 Ctrl+Alt+Del 启动___(24)___，选择指定的进程和应用程序，结束其任务。

(24) A．引导程序　　　B．控制面板　　　C．任务管理器　　　D．资源管理器

试题（24）分析

本题考查计算机基础知识。

按组合键 Ctrl+Alt+Del 将启动任务管理器，可以查看当前系统的运行情况，终止某些程序的运行。在系统异常时，该功能很实用。

参考答案

(24) C

试题（25）

以下关于文件压缩的叙述中，不正确的是___(25)___。

(25) A．文件压缩可以节省存储空间
　　　B．文件压缩可以缩短传输时间
　　　C．文件压缩默认进行加密保护
　　　D．右击文件名可操作文件压缩或解压

试题（25）分析

本题考查计算机基础知识。

文件压缩本身并没有进行加密保护，任何人都可以解压还原查看。

参考答案

(25) C

试题（26）

以下操作中属于触摸屏的操作是___(26)___。

(26) A．左键单击　　　B．右键单击　　　C．长按和滑动　　　D．左右键双击

试题（26）分析

本题考查计算机基础知识。

触摸屏上可进行长按和滑动操作，左右键操作是针对鼠标而言的。

参考答案

(26) C

试题（27）

黑屏是微机显示器常见的故障现象。发生黑屏时需要检查的项目不包括___(27)___。

(27) A．检查显示器电源开关是否开启，电源线连接是否良好
　　　B．检查显示器信号线与机箱内显卡的连接是否良好
　　　C．检查显示器亮度、对比度等按钮是否调在正常位置
　　　D．检查操作系统与应用软件的输入输出功能是否正常

试题（27）分析

本题考查计算机基础知识。

微机显示器发生黑屏时，一般不会去检查软件的 I/O 功能。如果软件的 I/O 功能出错，要么就是不显示，要么就是显示错误的信息。

参考答案

（27）D

试题（28）

计算机使用了一段时间后，系统磁盘空间不足，系统启动时间变长，系统响应延迟，应用程序运行缓慢，此时，需要对系统进行优化。__(28)__ 不属于系统优化工作。

(28) A．清除系统垃圾文件　　　　　　B．升级操作系统和应用程序
　　　C．关闭不需要的系统服务　　　　D．禁用额外自动加载的程序

试题（28）分析

本题考查计算机基础知识。

升级软件不属于对原软件进行优化。

参考答案

（28）B

试题（29）

使用扫描仪的注意事项中不包括 __(29)__ 。

(29) A．不要在扫描中途切断电源　　　B．不要在扫描中途移动扫描原件
　　　C．不要扫描带图片的纸质件　　　D．平时不用扫描仪时应切断电源

试题（29）分析

本题考查计算机基础知识。

扫描仪可扫描带图片的纸质件，将其作为图像输入进计算机。

参考答案

（29）C

试题（30）

计算机硬件唯一能够直接识别和处理的语言是 __(30)__ 。

(30) A．机器语言　　B．汇编语言　　C．高级语言　　D．中级语言

试题（30）分析

本题考查计算机基础知识。

计算机硬件本身只能识别机器语言。

参考答案

（30）A

试题（31）

__(31)__ 接受每个用户的命令，采用时间片轮转方式处理服务请求，并通过交互方式在终端上向用户显示结果。

(31) A．批处理操作系统　　　　　　　　B．分时操作系统

C．实时操作系统 　　　　　　D．网络操作系统

试题（31）分析

本题考查计算机基础知识。

分时操作系统采用时间片轮转的方式处理每个用户的服务请求。由于时间片很短（例如100毫秒），每个用户都感到自己在独占计算机使用。

参考答案

（31）B

试题（32）

Windows 7 中，在控制面板中，通过__(32)__可以查看系统的一些关键信息，如显示当前的硬件参数、调整视觉效果、调整索引选项、调整电源设置及磁盘清理等。

（32）A．程序和功能 　　　　　　B．个性化
　　　　C．性能信息和工具 　　　　D．默认程序

试题（32）分析

本题考查计算机基础知识。

选择控制面板中的"性能信息和工具"选项，可以查看系统的性能情况，评估并改进计算机性能。

参考答案

（32）C

试题（33）

Windows 7 中，__(33)__不能将信息传送到剪贴板。

（33）A．用"复制"命令把选定的对象送到剪贴板
　　　　B．用"剪切"命令把选定的对象送到剪贴板
　　　　C．用 Ctrl+V 把选定的对象送到剪贴板
　　　　D．Alt+PrintScreen 把当前窗口送到剪贴板

试题（33）分析

本题考查计算机基础知识。

快捷键 Ctrl+V 将剪贴板上的内容粘贴到当前光标所在位置。

参考答案

（33）C

试题（34）

Word 2007 中"制表位"的作用是__(34)__。

（34）A．制作表格　　B．光标定位　　C．设定左缩进　　D．设定右缩进

试题（34）分析

本题考查办公软件使用知识。

按键 Tab（制表位）的作用是移动光标到下一个单元格或对象。

参考答案

（34）B

试题（35）

以下关于 Word "首字下沉"命令的叙述中，正确的是__(35)__。

(35) A．只能悬挂下沉　　　　　　B．可以下沉三行字的位置
　　 C．只能下沉三行　　　　　　D．只能下沉一行

试题（35）分析

本题考查办公软件使用知识。

Word 的"插入"菜单中，可以选择"首字下沉"选项，将行内首字下沉若干行（可调）。

参考答案

(35) B

试题（36）

在 Word 2007 的绘图工具栏上选定矩形工具，按住__(36)__按钮可绘制正方形。

(36) A．Tab　　　B．Del　　　C．Shift　　　D．Enter

试题（36）分析

本题考查办公软件使用知识。

在绘图工具栏上，选定矩形工具，同时按住 Shift 键，就可绘制正方形。

参考答案

(36) C

试题（37）

在 Word 2007 的编辑状态下，可以同时显示水平标尺和垂直标尺的视图模式是__(37)__。

(37) A．普通视图　　B．页面视图　　C．大纲视图　　D．全屏显示模式

试题（37）分析

本题考查办公软件使用知识。

在页面视图下，可以显示或隐藏水平和垂直标尺。

参考答案

(37) B

试题（38）

在 Word__(38)__模式下，随着输入新的文字，后面原有的文字将会被覆盖。

(38) A．插入　　　B．改写　　　C．自动更正　　　D．断字

试题（38）分析

本题考查办公软件使用知识。

在"改写"模式下，输入的文字将逐个覆盖当前光标后的文字。

参考答案

(38) B

试题（39）

在 Word 2007 文档编辑时，使用__(39)__选项卡中的"分隔符"命令，可以在文档中指定位置强行分页。

(39) A．开始　　　B．插入　　　C．页面布局　　　D．视图

试题（39）分析

本题考查办公软件使用知识。

编辑文档时，选择"页面布局"中的"分隔符"，再选择"分页符"就能强制分页。

参考答案

（39）C

试题（40）

在 Word 2007 默认状态下，调整表格中的宽度可以利用 __(40)__ 进行调整。

（40）A．水平标尺　　　B．垂直标尺　　　C．若干个空格　　　D．自动套用格式

试题（40）分析

本题考查办公软件使用知识。

显示并编辑表格时，水平标尺显示了当前行中各个单元格的位置，用鼠标调整其分隔线位置就直接调整了表格和列的宽度。

参考答案

（40）A

试题（41）

在 Word 2007 中，打印页码 2，4-5，8，表示打印 __(41)__ 。

（41）A．第 2 页、第 4 页、第 5 页、第 8 页
　　　B．第 2 页至第 4 页、第 5 页至第 8 页
　　　C．第 2 页至第 5 页、第 8 页
　　　D．第 2 页至第 8 页

试题（41）分析

本题考查办公软件使用知识。

4-5 表示从第 4 页到第 5 页。逗号表示分段列举页码范围。

参考答案

（41）A

试题（42）

在 Excel 2007 中，单元格中的绝对地址在被复制或移动到其他单元格时，其单元格地址 __(42)__ 。

（42）A．不会改变　　　B．部分改变　　　C．全部改变　　　D．不能复制

试题（42）分析

本题考查办公软件使用知识。

绝对地址就是移动、复制时都不改变的地址。

参考答案

（42）A

试题（43）

在 Excel 2007 中，__(43)__ 不是计算从 A1 到 A6 单元格中数据之和的公式。

（43）A．=A1+A2+A3+A4+A5+A6

B．=SUM（A1:A6）
C．=(A1+A2+A3+A4+A5+A6)
D．=SUM (A1+A6)

试题（43）分析

本题考查办公软件使用知识。

"=SUM(A1+A6)"是计算 A1 和 A6 两个单元格内容之和。

参考答案

（43）D

试题（44）

一个 Excel 文档对应一个 __(44)__ 。

(44) A．工作簿　　　B．工作表　　　C．单元格　　　D．行或列

试题（44）分析

本题考查办公软件使用知识。

一个 Excel 文档对应一个工作簿，其中包含若干个工作表。

参考答案

（44）A

试题（45）

在 Excel 2007 中，若 A1 单元格中的值为–1，B1 单元格中的值为 1，在 B2 单元格中输入= TAN(SUM(A1:B1))，则 B2 单元格中的值为 __(45)__ 。

(45) A．–1　　　B．0　　　C．1　　　D．2

试题（45）分析

本题考查办公软件使用知识。

SUM(A1:B1)相当于 A1+B1，此时其值为 0。三角函数 tan(0)的值为 0。

参考答案

（45）B

试题（46）

在 Excel 2007 中，若 A1 单元格中的值为 2，B1 单元格中的值为 3，在 A2 单元格中输入"=PRODUCT(A1:B1)"，按回车键后，则 A2 单元格中的值为 __(46)__ 。

(46) A．4　　　B．6　　　C．8　　　D．9

试题（46）分析

本题考查办公软件使用知识。

PRODUCT(A1:B1)相当于 A1*B1，此时其值为 6。

参考答案

（46）B

试题（47）

在 Excel 2007 中，若 A1 单元格中的值为 50，B1 单元格中的值为 60，若在 A2 单元格中输入"=IF(OR(A1>=60,B1>=60),"通过","不通过")"，按回车键后，则 A2 单元格中的

值为__(47)__。

(47) A. 50　　　　　B. 60　　　　　C. 通过　　　　　D. 不通过

试题（47）分析

本题考查办公软件使用知识。

由于 A1 中的值为 50，所以"A1>=60"的值为假。由于 B1 中的内容为 60，所以"B1>=60"的值为真。因此，OR(A1>=60,B1>=60)的值为真（"或"运算）。IF(OR(A1>=60,B1>=60),"通过","不通过")意味着如果 OR(A1>=60,B1>=60)为真时，结果为"通过"。

参考答案

(47) C

试题（48）

在 Excel 2007 中，若在 A1 单元格中的值为 9，在 A2 单元格中输入"=SQRT(A1)"，按回车键后，则 A2 单元格中的值为__(48)__。

(48) A. 0　　　　　B. 3　　　　　C. 9　　　　　D. 81

试题（48）分析

本题考查办公软件使用知识。

SQRT(A1)就是将 A1 中的内容开平方。

参考答案

(48) B

试题（49）

在 Excel 2007 中，利用填充柄可以将数据复制到相邻单元格中。若选择含有数值的上下相邻的两个单元格，按住鼠标左键向下拖动填充柄，则数据将以__(49)__填充。

(49) A. 等差数列　　B. 等比数列　　C. 上单元格数值　　D. 下单元格数值

试题（49）分析

本题考查办公软件使用知识。

对需要顺序填充的编号或按等差数列排序的编号来说，这种方法提高了效率。

参考答案

(49) A

试题（50）

在 Excel 2007 中，设单元格 A1 中的值为 10，B1 中的值为 20，A2 中的值为 30，B2 中的值为 40，若在 A3 单元格中输入"=SUM(A1,B2)"，按回车键后，A3 单元格中的值为__(50)__。

(50) A. 50　　　　　B. 60　　　　　C. 90　　　　　D. 100

试题（50）分析

本题考查办公软件使用知识。

SUM（A1,B2）相当于 A1+B2，其值为 50。

参考答案

(50) A

试题（51）

在 Excel 2007 中，设单元格 A1 中的值为–100，B1 中的值为 100，A2 中的值为 0，B2 中的值为 1，若在 C1 单元格中输入"=IF(A1+B1<=0,A2,B2)"，按回车键后，C1 单元格中的值为___（51）___。

（51）A．–100　　　　　B．0　　　　　C．1　　　　　D．100

试题（51）分析

本题考查办公软件使用知识。

A1+B1 的值为 0，判断"A1+B1<=0"的结果为真，因此，"=IF(A1+B1<=0,A2,B2)"就会用 A2 中的值来赋值。

参考答案

（51）B

试题（52）

在 PowerPoint 2007 中，若想在一屏内观看多张幻灯片的大致效果,可采用的方法是___（52）___。

（52）A．切换到幻灯片放映视图　　　　B．缩小幻灯片
　　　　C．切换到幻灯片浏览视图　　　　D．切换到幻灯片大纲视图

试题（52）分析

本题考查办公软件使用知识。

选择幻灯片的浏览视图时，可以看到很多张幻灯片，移动滚动条可以检查该文稿的全部幻灯片。

参考答案

（52）C

试题（53）

为了查看幻灯片能否在 20 分钟内完成自动播放，需要为其设置___（53）___。

（53）A．超级链接　　B．动作按钮　　C．排练计时　　D．录制旁白

试题（53）分析

本题考查办公软件使用知识。

利用排练计时工具可以在播放演示文稿过程中进行计时。

参考答案

（53）C

试题（54）

在 PowerPoint 2007 中，超级链接一般不可以链接到___（54）___。

（54）A．文本文件的某一行　　　　　　B．某个幻灯片
　　　　C．因特网上的某个文件　　　　　　D．某个图像文件

试题（54）分析

本题考查办公软件使用知识。

演示文稿中的超级链接不能定位到文本文件的指定行。

参考答案

（54）A

试题（55）

设有关系 R、S、T 如下所示，则__（55）__。

关系 R		
工号	姓名	部门
0101	张成	行政
0102	何员	销售

关系 S		
工号	姓名	部门
0107	李名	测试
0110	杨海	研发

关系 T		
工号	姓名	部门
0101	张成	行政
0102	何员	销售
0107	李名	测试
0110	杨海	研发

（55）A．T=R∩S　　　B．T=R∪S　　　C．T=R/S　　　D．T=R×S

试题（55）分析

本题考查办公软件使用知识。

R 和 S 两个关系的并运算"∪"可以得到关系 T。

参考答案

（55）B

试题（56）

单个用户使用的数据视图的描述属于__（56）__。

（56）A．外模式　　　B．概念模式　　　C．内模式　　　D．存储模式

试题（56）分析

本题考查办公软件使用知识。

很多用户可以同时使用同一数据库。不同的用户可以有不同的数据视图。有些数据属性对某些用户是不可见的。每个用户看到的数据视图就是数据库的外模式。

参考答案

（56）A

试题（57）

数据库中只存放视图的__（57）__。

（57）A．操作　　　B．对应的数据　　　C．定义　　　D．限制

试题（57）分析

本题考查办公软件使用知识。

数据库中只存放视图的定义。每次数据库检索运算都是根据视图的定义来做约束的。这样可以节省存储量，减少冗余，降低错误发生概率。

参考答案

(57) C

试题（58）

以下关于计算机网络协议的叙述中，不正确的是__(58)__。

(58) A．网络协议就是网络通信的内容
　　　B．制定网络协议是为了保证数据通信的正确、可靠
　　　C．计算机网络的各层及其协议的集合，称为网络的体系结构
　　　D．网络协议通常由语义、语法、变换规则3部分组成

试题（58）分析

本题考查计算机基础知识。

网络协议是指为网络中进行数据交换而建立的规则、标准或约定的集合。

参考答案

(58) A

试题（59）

OSI/RM 协议模型的最底层是__(59)__。

(59) A．应用层　　　B．网络层　　　C．物理层　　　D．传输层

试题（59）分析

本题考查计算机基础知识。

OSI/RM 是国际标准化组织 ISO 在网络通信方面所定义的开放系统互连模型。整个 OSI/RM 模型共分7层，从下往上分别是：物理层、数据链路层、网络层、传输层、会话层、表示层和应用层。物理层负责将数据转换为可通过物理介质传送的电子信号。

参考答案

(59) C

试题（60）

人工智能（AI）时代，人类面临许多新的安全威胁。以下__(60)__不属于安全问题。

(60) A．AI 可能因为学习了有问题的数据而产生安全隐患或伦理缺陷
　　　B．黑客入侵可能利用 AI 技术使自动化系统故意犯罪，造成危害
　　　C．由于制度漏洞和监管不力，AI 系统可能面临失控，造成损失
　　　D．AI 技术在某些工作、某些能力方面超越人类，淘汰某些职业

试题（60）分析

本题考查信息安全基础知识。

AI 技术在某些工作、某些能力方面超越人类，淘汰某些职业。正如人利用望远镜可以看得更远，这是好事，不是安全问题。

参考答案

(60) D

试题（61）

计算机感染病毒后常见的症状中，一般不包括__(61)__。

(61) A. 计算机系统运行异常（如死机、运行速度降低、文件大小异常等）
    B. 外部设备使用异常（如系统无法找到外部设备，外部设备无法使用）
    C. 网络异常（如网速突然变慢，网络连接错误，许多网站无法访问）
    D. 应用程序计算结果异常（如输出数据过多或过少，过大或过小）

试题（61）分析

本题考查信息安全基础知识。

程序计算结果异常，输出数据过多或过少，过大或过小，一般是程序设计的问题。

参考答案

(61) D

试题（62）

面向社会服务的信息系统突发安全事件时所采取的技术措施中一般不包括__(62)__。

(62) A. 尽快定位安全风险点，努力进行系统修复
    B. 将问题控制在局部范围内，不再向全系统扩散
    C. 关闭系统，切断与外界的信息联系，逐人盘查
    D. 全力挽回用户处理的信息，尽量减少损失

试题（62）分析

本题考查信息安全基础知识。

面向社会服务的信息系统不能轻易关闭系统，停止对外服务。遇到突发事件，要尽可能控制住问题，尽快修复，保护日志记录，及时进行追查。

参考答案

(62) C

试题（63）

《信息处理系统-开放系统互连-基本参考模型》(ISO 7498-2:1989)属于__(63)__。

(63) A. 国际标准   B. 国家标准   C. 行业标准   D. 企业标准

试题（63）分析

本题考查有关的法律法规基础知识。

ISO 表示国际标准化组织，以 ISO 开始编号的标准属于国际标准。

参考答案

(63) A

试题（64）

建立规范的信息处理流程的作用一般不包括__(64)__。

(64) A. 使各个环节衔接井井有条，不重复，不遗漏
    B. 各步骤都有数据校验，保证信息处理的质量
    C. 减少设备的损耗，降低信息处理成本
    D. 明确分工和责任，出现问题便于追责

试题（64）分析

本题考查有关的法律法规基础知识。

规范信息处理流程主要是为了确保数据质量,也对提高处理效率有益,与设备损耗没有直接关系。

参考答案

(64) C

试题 (65)

一般来说,收集到的数据经过清洗后,还需要进行分类、排序等工作。这样做的好处主要是__(65)__。

(65) A. 节省存储   B. 便于传输
    C. 提高安全性   D. 便于查找

试题 (65) 分析

本题考查信息处理实务基础知识。

对数据进行分类排序主要是为了便于查找。

参考答案

(65) D

试题 (66)

在大型分布式信息系统中,为提高信息处理效率,减少网络拥堵,信息存储的原则是:数据应尽量__(66)__。

(66) A. 集中存储在数据中心   B. 分散存储在数据产生端
    C. 靠近数据使用端存储   D. 均衡地存储在各个终端

试题 (66) 分析

本题考查信息处理实务基础知识。

数据尽量靠近使用端存储可减少传输量和传输时间,减少网络拥堵,提高处理效率。

参考答案

(66) C

试题 (67)

某社区有 12 个积极分子 A~L,他们之间的联系渠道见下图。居委会至少需要通知他们之中__(67)__个人,才能通过联系渠道通知到所有积极分子。

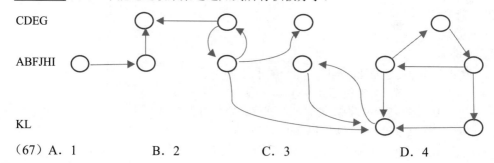

(67) A. 1   B. 2   C. 3   D. 4

试题 (67) 分析

本题考查信息处理实务基础知识。

首先，A（没有箭头指向的点）一定需要由居委会通知。A可以通知B，B可以通知C。除去A、B、C点及其连线后，其他点都有箭头指向。

显然，居委会应优先通知那些联系更广泛的人，即寻找可以通知更多人的积极分子。例如F出发的箭头最多，F可以通知D、E、K，而K可以通知J。

图中再除去点F、D、E、K、J及其连线后，剩余G、H、I、L四点中，I可以通知H、L，而H可以通知G。

因此，居委会只要通知A、F、I三人，便能由他们逐步通知到所有的人。这是最少通知的人数。

参考答案

（67）C

试题（68）

　　(68)　属于人工智能的应用。

（68）A．程序设计　　　B．指纹识别　　　C．社区聊天　　　D．数据统计

试题（68）分析

本题考查信息处理实务基础知识。

指纹识别属于图像识别，由于识别对象的模糊性和不完全性，不能依靠全同比较来识别，这就需要智能算法。

参考答案

（68）B

试题（69）

为向相关人员以可视化方式展示数据分析结果，首先需要明确目标受众（即需要给哪些人看），并了解他们考虑的一些问题。这些问题一般不包括　(69)　。

（69）A．他们对将要讨论的事项了解多少
　　　B．他们需要什么，又想要知道什么
　　　C．他们的艺术水平和欣赏能力如何
　　　D．他们将如何利用分析展示的信息

试题（69）分析

本题考查信息处理实务基础知识。

向目标受众展示可视化数据并不需要受众有多高的艺术水平和欣赏能力。

参考答案

（69）C

试题（70）

信息处理技术员资格考试的试卷包括信息处理基础知识、计算机基础知识、法律法规知识、专业英语、办公软件使用技能五个方面。某次考试后，对这五个方面分别统计了各考生的得分率以及全国的平均得分率。为了直观展现每个考生在各个方面的水平以及该考生的整体水平，并与全国平均水平进行比较，宜采用　(70)　。

（70）A．直方图　　　B．圆饼图　　　C．折线图　　　D．雷达图

试题（70）分析

本题考查信息处理实务基础知识。

雷达图有一个中心点，从这点出发向五个方向画出五条射线（射线之间的夹角比较均等），每条射线分别表示一个技能方面，并给予适当的数值标度。五个方面的全国平均得分率可标出一个五边形，每个考生在五个方面的得分率也可画出一个五边形。每个考生可以得到一张雷达图，就能直观地看到自己与全国平均水平相比的总体水平，也能看到在哪个方面比较强，哪个方面存在不足。

参考答案

（70）D

试题（71）

___(71)___ is the process of converting text, sound, photos, and video to data that can be processed by computer.

（71）A．Computerization B．Networking
C．Digitization D．Informatization

参考译文

数字化是将文本、声音、照片和视频转化为可由计算机处理的数据的过程。

参考答案

（71）C

试题（72）

The ___(72)___ is the primary device for entering information into the computer.

（72）A．disk B．printer C．keyboard D．memory

参考译文

键盘是将信息输入计算机的主要设备。

参考答案

（72）C

试题（73）

___(73)___ system let you run more than one program at a time.

（73）A．Application B．Software C．Real time D．Multitask

参考译文

多任务系统同时可运行多个程序。

参考答案

（73）D

试题（74）

Small business may use ___(74)___ for word processing.

（74）A．microcomputers B．industrial computers
C．mainframe computers D．supercomputers

参考译文

小型商务可使用微型计算机来做文字处理。

参考答案

（74）A

试题（75）

Once you've made the Internet connection, you can send ___（75）___ to any of computer user all around the worlD.

（75）A．E-mail　　　　B．WWW　　　　C．browse　　　　D．web station

参考译文

当你连接互联网后就能向全球计算机用户发电子邮件。

参考答案

（75）A

第18章 2018上半年信息处理技术员上机考试试题分析与解答

试题一（15分）

利用系统提供的素材，按题目要求完成后，用Word的保存功能直接存盘。

玫瑰花

梅桂原产中国，栽培历史悠久，在植物分类学上是一种蔷薇科蔷薇属灌木，在日常生活中是蔷薇属一系列花大艳丽的栽培品种的统称，这些栽培品种亦可称作现代月季或现代蔷薇。梅桂果实可食，无糖，富含维他命C，常用于香草茶、果酱、果冻、果汁和面包等，亦有瑞典汤、蜂蜜酒。梅桂长久以来就象征着美丽和爱情。古希腊和古罗马民族用梅桂象征着他们的爱神阿芙罗狄蒂、维纳斯。梅桂在希腊神话中是宙斯所创造的杰作，用来向诸神炫耀自己的能力。

要求：

1. 将文中的"梅桂"（标题及小标题中的除外）替换为加粗的"玫瑰"。

2. 将文章标题"玫瑰花"设置为隶书、标准色中的红色、二号字、粗体，水平居中，段前、段后间距为1行。

3. 设置页边距上、下为2厘米；左、右为2.5厘米；页眉、页脚距边界均为1.3厘米；纸张大小为A4。

4. 设置页眉为"玫瑰介绍"，字体为宋体、五号、水平居中；在页脚插入页码，样式：加粗显示的数字，"第X页共Y页"（X表示当前页数，Y表示总页数），水平居中。

5. 在正文第一自然段后另起行录入第二段文字：干品玫瑰花略呈半球形或不规则团状，直径1～2.5cm。花托半球形，与花萼基部合生；萼片5，披针形，黄绿色或棕绿色，被有细柔毛；花瓣多皱缩，展平后宽卵形，呈覆瓦状排列，紫红色，有的黄棕色；雄蕊多数，黄褐色。体轻，质脆。气芳香浓郁，味微苦涩。

试题一分析

【考查目的】

- 文字录入及编排。
- 开始菜单的使用。
- 页面布局菜单的使用。
- 插入菜单的使用。

【要点分析】

本题要点为文档字体设置、页面设置、文字录入、页脚设置。

【操作的关键步骤】

（1）文档格式。选定文档对象，通过"开始"菜单下的"字体"命令，进行文档格式设置。

(2) 页面设置。通过"页面布局"菜单下的"页面设置"命令进行设置。
(3) 页脚设置。通过"插入"菜单下的"页脚"命令进行设置。

参考答案

玫瑰介绍

玫瑰花

玫瑰原产中国，栽培历史悠久。在植物分类学上是一种蔷薇科蔷薇属灌木，在日常生活中是蔷薇属一系列花大艳丽的栽培品种的统称，这些栽培品种亦可称作月季或蔷薇。**玫瑰**果实可食，无糖，富含维他命 C，常用于香草茶、果酱、果冻、果汁和蒴包等，亦有瑞典汤、蜂蜜酒。**玫瑰**长久以来就象征着美丽和爱情。古希腊和古罗马民族用**玫瑰**象征他们的爱神阿芙罗狄蒂、维纳斯。**玫瑰**在希腊神话中是宙斯所创造的杰作，用来向诸神夸耀自己的能力。

干品玫瑰花略呈半球形或不规则团状，直径1～2.5cm。花托半球形，与花萼基部合生；萼片5，披针形，黄绿色或棕绿色，被有细柔毛；花瓣多皱缩，展平后宽卵形，呈覆瓦状排列，紫红色，有的黄棕色；雄蕊多数，黄褐色。体轻，质脆。气芳香浓郁，味微苦涩。

试题二（15 分）

用 Word 软件制作如图示的个人简历。按题目要求完成后，用 Word 的保存功能直接存盘。

个人简历

就业方向						
个人资料						
姓名		性别		民族		年龄
籍贯			专业			
政治面貌			爱好			
电子邮箱			联系电话			
自我评价						
教育背景						
个人能力						
社会及校内实践						
所获证书及奖项						

1. 利用相关工具绘制如图示的个人简历。
2. 将标题设置为楷体、二号、加粗、居中；其他文字设置为宋体、五号。

【考查目的】
- 文字设置和编排。
- 绘制表格。

【要点分析】
本题要点为：绘制表格、字体设置、录入文字并进行编排。

【操作的关键步骤】
（1）文字编排。使用"开始"菜单下的"字体"命令，进行字号、字体的设置。
（2）表格菜单的使用。使用"插入"菜单下的"表格"命令绘制表格。

参考答案

个人简历

就业方向									
个人资料									
姓名		性别		民族			年龄		
籍贯				专业					
政治面貌				爱好					
电子邮箱				联系电话					
自我评价									
教育背景									
个人能力									
社会及校内实践									
所获证书及奖项									

试题三（15分）

在 Excel 的 Sheet1 工作表的 A1:F11 单元格区域内创建"学生成绩表"（内容如下图所示）。按题目要求完成之后，用 Excel 的保存功能直接存盘。

学生成绩表

序号	姓名	数学	外语	政治	总分
1	王立萍	50	80	80	
2	刘嘉林	90	70	60	
3	李莉	80	100	70	
4	王华	70	60	90	
5	李民	60	90	50	
6	张亮	80	70	80	
平均分					
所占百分比					
难度系数					

要求：
1. 表格要有可视的边框，并将表中的文字设置为宋体、12磅、黑色、居中。
2. 用函数计算总分。
3. 用函数计算平均分，计算结果保留1位小数。
4. 用公式计算所占百分比，所占百分比＝平均分／100，计算结果保留3位小数。
5. 用公式计算难度系数，难度系数＝1－所占百分比，计算结果保留3位小数。

试题三分析
【考查目的】
- 用 Excel 创建工作表。
- 单元格格式设置。
- 函数计算。

【要点分析】
本题要点为：文字的编排（包括字体、字号等）、单元格格式设置、函数计算。

【操作的关键步骤】
（1）文字的编排。使用"开始"菜单下的"字体"命令进行设置。
（2）函数计算。数学平均分计算函数为："=AVERAGE (C3:C8)"，总分计算函数为："=SUM (F3:F8)"，数学所占百分比计算公式为："=C9/100"，难度系数计算公式为"=1–C10"。

参考答案

学生成绩表

序号	姓名	数学	外语	政治	总分
1	王立萍	50	80	80	210
2	刘嘉林	90	70	60	220
3	李莉	80	100	70	250
4	王华	70	60	90	220
5	李民	60	90	50	200
6	张亮	80	70	80	230
平均分		71.7	78.3	71.7	
所占百分比		0.717	0.783	0.717	
难度系数		0.283	0.217	0.283	

试题四（15分）

利用系统提供的资料，用 PowerPoint 创意制作演示文稿。按照题目要求完成后，用 PowerPoint 的保存功能直接存盘。

资料：

中国制造 2025

"中国制造 2025"提出了我国制造强国建设三个十年的"三步走"战略，是第一个十年的行动纲领。"中国制造 2025"应对新一轮科技革命和产业变革，立足我国转变经济发展方式实际需要，围绕创新驱动、智能转型、强化基础、绿色发展、人才为本等关键环节，以及先进制造、高端装备等重点领域，提出了加快制造业转型升级、提升增效的重大战略任务和重大政策举措，力争到 2025 年从制造大国迈入制造强国行列。

要求：
1. 标题设置为 40 磅、楷体、居中。
2. 正文内容设置为 24 磅、宋体。
3. 演示文稿设置旋转动画效果。
4. 为演示文稿插入页眉，内容为"中国制造 2025"。

试题四分析

【考查目的】

用 PowerPoint 模板制作演示文稿并对文稿进行"动画效果"设置等。

【要点分析】

本题要点为：PowerPoint 的基本操作。

【操作的关键步骤】

（1）熟悉 PowerPoint 的基本操作。
（2）应用"开始"菜单下的"字体"命令设置字体、字号等。
（3）应用"动画"菜单下的"动画"命令进行动画设置。
（4）应用"插入"菜单下的"页脚和页眉"命令插入页脚备注。

参考答案

中国制造2025

"中国制造2025"提出了我国制造强国建设三个十年的"三步走"战略，是第一个十年的行动纲领。"中国制造2025"应对新一轮科技革命和产业变革，立足我国转变经济发展方式实际需要，围绕创新驱动、智能转型、强化基础、绿色发展、人才为本等关键环节，以及先进制造、高端装备等重点领域，提出了加快制造业转型升级、提升增效的重大战略任务和重大政策举措，力争到2025年从制造大国迈入制造强国行列。

试题五（15分）

在 Excel 的 Sheet1 工作表的 A1:G16 单元格内创建"跳远预赛成绩表"（内容如下图所示）。按题目要求完成后，用 Excel 的保存功能直接存盘。（表格没创建在指定区域将不得分）

	A	B	C	D	E	F	G
1		跳远预赛成绩表					
2	运动员编号	成绩/米			最优成绩	名次	是否进入决赛
3		第1跳	第2跳	第3跳			
4	1001	4.03	4.47	5.00			
5	1002	5.03	4.23	3.87			
6	1003	5.28	5.18	5.21			
7	1004	5.40	5.35	5.42			
8	1005	3.82	4.26	4.58			
9	1006	5.34	5.20	5.24			
10	1007	5.40	5.31	5.45			
11	1008	5.36	5.40	4.97			
12	1009	3.68	5.06	4.34			
13	1010	4.11	4.31	4.14			
14	1011	3.57	5.17	3.78			
15	1012	5.41	5.34	5.41			
16	最优成绩对应的运动员编号						

要求：

1. 表格要有可视的边框，并将文字设置为宋体、16磅、居中。
2. 在对应单元格内用 MAX 函数计算每名运动员预赛的最优成绩。
3. 在对应单元格内用 RANK 函数和绝对引用计算每名运动员最优成绩的名次。
4. 在对应单元格内用 IF 函数计算运动员是否进入决赛，在其对应单元格内显示"是"，否则不显示任何内容。按照规则，名次位于前6名的运动员进入决赛。
5. 在对应单元格内用 INDEX、MATCH、MAX 函数计算出预赛最优成绩对应的运动员编号。

试题五分析

【考查目的】

- 用 Excel 创建工作表。
- 单元格格式设置。
- 函数计算。

【要点分析】

本题要点为：文字的编排（包括字体、字号等）、单元格格式设置、函数计算。

【操作的关键步骤】

（1）文字的编排。使用"开始"菜单下的"字体"命令进行设置。

（2）函数计算。编号为1001最优成绩计算函数为："=MAX(B4:D4)"，名次计算函数为："=RANK(E4,$E$4:$E$15)"，是否进入决赛计算函数为："=IF(F4<=6,"是","")"；最优成绩对应的运动员编号计算函数为"=INDEX(A4:A15,MATCH(MAX(E4:E15),E4:E15,))"。

参考答案

	A	B	C	D	E	F	G
1					跳远预赛成绩表		
2	运动员编号	成绩/米			最优成绩	名次	是否进入决赛
3		第1跳	第2跳	第3跳			
4	1001	4.03	4.47	5.00	5.00	10	
5	1002	5.03	4.23	3.87	5.03	9	
6	1003	5.28	5.18	5.21	5.28	6	是
7	1004	5.40	5.35	5.42	5.42	2	是
8	1005	3.82	4.26	4.58	4.58	11	
9	1006	5.34	5.20	5.24	5.34	5	是
10	1007	5.40	5.31	5.45	5.45	1	是
11	1008	5.36	5.40	4.97	5.40	4	是
12	1009	3.68	5.06	4.34	5.06	8	
13	1010	4.11	4.31	4.14	4.31	12	
14	1011	3.57	5.17	3.78	5.17	7	
15	1012	5.41	5.34	5.41	5.41	3	是
16	最优成绩对应的运动员编号				1007		

第19章 2018下半年信息处理技术员上午试题分析与解答

试题（1）

以下关于数字经济的叙述中，__(1)__ 并不正确。

(1) A．数字经济以数据作为关键生产要素，以数字技术作为其经济活动的标志

B．数字经济具有数字化、网络化、智能化、知识化、全球化特征

C．数字经济以虚拟经济代替实体经济，与市场经济互斥

D．数字经济采用"互联网+创新2.0"改革传统工业经济

试题（1）分析

本题考查信息技术基本概念。

数字经济补充和拓展了实体经济，与市场经济是相融合的。

参考答案

(1) C

试题（2）

__(2)__ 是按照科学的城市发展理念，利用新一代信息技术，通过人、物、城市功能系统之间的无缝连接与协同联动，实现自感知、自适应、自优化，形成安全、便捷、高效、绿色的城市形态。

(2) A．智慧城市　　B．环保城市　　C．数字城市　　D．自动化城市

试题（2）分析

本题考查信息技术基本概念。

这是对智慧城市的权威论述。

参考答案

(2) A

试题（3）

企业实现移动信息化的作用不包括 __(3)__ 。

(3) A．企业职工使用移动设备代替台式计算机，降低企业成本

B．加强与客户互动沟通，实现在线支付，提高客户满意度

C．有利于实现按需生产，产销一体化运作，提高经济效益

D．决策者随时随地了解社会需求和企业经营情况，快速决策

试题（3）分析

本题考查信息技术基本概念。

企业实现移动信息化补充和拓展（并不是代替）了台式机的功能。

参考答案

(3) A

试题（4）

某博物馆将所有志愿者分成 A、B、C、D 四组（每个志愿者只能分配到一个组）。已知 A 组和 B 组共有 80 人，B 组和 C 组共有 87 人，C 组和 D 组共有 92 人，据此可以推断，A 组和 D 组共有 __(4)__ 人。

(4) A. 83　　　　　B. 84　　　　　C. 85　　　　　D. 86

试题（4）分析

本题考查初等数学应用基础知识。

ABCD 四组共有 80+92=172 人，因此 AD 两组共有 172–87=85 人。

参考答案

(4) C

试题（5）

某班级有 40 名学生，本次数学考试大多在 80 分上下。老师为了快速统计平均分，对每个学生的分数按 80 分为基准，记录其相对分（多出的分值用正数表示，减少的分值用负数表示，恰巧等于 80 分时用 0 表示），再统计出各种相对分的人数，如下表：

相对分	–10	–6	–2	0	+2	+5	+6	+10
人数	1	5	8	10	8	4	3	1

根据上表可以推算出，这次考试全班的平均分为 __(5)__。

(5) A. 79.8　　　　　B. 80.0　　　　　C. 80.2　　　　　D. 80.4

试题（5）分析

本题考查初等数学应用基础知识。

全班 40 人这考试的总分为 40×80+1×(–10)+5×(–6)+8×(–2)+10×0+8×2+4×5+3×6+1×10=3200–10–30–16+16+20+18+10=3208，所以平均分为 3208/40=80.2。

参考答案

(5) C

试题（6）

某商场购进了一批洗衣机，加价 25% 销售了 60% 后，在此基础上再打 8 折销完，则这批洗衣机的总销售收入相对于进价总额的利润率为 __(6)__。

(6) A. 15%　　　　　B. 17.5%　　　　　C. 20%　　　　　D. 22.5%

试题（6）分析

本题考查初等数学应用基础知识。

设以每台 a 元购进了 S 台洗衣机，因此总成本为 aS 元。前一批销售收入为(1+25%)a×60%S=0.75aS 元，第二批销售收入为(1+25%)×0.8a×(1–60%)S=0.4aS 元。总的销售收入为 (0.75+0.4)aS=1.15aS=(1+15%)aS 元。

参考答案

(6) A

试题（7）

大数据来源大致可以分为两类：一类来自于物理实体世界的科学数据，另一类来自于人类社会活动。以下数据中，___(7)___属于前一类数据。

(7) A. 社交网络上的数据　　　　　　B. 传感器收集的数据
　　 C. 上网操作行为轨迹　　　　　　D. 电子商务交易数据

试题（7）分析

本题考查信息处理基础知识。

众多传感器自动记录并传送（感知）了来自实体世界的大量数据（例如温度、压力、位置等）。这是大数据的重要来源。

参考答案

(7) B

试题（8）

在收集、整理、存储大数据时，删除重复数据的作用不包括___(8)___。

(8) A. 释放存储空间，提高存储利用率　　B. 节省存储成本与管理成本
　　 C. 有效控制备份数据的急剧增长　　　D. 提高数据存储的安全性

试题（8）分析

本题考查信息处理基础知识。

删除重复数据的主要目的不是为了提高数据存储的安全性。

参考答案

(8) D

试题（9）

数据加工处理的目的不包括___(9)___。

(9) A. 提升数据质量，包括精准度和适用度
　　 B. 筛选数据，使其符合企业发展的预想
　　 C. 分类排序，使检索和查找快捷、方便
　　 D. 便于分析，降低复杂度，减少计算量

试题（9）分析

本题考查信息处理基础知识。

处理数据的目的不是为了符合或证实预想。

参考答案

(9) B

试题（10）

数据___(10)___是将数据以图形图像形式表示，并利用数据分析工具发现其中未知信息的处理过程。

(10) A. 可视化　　　B. 格式化　　　C. 形式化　　　D. 业务化

试题（10）分析

本题考查信息处理基础知识。

这是数据可视化的通俗解释。

参考答案

（10）A

试题（11）

目前最常见的用户界面是 __(11)__ 。

（11）A．命令行界面　　　　　　B．字符用户界面
　　　C．图形用户界面　　　　　　D．自然用户界面

试题（11）分析

本题考查信息处理基础知识。

目前大多数软件的用户界面都是类似于 Windows 系统那样的图形用户界面。

参考答案

（11）C

试题（12）

以下关于新型办公系统文档编制的叙述中，__(12)__ 并不正确。

（12）A．可以实现文档编制过程的模板化和规范化
　　　B．可建立文档基础资源库，有利于文档复用
　　　C．将编制文档转变为填文档和改文档的过程
　　　D．可以根据输入的主题自动编制完整的文档

试题（12）分析

本题考查信息处理基础知识。

对大多数情况来说，根据输入的主题自动编制完整的文档是不可能的。

参考答案

（12）D

试题（13）

__(13)__ 不会是信息系统的功能。

（13）A．可定制个性化操作界面　　B．可将二手数据转换成原始数据
　　　C．录入数据时自动进行校验　D．可根据用户习惯进行智能化检索

试题（13）分析

本题考查信息处理基础知识。

从已有资料上获取的二手数据，再加工处理也不能是原始数据。

参考答案

（13）B

试题（14）

信息系统运行过程中的数据备份工作不包括 __(14)__ 。

（14）A．每天必须对新增加的或更改过的数据进行备份
　　　B．为便于恢复，数据应备份到数据正本所在磁盘
　　　C．为查找更快捷，应定期对数据的索引进行调整
　　　D．应将暂时不用的数据转入档案数据库进行存档

试题（14）分析

本题考查信息处理基础知识。

数据应备份到不同的磁盘或其他介质，一旦原盘损坏，还可以实现恢复。

参考答案

（14）B

试题（15）

与针式打印机和喷墨打印机相比，激光打印机的特点不包括__(15)__。

(15) A. 打印质量高　　B. 打印速度快　　C. 噪声低　　　　D. 价格便宜

试题（15）分析

本题考查计算机基础知识。

与针式打印机和喷墨打印机相比，激光打印机价格更高些。

参考答案

（15）D

试题（16）

__(16)__ 不属于移动终端设备。

(16) A. 台式计算机　　B. 平板电脑　　C. 笔记本电脑　　D. 智能手机

试题（16）分析

本题考查计算机基础知识。

PC（个人计算机、台式计算机）属于桌面机终端设备。

参考答案

（16）A

试题（17）

个人计算机上的 USB 接口通常并不用于连接__(17)__。

(17) A. 键盘　　　　　B. 显示器　　　C. 鼠标　　　　　D. U盘

试题（17）分析

本题考查计算机基础知识。

显示器与主机箱之间的信号线常通过 VGA、DVI 或 HDMI 等接口连接。

参考答案

（17）B

试题（18）

操作系统的资源管理功能不包括__(18)__。

(18) A. CPU 管理　　 B. 存储管理　　C. I/O 设备管理　　D. 数据库管理

试题（18）分析

本题考查计算机基础知识。

操作系统的功能包括数据管理（或文件管理），一般不包括数据库管理。

参考答案

（18）D

试题（19）

Windows 7 系统运行时，用户用鼠标右击某个对象经常会弹出　(19)　。

(19) A．下拉菜单　　　B．快捷菜单　　　C．窗口菜单　　　D．开始菜单

试题（19）分析

本题考查计算机基础知识。

Windows 系统运行时，用户右击某个对象经常会弹出与上下文相关的快捷菜单。

参考答案

(19) B

试题（20）

Windows 7 中的文件命名规则不包括　(20)　。

(20) A．文件名中可以有汉字　　　　　　B．文件名中区分大小写字母
　　　C．文件名中可以有符号"-"　　　　D．文件的扩展名代表文件类型

试题（20）分析

本题考查计算机基础知识。

Windows 中的文件名不区分大小写（例如 AB 与 ab 表示同一个文件）。

参考答案

(20) B

试题（21）

互联网协议第 6 版（IPv6）采用　(21)　位二进制数表示 IP 地址，是 IPv4 地址长度的 4 倍，号称可以为全世界每一粒沙子编上一个网址。

(21) A．32　　　　　B．64　　　　　C．128　　　　　D．256

试题（21）分析

本题考查计算机基础知识。

IPv4 采用 32 位二进制数表示 IP 地址，IPv6 地址长度为 128 位。

参考答案

(21) C

试题（22）

在网络传输介质中，　(22)　是高速、远距离数据传输最重要的传输介质，不受任何外界电磁辐射的干扰。

(22) A．双绞线　　　B．同轴电缆　　　C．光纤　　　D．红外线

试题（22）分析

本题考查计算机基础知识。

光纤是高速、远距离数据传输最重要的传输介质，不受任何外界电磁辐射的干扰。

参考答案

(22) C

试题（23）

计算机网络中，防火墙的功能不包括　(23)　。

(23) A. 防止某个设备的火灾蔓延到其他设备
　　　B. 对网络存取以及访问进行监控和审计
　　　C. 根据安全策略实施访问限制，防止信息外泄
　　　D. 控制网络中不同信任程度区域间传送的数据流

试题（23）分析

本题考查计算机基础知识。

计算机网络中，防火墙是位于内部网络与外部网络之间的网络安全系统。

参考答案

（23）A

试题（24）

在 Windows 7 系统运行时，用户为了获得联机帮助，可以直接按功能键　（24）　。

(24) A．F1　　　　　　B．F2　　　　　　C．F3　　　　　　D．F4

试题（24）分析

本题考查计算机基础知识。

在 Windows 系统运行时，用户按功能键 F1 可以获得联机帮助。

参考答案

（24）A

试题（25）

Windows 7 中可以通过　（25）　设置计算机硬软件的配置，满足个性化的需求。

(25) A．文件系统　　　B．资源管理器　　　C．控制面板　　　D．桌面

试题（25）分析

本题考查计算机基础知识。

这是控制面板的功能。

参考答案

（25）C

试题（26）

台式计算机在设定的等待时间内，如果用户没有进行任何操作，将启动　（26）　。

(26) A．资源管理器　　B．屏幕保护程序　　C．控制面板　　D．文件系统

试题（26）分析

本题考查计算机基础知识。

屏幕保护程序常通过显示不断变化的图形以减少像素显示时的疲劳。

参考答案

（26）B

试题（27）

以下关于机房环境检测与维护的叙述中，不正确的是　（27）　。

(27) A．保证维持合适的室内温度
　　　B．为防止静电干扰，相对湿度不高于 20%

C. 保证空气的洁净度
D. 保证电源电压稳定

试题（27）分析

本题考查计算机基础知识。

机房环境过于干燥会产生静电干扰，损坏电子设备。

参考答案

（27）B

试题（28）

硬件故障可分为"真"故障和"假"故障两种。__(28)__ 属于"假"故障。

(28) A．主机元件电路故障　　　　　　B．机箱内风扇不转
　　　C．键盘有些按键失灵　　　　　　D．内存条没有插紧

试题（28）分析

本题考查计算机基础知识。

内存条没有插紧，只要再插紧点就可以，不属于硬件真故障，不需要更换器件。

参考答案

（28）D

试题（29）

同一台计算机上同时运行多种杀毒软件的结果不包括 __(29)__ 。

(29) A．不同的软件造成冲突　　　　　　B．系统运行速度减慢
　　　C．占用更多的系统资源　　　　　　D．清除病毒更为彻底

试题（29）分析

本题考查计算机基础知识。

同一台计算机上不要同时运行多种杀毒软件。

参考答案

（29）D

试题（30）

计算机软件系统由 __(30)__ 组成。

(30) A．操作系统和语言处理系统　　　　B．数据库软件和管理软件
　　　C．程序和数据　　　　　　　　　　D．系统软件和应用软件

试题（30）分析

本题考查计算机基础知识。

通俗地说，计算机软件由系统软件和应用软件组成。

参考答案

（30）D

试题（31）

Windows 7 属于 __(31)__ 。

(31) A．操作系统　　　B．文字处理系统　　　C．数据库系统　　　D．应用软件

试题（31）分析

本题考查计算机基础知识。

Windows 7 属于操作系统。操作系统是系统软件的核心。

参考答案

（31）A

试题（32）

计算机中的数据是指 __(32)__ 。

(32) A. 数学中的实数
B. 数学中的整数
C. 字符
D. 一组可以记录、可以识别的记号或符号

试题（32）分析

本题考查计算机基础知识。

数据的定义更广泛些，包括数字、文档、图形、图像、视频、音频、动漫等。

参考答案

（32）D

试题（33）

微型计算机的系统总线是 CPU 与其他部件之间传送 __(33)__ 信息的公共通道。

(33) A. 输入、输出、运算 B. 输入、输出、控制
C. 程序、数据、运算 D. 数据、地址、控制

试题（33）分析

本题考查计算机基础知识。

总线（Bus）是一组线，包括数据总线、地址总线和控制总线。

参考答案

（33）D

试题（34）

在 Word 2010 编辑状态下，打开 MyDoc.DOCX 文档，若要把编辑后的文档以文件名"W1.htm"存盘，可以执行"文件"菜单中的 __(34)__ 命令。

(34) A. 保存   B. 另存为   C. 准备   D. 发送

试题（34）分析

本题考查办公软件基础知识。

人们一般用"另存为"命令进行换名保存文件。

参考答案

（34）B

试题（35）

在 Word 2010 中进行"段落设置"，若设置"右缩进 1 厘米"，则其含义是 __(35)__ 。

(35) A. 对应段落的首行右缩进 1 厘米

B．对应段落除首行外，其余行都右缩进 1 厘米
C．对应段落的所有行在右页边距 1 厘米处对齐
D．对应段落的所有行都右缩进 1 厘米

试题（35）分析

本题考查计算机基础知识。

段落设置中的右缩进意味着段落的首行右缩进。

参考答案

（35）A

试题（36）

在 Word 2010 窗口的编辑区，闪烁的一条竖线表示__（36）__。

（36）A．鼠标图标　　　B．光标位置　　　C．拼写错误　　　D．按钮位置

试题（36）分析

本题考查办公软件基础知识。

编辑区内闪烁的一条竖线表示当前光标位置，输入的内容将插入这里。

参考答案

（36）B

试题（37）

若 Word 2010 菜单命令右边有"…"符号，表示__（37）__。

（37）A．该命令不能执行　　　　　B．单击该命令后，会弹出一个"对话框"
　　　 C．该命令已执行　　　　　　D．该命令后有级联菜单

试题（37）分析

本题考查办公软件基础知识。

菜单命令右边的"…"符号表示将弹出对话框要求输入进一步的信息。

参考答案

（37）B

试题（38）

在 Word 2010 中，__（38）__内容在普通视图下可看到。

（38）A．文档　　　　B．页脚　　　　C．自选图形　　　　D．页眉

试题（38）分析

本题考查办公软件基础知识。

后面三个选项的内容可在页面视图下看到。

参考答案

（38）A

试题（39）

在 Word 2010 中，下列关于文档窗口的叙述，正确的是__（39）__。

（39）A．只能打开一个文档窗口
　　　 B．可以同时打开多个文档窗口，被打开的窗口都是活动窗口

C. 可以同时打开多个文档窗口，但其中只有一个是活动窗口
D. 可以同时打开多个文档窗口，但在屏幕上只能见到一个文档窗口

试题（39）分析

本题考查办公软件基础知识。

目前的办公软件一般都能同时打开多个文档窗口，但只有一个是当前活动窗口。

参考答案

（39）C

试题（40）

在 WPS 文字的"字体"对话框中，不能设置的字符格式是__(40)__。

（40）A. 更改颜色　　B. 字符大小　　C. 加删除线　　D. 三维效果

试题（40）分析

本题考查办公软件基础知识。

字体对话框中可以选择字体种类、字号、字形、颜色、下画线、删除线、上下标等。

参考答案

（40）D

试题（41）

在 WPS 文字中，由"字体""字号""粗体""斜体""两端对齐"等按钮组成的工具栏是__(41)__。

（41）A. 绘图工具栏　　B. 常用工具栏　　C. 格式工具栏　　D. 菜单栏

试题（41）分析

本题考查办公软件基础知识。

格式工具栏以图标形式列出了这些编辑字符的各种格式。

参考答案

（41）C

试题（42）

下列关于 Excel 2010 的叙述中，不正确的是__(42)__。

（42）A. Excel 2010 是表格处理软件
　　　B. Excel 2010 不具有数据库管理能力
　　　C. Excel 2010 具有报表编辑、分析数据、图表处理、连接及合并等能力
　　　D. 在 Excel 2010 中可以利用宏功能简化操作

试题（42）分析

本题考查办公软件基础知识。

Excel 具有基本的数据分析处理和数据管理能力，尚不具备数据库功能。

参考答案

（42）B

试题（43）

在 WPS 表格中，若单元格中出现"#DIV/0!"，则表示__(43)__。

(43) A．没有可用数值　　　　　　　B．结果太长，单元格容纳不下
　　　C．公式中出现除零错误　　　　D．单元格引用无效

试题（43）分析

本题考查办公软件基础知识。

DIV/0 表示除以 0，#表示警示出错。

参考答案

（43）C

试题（44）

在 Excel 2010 中，C3:C7 单元格中的值分别为 10、OK、20、YES 和 48，在 D7 单元格中输入函数"=COUNT(C3:C7)"，按回车键后，D7 单元格中显示的值为___(44)___。

(44) A．1　　　　B．2　　　　C．3　　　　D．5

试题（44）分析

本题考查办公软件基础知识。

函数 COUNT(C3:C7)表示从 C3 到 C7 单元格中由多少个数值型数据。

参考答案

（44）C

试题（45）

在 Excel 2010 中，A1 单元格的值为 18，在 A2 单元格中输入公式"=IF(A1>20,"优",IF(A1>10,"良","差"))"，按回车键后，A2 单元格中显示的值为___(45)___。

(45) A．优　　　　B．良　　　　C．差　　　　D．#NAME？

试题（45）分析

本题考查办公软件基础知识。

IF(A1>20,"优",IF(A1>10,"良","差"))执行时，由于 A1=18，A1>20 为假，所以执行 IF(A1>10,"良","差")。此时 A1>10 为真，所以取值为良。

参考答案

（45）B

试题（46）

在 Excel 2010 中，若要计算出 B3:E6 区域内的数据的最大值并保存在 B7 单元格中，应在 B7 单元格中输入___(46)___。

(46) A．=MIN(B3:E6)　　　　　B．=MAX(B3:E6)
　　　C．=COUNT(B3:E6)　　　D．=SUM(B3:E6)

试题（46）分析

本题考查办公软件基础知识。

函数 MAX(B3:E6)表示在区域 B3:E6 中的最大值。

参考答案

（46）B

试题（47）

在 Excel 2010 中，若 A1 单元格中的值为 5，在 B2 和 C2 单元格中分别输入="A1"+8 和 =A1+8，则___（47）___。

（47）A．B2 单元格中显示 5，C2 单元格中显示 8
　　　B．B2 和 C2 单元格中均显示 13
　　　C．B2 单元格中显示#VALUE!，C2 单元格中显示 13
　　　D．B2 单元格中显示 13，C2 单元格中显示#VALUE!

试题（47）分析

本题考查办公软件基础知识。

B2 单元格中的"A1"+8 表示字符串 A1 与数值 8 相加，这是没有意义的。#VALUE! 表示取值出错告警。C2 单元格中的"=A1+8"表示将 A1 中的数值 5 与 8 相加后的 13 存入该单元格。

参考答案

（47）C

试题（48）

在 Excel 2010 的 A1 单元格中输入函数 "=ABS(ROUND(–1.478，2))"，按回车键后，A1 单元格中的值为___（48）___。

（48）A．–1.478　　　B．1.48　　　C．–1.48　　　D．1.5

试题（48）分析

本题考查办公软件基础知识。

函数 ROUND(–1.478，2)表示将数据–1.478 取 2 位小数并舍入，得到–1.48。函数 ABS 表示取绝对值。

参考答案

（48）B

试题（49）

为在 Excel 2010 的 A1 单元格中生成一个 60 到 100 之间的随机数，则应在 A1 单元格中输入___（49）___。

（49）A．=RAND()*(100–60)+60　　　B．=RAND()*(100–60)+40
　　　C．=RAND()*(100–60)　　　　 D．=RAND(100)

试题（49）分析

本题考查办公软件基础知识。

RAND()表示 0 到 1 之间的一个随机数，RAND()*(100–60)表示 0 到 40 之间的一个随机数，RAND()*(100–60)+60 表示 60 到 100 之间的一个随机数。

参考答案

（49）A

试题（50）

在 Excel 2010 的 A1 单元格中输入函数 "=IF(1<>2,1,2)"，按回车键后，A1 单元格中的值为___（50）___。

(50) A．TRUE　　　B．FALSE　　　C．1　　　D．2

试题（50）分析

本题考查办公软件基础知识。

IF(1<>2,1,2)执行后，由于 1 不等于 2，所以 1<>2 为真，结果取值 1。

参考答案

(50) C

试题（51）

若在 Excel 2010 的 A2 单元格中输入"=POWER(MIN(–2, –1,1,2),3)"，按回车键后，A2 单元格中显示的值为___(51)___。

(51) A．–1　　　B．–8　　　C．1　　　D．4

试题（51）分析

本题考查办公软件基础知识。

函数 MIN(–2, –1,1,2)表示取其中的最小值–2，POWER(–2,3)表示取值(–2)^3 即 8。

参考答案

(51) B

试题（52）

在 PowerPoint 2010 中，幻灯片___(52)___是一张特殊的幻灯片，包含已设定格式的占位符。这些占位符是为标题、主要文本和所有幻灯片中出现的背景项目而设置的。

(52) A．模板　　　B．母版　　　C．版式　　　D．样式

试题（52）分析

本题考查办公软件基础知识。

幻灯片母版设定了各幻灯片标题、文本、背景等格式。

参考答案

(52) B

试题（53）

在 PowerPoint 2010 中，将一张幻灯片中的图片及文本框设置成一致的动画显示效果后，___(53)___。

(53) A．图片有动画效果，文本框没有动画效果
　　　B．图片没有动画效果，文本框有动画效果
　　　C．图片有动画效果，文本框也有动画效果
　　　D．图片没有动画效果，文本框也没有动画效果

试题（53）分析

本题考查办公软件基础知识。

可以为幻灯片的图片和文本框设置一致的动画效果。

参考答案

(53) C

试题（54）

某一个 PPTX 文档，共有 8 张幻灯片，现选中第 4 张幻灯片，进行改变幻灯片背景设置后，单击"应用"按钮，则　(54)　。

(54) A．第 4 张幻灯片的背景被改变

B．从第 4 张到第 8 张的幻灯片背景都被改变

C．从第 1 张到第 4 张的幻灯片背景都被改变

D．除第 4 张外的其他 7 张幻灯片背景都被改变

试题（54）分析

本题考查办公软件基础知识。

单独选中一张幻灯片，设置背景并单击"应用"后，只对该幻灯片起作用。

参考答案

(54) A

试题（55）

下列关于索引的叙述中，正确的是　(55)　。

(55) A．同一个表可以有多个唯一索引，且只能有一个主索引

B．同一个表只能有一个唯一索引，且只能有一个主索引

C．同一个表可以有多个唯一索引，且可以有多个主索引

D．同一个表只能有一个唯一索引，且可以有多个主索引

试题（55）分析

本题考查办公软件基础知识。

对同一张数据表，可以建多个索引，但只能有一个主索引。

参考答案

(55) A

试题（56）

要在数据库表中查找年龄超过 40 岁的女性，应使用　(56)　运算。

(56) A．联接　　　B．关系　　　C．选择　　　D．投影

试题（56）分析

本题考查办公软件基础知识。

在数据库表中，选择"操作"意味着根据某些条件选出若干个记录。

参考答案

(56) C

试题（57）

如果表 A 和表 B 中有公共字段，且该字段在表 B 中称为主键，则该字段在表 A 中称为　(57)　。

(57) A．主键　　　B．外键　　　C．属性　　　D．域

试题（57）分析

本题考查办公软件基础知识。

这是外键的定义。

参考答案

（57）B

试题（58）

HTTP 是__(58)__。

（58）A．高级程序设计语言　　B．超文本传输协议
　　　C．域名　　　　　　　　D．网址超文本传输协议

试题（58）分析

本题考查计算机基础知识。

HTTP 是超文本传输协议。

参考答案

（58）B

试题（59）

__(59)__ 不属于云计算的特点。

（59）A．按需服务　　B．虚拟化　　C．私有化　　D．按使用资源付费

试题（59）分析

本题考查计算机基础知识。

云计算的特点是将计算能力集中到集群的服务器，客户通过虚拟化按需获得所需的资源服务，并根据使用的资源付费。

参考答案

（59）C

试题（60）

信息系统的安全环节很多，其中最薄弱的环节是__(60)__，最需要在这方面加强安全措施。

（60）A．硬件　　B．软件　　C．数据　　D．人

试题（60）分析

本题考查信息安全基础知识。

安全措施七份管理三份技术，就是说针对人的措施更重要。

参考答案

（60）D

试题（61）

__(61)__ 不属于信息安全技术。

（61）A．加密/解密　　　　B．入侵检测/查杀病毒
　　　C．压缩/解压　　　　D．指纹识别/存取控制

试题（61）分析

本题考查信息安全基础知识。

压缩/解压的目的是为了减少存储量和传输量，公开的，没有安全功能。

第 19 章 2018 下半年信息处理技术员上午试题分析与解答

参考答案

（61）C

试题（62）

在使用计算机的过程中应增强的安全意识中不包括__(62)__。

(62) A．密码最好用随机的六位数字
　　 B．不要点击打开来历不明的链接
　　 C．重要的数据文件要及时备份
　　 D．不要访问吸引人的非法网站

试题（62）分析

本题考查信息安全基础知识。

密码最好用自己方便记忆而他人难于猜出的字母数字组合，长度适当。

参考答案

（62）A

试题（63）

标准化的作用不包括__(63)__。

(63) A．项目各阶段工作有效衔接　　　B．提高项目管理的整体水平
　　 C．保障系统建设科学的预期　　　D．充分发挥各成员的创造性

试题（63）分析

本题考查法律法规基础知识。

标准化没有强调成员创造而是强调成员遵循。

参考答案

（63）D

试题（64）

《信息安全技术云计算服务安全指南》（GB/T 31167-2014）属于__(64)__。

(64) A．国际标准　　　B．国家强制标准　　　C．国家推荐标准　　　D．行业标准

试题（64）分析

本题考查法律法规基础知识。

标准的编号中，GB 表示国标（国家标准），T 表示推荐。

参考答案

（64）C

试题（65）

某商场统计了每个月的销售总额，坚持了多年。每次公布上月销售额时，还都采用同比和环比概念与历史数据进行对比。以下叙述中，正确的是__(65)__。

(65) A．今年 9 月的销售额与去年 9 月相比的增长率，属于环比
　　 B．今年 9 月的销售额与今年 8 月相比的增长率，属于同比
　　 C．环比体现了较短期的趋势，同比体现了较长期的趋势
　　 D．同比往往受旺季和淡季影响而失去比较意义

试题（65）分析

本题考查信息处理实务基础知识。

环比是与紧前上期相比，体现了较短期的趋势；同比是与去年同期相比，体现了较长期的趋势。

参考答案

（65）C

试题（66）

某学校起草的对信息化教学资源的格式要求中，__（66）__有错误。

（66）A．文本素材使用 Word、Excel 或 PDF 格式

B．彩色图像采用真彩色（8 位色）

C．音频采用 MP3 格式，视频采用 FLV 或 MP4 格式

D．动画采用 GIF 或 Flash 格式

试题（66）分析

本题考查信息处理实务基础知识。

真彩色是用二进制 24 位信息表示的颜色。

参考答案

（66）B

试题（67）

某企业要求将各销售部门上月的销售额制作成图表。__（67）__能直观形象地体现各销售部门的业绩以及在企业总销售额中的比例。

（67）A．饼图　　　　B．折线图　　　　C．条形图　　　　D．直方图

试题（67）分析

本题考查信息处理实务基础知识。

圆饼图体现了各个部分在总体中的占比。

参考答案

（67）A

试题（68）

下图是某国多年来统计的出生人数和死亡人数曲线图。从图中看出，该国从__（68）__年以后，死亡人数超过了出生人数，出现了人口危机。

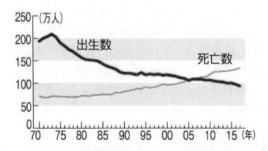

（68）A．1970　　　　B．1973　　　　C．2003　　　　D．2008

试题（68）分析

本题考查信息处理实务基础知识。

图中横坐标是年份，纵坐标是人数。从 2008 年开始死亡人数超过了出生人数。

参考答案

（68）D

试题（69）

根据某机构的统计与推测，我国人口中男性和女性各个年龄段的百分比如下图。根据该图，以下叙述中正确的是__（69）__。

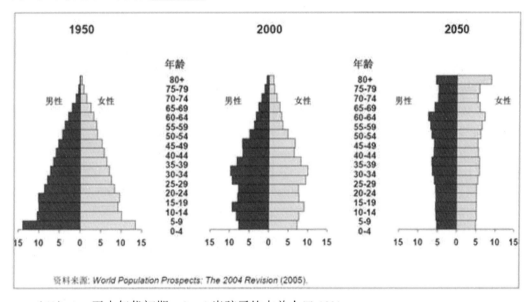

(69) A．五十年代初期，0～4 岁孩子约占总人口 13%

　　 B．本世纪初，我国三十多岁青年约占总人口 20%

　　 C．本世纪中期，我国 0～4 岁孩子占比将降到 5%

　　 D．本世纪中期，我国 80 岁以上的女性将占 10%

试题（69）分析

本题考查信息处理实务基础知识。

从图中看出，1950 年，0～4 岁男女孩子各占总人口 13%，因此，0～4 岁孩子约占总人口 26%。2000 年，30～34 岁和 35～39 岁男女青年各占 10%左右，所以，三十多岁的青年占总人口 40%左右。2050 年，0～4 岁男女孩子将各占 5%。到 2050 年，80 岁以上女性将占 10%，男性将占 5%左右。

参考答案

（69）D

试题（70）

信息处理技术员需要具备的技能中，一般不包括__（70）__。

（70）A．能利用有关的数据处理软件来处理和展现数据
　　　 B．对数据有较强的敏感度，能及时发现一些问题
　　　 C．能利用有关的程序语言编写数据分析处理程序
　　　 D．能从业务角度向领导解释数据分析处理的结果

试题（70）分析

本题考查信息处理实务基础知识。
编写数据分析处理程序是对程序员的技能要求。

参考答案

（70）C

试题（71）

　　__(71)__ is very fast storage used to hold data. It connects directly to the microprocessor.
（71）A．CPU　　　　　B．Memory　　　　C．Disk　　　　D．I/O device

参考译文

主存是非常快速的存储器，用于保存数据。它直接与微处理器相连接。

参考答案

（71）B

试题（72）

　　__(72)__ is the basic software that allows the user to interface with the computer.
（72）A．Display　　　　　　　　　　B．Application
　　　 C．Screen　　　　　　　　　　 D．Operating System

参考译文

操作系统是基础软件，使用户能与计算机进行交互。

参考答案

（72）D

试题（73）

　　A __(73)__ is a copy of a file for use in the event of failure or loss of the original.
（73）A．second storage　　B．buffer　　　C．backup　　　D．database

参考译文

备份是文件的拷贝，在原件损坏或丢失时使用。

参考答案

（73）C

试题（74）

When you move the mouse pointer to a __(74)__, the pointer's shape usually changes to a pointing hand.
（74）A．hyperlink　　　　　　　　　 B．selected text
　　　 C．selected graphic　　　　　 D．web page

参考译文

将鼠标指针移到超链接处时，指针的形状通常会变成手形。

参考答案

（74）A

试题（75）

Web pages are viewed with ___（75）___.

（75）A．application　　　　B．browser　　　　C．OS　　　　D．DBMS

参考译文

网页可用浏览器来浏览。

参考答案

（75）B

第 20 章 2018 下半年信息处理技术员上机考试试题分析与解答

试题一（15 分）

利用系统提供的素材，按题目要求完成后，用 Word 的保存功能直接存盘。

PM2.5

PM2.5，中文名称为细颗粒物，指环境空气中直径小于等于 2.5 微米的颗粒物，也称可入肺颗粒物。它能较长时间悬浮于空气中，其在空气中含量（浓度）越高，就代表空气污染越严重。虽然 PM2.5 只是地球大气成分中含量很少的组分，但它对空气质量和能见度等有重要的影响。与较粗的大气颗粒物相比，PM2.5 粒径小，活性强，易附带有毒、有害物质（例如，重金属、微生物等），且在大气中的停留时间长、输送距离远，因而对人体健康和大气环境质量的影响更大。

要求：

1. 将标题设置为黑体、加粗、一号，水平居中对齐，段前 0.5 行，段后 0.5 行。
2. 将文中所有的"颗粒物"设置为深红、加粗。
3. 将页边距设置为上、下 2.5 厘米；左右 2.2 厘米；纸张大小为自定义（21 厘米×29 厘米）。
4. 为文档插入页眉，内容为"细颗粒物"，水平居中对齐；
5. 在正文第一自然段后另起行录入第二段文字：

2013 年 2 月，全国科学技术名词审定委员会将 PM2.5 的中文名称命名为细颗粒物。细颗粒物的化学成分主要包括有机碳、元素碳、硝酸盐、硫酸盐、铵盐、钠盐等。

试题一分析

【考查目的】

- 文字录入及编排；
- 开始菜单的使用；
- 页面布局菜单的使用；
- 插入菜单的使用。

【要点分析】

本题要点：文档字体设置、页面设置、文字录入、页眉设置。

【操作的关键步骤】

（1）文档格式。选定文档对象，通过"开始"菜单下的"字体"命令，进行文档格式设置。

（2）页面设置。通过"页面布局"菜单下的"页面设置"命令进行设置。

（3）页眉设置。通过"插入"菜单下的"页眉"命令进行设置。

参考答案

细颗粒物

PM2.5

  PM2.5，中文名称为细颗粒物，指环境空气中直径小于等于 2.5 微米的颗粒物，也称可入肺颗粒物。它能较长时间悬浮于空气中，其在空气中含量（浓度）越高，就代表空气污染越严重。虽然 PM2.5 只是地球大气成分中含量很少，但它对空气质量和能见度等有重要的影响。与较粗的大气颗粒物相比，PM2.5 粒径小，活性强，易附带有毒、有害物质（例如，重金属、微生物等），且在大气中的停留时间长、输送距离远，因而对人体健康和大气环境质量的影响更大。

  2013 年 2 月，全国科学技术名词审定委员会将 PM2.5 的中文名命名为细颗粒物。细颗粒物的化学成分主要包括有机碳、元素碳、硝酸盐、硫酸盐、铵盐、钠盐等。

试题二（15 分）

  用 Word 软件制作如图示的个人简历。按题目要求完成后，用 Word 的保存功能直接存盘。

个人简历

姓名		性别		出生年月		
民族		政治面貌		身高		
学制		学历		户籍		
专业		毕业学校				
个人技能						
外语等级		计算机				
个人履历						
时间	单位		经历			
联系方式						
通讯地址			邮编			
E-mail			联系电话			
自我评价						

要求：
1. 利用相关工具绘制如图示的个人简历。
2. 将标题设置为宋体、二号、加粗、居中；其他文字设置为宋体、五号。

试题二分析
【考查目的】
- 文字设置和编排；
- 绘制表格。

【要点分析】
本题要点：绘制表格、字体设置、录入文字并进行编排。

【操作的关键步骤】
（1）文字编排。使用"开始"菜单下的"字体"命令，进行字号、字体的设置。
（2）表格菜单的使用。使用"插入"菜单下的"表格"命令绘制表格。

参考答案

个人简历

姓名		性别		出生年月		
民族		政治面貌		身高		
学制		学历		户籍		
专业		毕业学校				
个人技能							
外语等级		计算机				
个人履历							
时间	单位		经历			
联系方式							
通讯地址			邮编			
E-mail			联系电话			
自我评价							

试题三（15 分）

在 Excel 的 Sheet1 工作表的 A1:F12 单元格区域内创建"体育测试跳远成绩表"（内容如下图所示）。按题目要求完成之后，用 Excel 的保存功能直接存盘。（表格没创建在指定区域将不得分）

	A	B	C	D	E	F
1	体育测试跳远成绩表（单位：米）					
2	姓名	第一跳	第二跳	第三跳	最终成绩	是否合格
3	高秋刚	1.85	1.91	1.98		
4	韩永军	1.9	2.01	2.01		
5	霍军	1.88	1.98	2.01		
6	李文良	2.14	2.08	2.06		
7	庞小瑞	1.98	2.01	2.06		
8	杨海茹	1.85	1.91	1.89		
9	张金海	1.95	1.97	1.96		
10	张金科	2.02	2.05	2.08		
11	最高成绩					
12	合格率					

要求：
1. 表格要有可视的边框，并将标题文字设置为宋体、16 磅、居中。
2. 用 MAX 函数计算每名选手的最终成绩（三次跳远中最好的成绩），将计算结果填入对应单元格中。
3. 用 IF 函数计算选手是否合格，有一次成绩达到 2 米以上即在对应的单元格中显示"合格"，否则显示"不合格"。
4. 用 MAX 函数计算最终成绩中的最高成绩，将计算结果填入对应单元格中。
5. 用 COUNTIF 和 COUNTA 函数计算合格率，以百分比形式表示，保留两位有效数字，将计算结果填入对应单元格中。

试题三分析
【考查目的】
- 用 Excel 创建工作表；
- 单元格格式设置；
- 函数计算。

【要点分析】
本题要点：文字的编排（包括字体、字号等）、单元格格式设置、函数计算。

【操作的关键步骤】
（1）文字的编排。使用"开始"菜单下的"字体"命令进行设置。
（2）函数计算。高秋刚最终成绩计算函数为："=MAX(B3:D3)"，是否合格计算函数为："=IF(E3>2,"合格","不合格")"；最高成绩计算函数为："=MAX(E3:E10)"，合格率计算函数为"=COUNTIF(F3:F10,"合格")/COUNTA(F3:F10)"。

参考答案

	A	B	C	D	E	F
1	体育测试跳远成绩表（单位：米）					
2	姓名	第一跳	第二跳	第三跳	最终成绩	是否合格
3	高秋刚	1.85	1.91	1.98	1.98	不合格
4	韩永军	1.9	2.01	2.01	2.01	合格
5	霍军	1.88	1.98	2.01	2.01	合格
6	李文良	2.14	2.08	2.06	2.14	合格
7	庞小瑞	1.98	2.01	2.06	2.06	合格
8	杨海茹	1.85	1.91	1.89	1.91	不合格
9	张金海	1.95	1.97	1.96	1.97	不合格
10	张金科	2.02	2.05	2.08	2.08	合格
11	最高成绩	2.14				
12	合格率	63%				

试题四（15分）

利用系统提供的资料，按照题目要求，用 PowerPoint 制作演示文稿，完成后用 PowerPoint 的保存功能直接存盘。

幻灯片文字资料：

1. 热烈祝贺中国共产党第十九次全国代表大会隆重开幕。

2. 大会的主题是：不忘初心，牢记使命，高举中国特色社会主义伟大旗帜，决胜全面建成小康社会，夺取新时代中国特色社会主义伟大胜利，为实现中华民族伟大复兴的中国梦不懈奋斗。

习近平强调，不忘初心，方得始终。中国共产党人的初心和使命，就是为中国人民谋幸福，为中华民族谋复兴。全党同志一定要永远与人民同呼吸、共命运、心连心，永远把人民对美好生活的向往作为奋斗目标，以永不懈怠的精神状态和一往无前的奋斗姿态，继续朝着实现中华民族伟大复兴的宏伟目标奋勇前进。

要求：

1. 第一张幻灯片版式为"仅标题"，标题内容为"文字资料1"的内容，设置文字为40磅、仿宋、红色、居中；设置标题占位符在幻灯片上的位置为垂直5.0厘米；

2. 第二张幻灯片版式为"两栏内容"，两栏内容分别为"幻灯片文字资料2"的两段内容，字体设置为24磅、仿宋、黑色；

3. 演示文稿应用"龙腾四海"主题，并插入"幻灯片编号"；

4. 第一张幻灯片的标题设置自定义动画，进入效果为"百叶窗"，方向为"垂直"，速度为"中速"；

5. 第二张幻灯片设置切换效果为"向右擦除"，切换速度为"中速"。

试题四分析
【考查目的】

用 PowerPoint 模板制作演示文稿并对文稿进行"动画效果"设置等。

【要点分析】
本题要点：PowerPoint 的基本操作。

【操作的关键步骤】
（1）熟悉 PowerPoint 的基本操作。
（2）应用"开始"菜单下的"字体"命令设置字体、字号等。
（3）应用"动画"菜单下的"动画"命令进行动画设置。
（4）应用"插入"菜单下的"文本框"命令进行分栏设置。

参考答案

> 热烈祝贺中国共产党第十九次全国代表大会隆重开幕。

> 大会的主题是：不忘初心，牢记使命，高举中国特色社会主义伟大旗帜，决胜全面建成小康社会，夺取新时代中国特色社会主义伟大胜利，为实现中华民族伟大复兴的中国梦不懈奋斗。
>
> 习近平强调，不忘初心，方得始终。中国共产党人的初心和使命，就是为中国人民谋幸福，为中华民族谋复兴。全党同志一定要永远与人民同呼吸、共命运、心连心，永远把人民对美好生活的向往作为奋斗目标，以永不懈怠的精神状态和一往无前的奋斗姿态，继续朝着实现中华民族伟大复兴的宏伟目标奋勇前进。

试题五（15分）

在 Excel 的 Sheet1 工作表的 A1:F12 单元格区域内创建"学生成绩表"（内容如下图所示）。按题目要求完成后，用 Excel 的保存功能直接存盘。（表格没创建在指定区域将不得分）

	A	B	C	D	E	F
1	学生期末考试成绩表					
2	学号	语文	数学	英语	平均成绩	等级评定
3	20180101	98	92	87		
4	20180102	89	84	87		
5	20180103	98	69	90		
6	20180104	78	78	69		
7	20180105	99	48	45		
8	20180106	66	78	40		
9	20180107	59	60	68		
10	20180108	55	40	80		
11	最高分					
12	及格率					

要求：

1. 表格要有可视的边框，并将标题文字设置为宋体、16磅、居中。

2. 用 AVERAGE 函数计算每名学生的平均成绩，保留1位小数，将计算结果填入对应单元格中。

3. 用 MAX 函数计算各科目的最高分，将计算结果填入对应单元格中。

4. 用 COUNTIF 和 COUNT 函数计算各科目的及格率，其中每名学生该学科成绩大于等于60为及格，将计算结果填入对应单元格中。

5. 在相应单元格内用 IF 函数计算每名学生的等级评定：平均成绩大于等于85为优，大于等于60为良，否则为差。

试题五分析

【考查目的】

- 用 Excel 创建工作表；
- 单元格格式设置；
- 函数计算。

【要点分析】

本题要点：文字的编排（包括字体、字号等）、单元格格式设置、函数计算。

【操作的关键步骤】

（1）文字的编排。使用"开始"菜单下的"字体"命令进行设置。

（2）函数计算。编号为20180101平均成绩计算函数为："=AVERAGE(B3:D3)"，等级评定计算函数为："=IF(E3>=85,"优",IF(E3>=60,"良","差"))"；语文最高分计算函数为："=MAX(B3:B10)"；及格率计算函数为"=COUNTIF(B3:B10,">=60")/COUNT(B3:B10)"。

参考答案

	A	B	C	D	E	F
1	学生期末考试成绩表					
2	学号	语文	数学	英语	平均成绩	等级评定
3	20180101	98	92	87	92.3	优
4	20180102	89	84	87	86.7	优
5	20180103	98	69	90	85.7	优
6	20180104	78	78	69	75.0	良
7	20180105	99	48	45	64.0	良
8	20180106	66	78	40	61.3	良
9	20180107	59	60	68	62.3	良
10	20180108	55	40	80	58.3	差
11	最高分	99	92	90		
12	及格率	0.75	0.75	0.75		

第21章 2019上半年信息处理技术员上午试题分析与解答

试题（1）

以下应用除___(1)___外都是 ABC 技术（人工智能-大数据-云计算）的典型应用。

(1) A．公共场合通过人脸识别发现通缉的逃犯
　　B．汽车上能选择最优道路的自动驾驶系统
　　C．通过条件查询在数据库中查找所需数据
　　D．机器人担任客服，回答客户咨询的问题

试题（1）分析

本题考查信息和信息技术基本概念。

人脸识别、自动驾驶和机器人客服都需要大数据做基础，前端感知图像或语音，送到云端进行处理，智能识别图像和语音。在数据库中通过条件查询属于传统的技术。

参考答案

(1) C

试题（2）

企业数字化转型是指企业在数字经济环境下，利用数字化技术和能力实现业务的转型、创新和增长。企业数字化转型的措施不包括___(2)___。

(2) A．研究开发新的数字化产品和服务　　B．创新客户体验，提高客户满意度
　　C．重塑供应链和分销链，去中介化　　D．按不断增长的数字指标组织生产

试题（2）分析

本题考查信息和信息技术基本概念。

企业数字化是现阶段企业信息化的主要措施，不是按数字指标组织生产。

参考答案

(2) D

试题（3）

企业上云就是企业采用云计算模式部署信息系统。企业上云已成为企业发展的潮流，其优势不包括___(3)___。

(3) A．将企业的全部数据、科研和技术都放到网上，以利共享
　　B．全面优化业务流程，加速培育新产品、新模式、新业态
　　C．从软件、平台、网络等各方面，加快两化深度融合步伐
　　D．有效整合优化资源，重塑生产组织方式，实现协同创新

试题（3）分析

本题考查信息和信息技术基本概念。

企业不能将自己的全部数据、科研成果与竞争企业共享。

参考答案

（3）A

试题（4）

将四个元素 a,b,c,d 分成非空的两组，不计组内顺序和组间顺序，共有 __(4)__ 种分组方法。

（4）A．6　　　　　B．7　　　　　C．8　　　　　D．12

试题（4）分析

本题考查初等数学应用知识。

四个元素 a，b，c，d 分成非空的两组，不计组内顺序和组间顺序，共有七组：（a，bcd），（b，acd），（c，abd），（d，abc），（ab，cd），（ac，bd），（ad，bc）。

参考答案

（4）B

试题（5）

某企业去年四次核查的钢材库存量情况如下表：

日期	1月1日	4月30日	9月1日	12月31日
库存量（吨）	22	24	19	18

用加权平均法计算出该企业去年钢材平均库存量为 __(5)__ 吨（中间各次核查数据的权都取 1，首次与末次核查数据的权都取 0.5）。

（5）A．20.5　　　　B．20.75　　　　C．21.0　　　　D．21.5

试题（5）分析

本题考查初等数学应用知识。

对 22、24、19、18 分别按权 0.5、1、1、0.5 加权平均得（0.5×22+1×24+1×19+0.5×18）/（0.5+1+1+0.5）=21。

参考答案

（5）C

试题（6）

某地区去年粮食产量资料如下表：

粮食种类	产量/万吨	占比
稻谷	1800	36%
小麦		30%
薯类		
其他	500	

根据该表可以推算出，该地区去年薯类的产量为 __(6)__ 万吨。

（6）A．1000　　　　B．1200　　　　C．1250　　　　D．1500

试题（6）分析

本题考查初等数学应用知识。

该地区的粮食总产量为 1800 万吨/36%=5000 万吨。小麦产量为 5000 万吨×30%=1500 万吨。薯类产量为（5000–1800–1500–500）万吨=1200 万吨。

参考答案

（6）B

试题（7）

数据属性有三大类：业务属性、技术属性（与技术实现相关的属性）和管理属性。以下属性中，__(7)__ 属于业务属性。

（7）A．数据来源　　　B．数据格式　　　C．数据类型　　　D．颁布日期

试题（7）分析

本题考查信息处理基础知识。

数据来源与业务密切相关，数据格式和数据类型属于技术属性，颁布日期属于管理属性。

参考答案

（7）A

试题（8）

电子商务网站上可以收集到大量客户的基础数据、交易数据和行为数据。以下数据中，__(8)__ 属于基础数据。

（8）A．会员信息　　　B．支付偏好　　　C．消费途径　　　D．消费习惯

试题（8）分析

本题考查信息处理基础知识。

会员注册时登录的信息属于基础数据，支付偏好和消费习惯属于行为数据，消费途径以及消费金额属于交易数据。

参考答案

（8）A

试题（9）

企业的数据资产不包括__(9)__。

（9）A．设备的运行数据　　　　　　B．经营管理数据
　　　C．上级的政策文件　　　　　　D．客户服务数据

试题（9）分析

本题考查信息处理基础知识。

上级政策文件是政府机构的数据资源，不属于企业资产。

参考答案

（9）C

试题（10）

为支持各级管理决策，信息处理部门提供的数据不能过于简化，也不能过于烦琐，不要提供大量不相关的数据。这是信息处理的__(10)__要求。

（10）A．准确性　　　B．适用性　　　C．经济性　　　D．安全性

试题（10）分析

本题考查信息处理基础知识。

信息处理需要适用的数据，不要过于简化或过于烦琐，不要不相关的数据。

参考答案

（10）B

试题（11）

企业信息化总体架构的核心部分包括业务架构、信息架构、应用架构和技术架构四个部分，其中面向最终用户的是__（11）__。

（11）A．业务架构　　B．信息架构　　C．应用架构　　D．技术架构

试题（11）分析

本题考查信息处理基础知识。

最终用户是从业务角度看待系统的，开发人员、研究人员则需要从信息架构、应用架构和技术架构来看待系统。

参考答案

（11）A

试题（12）

数据分析经常需要把复杂的数据分组，并选取代表，将大量数据压缩或合并得到一个较小的数据集。这个过程称为__（12）__。

（12）A．数据清洗　　B．数据精简　　C．数据探索　　D．数据治理

试题（12）分析

本题考查信息处理基础知识。

数据精简就是指把庞大的、复杂的数据集分组并选取代表，将大量数据压缩或合并得到一个较小的数据集。

参考答案

（12）B

试题（13）

处理海量数据时，删除重复数据的作用不包括__（13）__。

（13）A．加快数据检索　　　　　　B．提升存储空间利用率
　　　C．防止数据泄露　　　　　　D．降低存储扩展的成本

试题（13）分析

本题考查信息处理基础知识。

删除重复数据与防止数据泄露不相关。

参考答案

（13）C

试题（14）

企业建立生产和库存管理系统的目的不包括__（14）__。

（14）A．提高生产效率并降低成本　　　B．改进产品并提高服务质量

C．改进决策过程提高竞争力　　　　D．向社会展示企业新的形象

试题（14）分析

本题考查信息处理基础知识。

展示企业形象不是目的，而是管理系统建设的效果之一。

参考答案

（14）D

试题（15）

火车站供旅客使用的终端属于__（15）__。

（15）A．PC 终端　　　B．移动终端　　　C．自助终端　　　D．物联终端

试题（15）分析

本题考查计算机基础知识。

火车站常见订票、查询、取票等自助终端机，方便旅客。

参考答案

（15）C

试题（16）

微处理器的性能指标不包括__（16）__。

（16）A．主频　　　B．字长　　　C．存取周期　　　D．Cache 容量

试题（16）分析

本题考查计算机基础知识。

存取周期是主存的性能指标。

参考答案

（16）C

试题（17）

显示器尺寸（如17英寸）指的是显示器__（17）__。

（17）A．外框宽度　　　　　　　　　B．屏幕宽度
　　　　C．屏幕高度　　　　　　　　　D．屏幕对角线长度

试题（17）分析

本题考查计算机基础知识。

按国际标准，显示器尺寸按屏幕对角线长度度量。

参考答案

（17）D

试题（18）

自动驾驶系统属于__（18）__软件。

（18）A．信息管理与服务　　　　　　B．辅助设计
　　　　C．实时控制　　　　　　　　　D．语言翻译

试题（18）分析

本题考查计算机基础知识。

按应用软件的分类,自动驾驶系统属于实时控制软件。

参考答案

(18) C

试题(19)

某软件公司规定,该公司软件产品的版本号由二至四个部分组成:主版本号.次版本号[.内部版本号][.修订号]。该公司同一软件的以下四个版本号中,最新的版本号是 __(19)__ 。

(19) A. 4.6.3　　　　　B. 5.0　　　　　　　C. 5.2　　　　　　　D. 4.7.2.3

试题(19)分析

本题考查计算机基础知识。

5.2 版表示主版本号为 5（第 5 版），次版本号为 2（第 5 版中的第 2 版）。

参考答案

(19) C

试题(20)

以下文件格式中,__(20)__ 是视频文件。

(20) A. WMV　　　　B. JPG　　　　　　C. MID　　　　　　D. BMP

试题(20)分析

本题考查计算机基础知识。

JPG 和 BMP 格式属于图像文件,MID 格式属于音频文件。

参考答案

(20) A

试题(21)

国际标准化组织提出的开放系统互连 OSI 参考模型,将计算机网络分成 7 层,其中最底层是 __(21)__ 。

(21) A. 物理层　　　　B. 数据链路层　　　C. 网络层　　　　　D. 传输层

试题(21)分析

本题考查计算机基础知识。

物理层负责比特流的传输,属于网络中的最底层。

参考答案

(21) A

试题(22)

__(22)__ 是一种网络客户端软件,它能显示网页,并实现网页之间的超级链接。

(22) A. 操作系统　　　B. 电子邮件　　　　C. 浏览器　　　　　D. WPS

试题(22)分析

本题考查计算机基础知识。

浏览器就是一种网络客户端软件,用于浏览网页等。

参考答案

(22) C

试题（23）

电子商务有多种模式。__(23)__ 模式是个人消费者从在线商家处购买商品和服务。

(23) A．B2B　　　　B．B2C　　　　C．B2G　　　　D．C2C

试题（23）分析

本题考查计算机基础知识。

B2C 属于商户（Business）对（to，two）客户（Customer）的服务模式。

参考答案

(23) B

试题（24）

如果经过反复修改的文档或出版物已经定稿或制作完成，不再修改，需要送到其他电脑上打印，为防止不同电脑、不同软件版本或他人误操作导致文档发生变化，最好将该文档以 __(24)__ 格式保存并传送。

(24) A．docx　　　　B．wps　　　　C．ppt　　　　D．PDF

试题（24）分析

本题考查计算机基础知识。

一般的文档放在不同的计算机上可能会略有差异，而 PDF 格式不能随意改动，内容和格式定型后，用它来传送，可保持原样。

参考答案

(24) D

试题（25）

鼠标指针的形状取决于它所在的位置以及与其他屏幕元素的相互关系。在文字处理的文本区域，指针就像 __(25)__ ，指向当前待插入字符的位置。

(25) A．指向左上方的箭头　　　　B．双箭头
　　　C．字母 I　　　　　　　　　D．沙漏

试题（25）分析

本题考查计算机基础知识。

在文字编辑时，屏幕上的鼠标指针呈现为字母 I 形状，指向当前位置。

参考答案

(25) C

试题（26）

软件运行时使用了不该使用的命令导致软件出现故障，这种故障属于 __(26)__ 。

(26) A．配置性故障　　　　B．兼容性故障
　　　C．操作性故障　　　　D．冲突性故障

试题（26）分析

本题考查计算机基础知识。

软件运行时使用了不该使用的命令导致软件出现故障，这种故障是由用户操作造成的，称为操作性故障。

第 21 章 2019 上半年信息处理技术员上午试题分析与解答

参考答案

（26）C

试题（27）

以下关于计算机维护的叙述中，不正确的是__(27)__。

(27) A．闪电或雷暴时应关闭计算机和外设

B．数据中心的 UPS 可在停电时提供备份电源

C．注意保持 PC 机和外设的清洁

D．磁场对计算机的运行没有影响

试题（27）分析

本题考查计算机基础知识。

强磁场对显示有影响，所以计算机不能太靠近电视机。

参考答案

（27）D

试题（28）

软件发生故障后，往往通过重新配置、重新安装或重启电脑后可以排除故障。软件故障的这一特点称为__(28)__。

(28) A．功能性错误　　B．随机性　　C．隐蔽性　　D．可恢复性

试题（28）分析

本题考查计算机基础知识。

通过重启操作可以纠正的故障属于可恢复故障。

参考答案

（28）D

试题（29）

纸张与__(29)__是使用喷墨打印机所需的消耗品。

(29) A．色带　　B．墨盒　　C．硒鼓　　D．碳粉

试题（29）分析

本题考查计算机基础知识。

喷墨打印机需要用墨盒、纸张等消耗品。

参考答案

（29）B

试题（30）

Windows 7 控制面板中，可通过__(30)__查看系统的一些关键信息，调整视觉效果、调整索引选项、调整电源设置及打开磁盘清理等。

(30) A．程序和功能　　　　　　　B．个性化

C．性能信息和工具　　　　D．管理工具

试题（30）分析

本题考查计算机基础知识。

Windows 7 控制面板中，有"性能信息和工具"选项卡，用来查看系统配置信息，调整某些设置，使用某些维护工具等。

参考答案

（30）C

试题（31）

在 Word 2010 中，__(31)__ 快捷键可以选定当前文档中的全部内容。

(31) A．Shift+A　　　　B．Shift+V　　　　C．Ctrl+A　　　　D．Ctrl+V

试题（31）分析

本题考查办公软件基础知识。

为选定当前文档中的全部内容（ALL），可用快捷键 Ctrl+A。

参考答案

（31）C

试题（32）

Word 2010 文档中，某个段落最后一行只有一个字符，__(32)__ 不能把该字符合并到上一行。

(32) A．减少页的左右边距　　　　B．减小该段落的字体的字号
　　　C．减小该段落的字间距　　　　D．减小该段落的行间距

试题（32）分析

本题考查办公软件基础知识。

减小该段落的行间距不会改变行数，不会改变每行的字符数。

参考答案

（32）D

试题（33）

在 Word 2010 编辑状态下，按住 Alt 键的同时在文本上拖动鼠标，可以__(33)__。

(33) A．选择整段文本　　　　B．选择不连续的文本
　　　C．选择整篇文档　　　　D．选择矩形文本块

试题（33）分析

本题考查办公软件基础知识。

按住 Alt 键的同时在文本上拖动鼠标，可以选择矩形文本块；
按住 Ctrl 键的同时在文本上拖动鼠标，可以选择当前行，也可以多次选择不连续的文本块；
按住 Shift 键的同时在文本上拖动鼠标，可以选择后续文本块。

参考答案

（33）D

试题（34）

以下关于 Word 2010 图形和图片的叙述中，不正确的是__(34)__。

(34) A．剪贴画属于一种图形
　　　B．图片一般来自一个文件

C．图形是用户用绘图工具绘制而成的

D．图片可以源自扫描仪和手机

试题（34）分析

本题考查办公软件基础知识。

剪贴画是一种特殊的画，不用笔，而是用各种材料剪贴而成的。图形是用绘图工具制作的。

参考答案

（34）A

试题（35）

在 Word 2010 "查找和替换"文本框中，输入__（35）__符号可以搜索 0 到 9 的数字。

（35）A．^#　　　　　B．^$　　　　　C．^&　　　　　D．^*

试题（35）分析

本题考查办公软件基础知识。

符号"#"代表该位置上的一个数字。

参考答案

（35）A

试题（36）

在 Word 2010 中，以下关于"Backspace"键与"Delete"键的叙述，正确的是__（36）__。

（36）A．"Delete"可以删除光标前一个字符

B．"Delete"可以删除光标前一行字符

C．"Backspace"可以删除光标后一个字符

D．"Backspace"可以删除光标前一个字符

试题（36）分析

本题考查办公软件基础知识。

按键盘上的 Backspace 键可以删除光标前一个字符，按 Delete 键可以删除光标后一个字符。

参考答案

（36）D

试题（37）

Word 2010 中的格式刷可用于复制段落的格式，若要将选中的当前段落格式重复应用多次，应__（37）__。

（37）A．单击格式刷　　　　　　　　B．双击格式刷

C．右击格式刷　　　　　　　　D．拖动格式刷

试题（37）分析

本题考查办公软件基础知识。

双击格式刷可以多次复制所选段落的格式。

参考答案

（37）B

试题（38）

在 Word 2010 编辑状态下，要打印文稿的第 1 页、第 3 页和第 9 页，可在打印页码范围中输入　(38)　。

(38) A. 1、3-9　　　B. 1，3，9　　　C. 1-3，3-9　　　D. 1-3，9

试题（38）分析

本题考查办公软件基础知识。

连接符"-"表示页码范围，例如 3-9 页意味着从第 3 页到第 9 页。

参考答案

(38) B

试题（39）

Word 2010 中，按下 Ctrl 键的同时用鼠标拖动选定文本可实现　(39)　。

(39) A. 移动操作　　　B. 复制操作　　　C. 剪切操作　　　D. 粘贴操作

试题（39）分析

本题考查办公软件基础知识。

按下 Ctrl 键的同时用鼠标拖动可实现多个文本块内容的复制操作。

参考答案

(39) B

试题（40）

在 Word 2010 文档中，可通过　(40)　设置行间距。

(40) A. "页面布局"菜单下的"页面设置"命令
　　　B. "插入"菜单下的"页眉页脚"命令
　　　C. "开始"菜单下的"段落"命令
　　　D. "引用"菜单下的"引文与书目"命令

试题（40）分析

本题考查办公软件基础知识。

"段落"菜单中可设置行间距、段前距、段后距等。

参考答案

(40) C

试题（41）

在设定好纸张大小的情况下，要调整设置每页行数和每行字数，可通过页面设置对话框中的　(41)　命令进行设置。

(41) A. 页边距　　　B. 版式　　　C. 文档网络　　　D. 纸张

试题（41）分析

本题考查办公软件基础知识。

利用页面布局下的文档网络，可以为每页设定行数，为每行设定字符数。

参考答案

(41) C

试题（42）

在 Excel 2010 中，一个完整的函数包括__(42)__。

(42) A．"="和函数名　　　　　　　　B．函数名和变量

　　　 C．"="和变量　　　　　　　　　D．"="、函数名和变量

试题（42）分析

本题考查办公软件基础知识。

在单元格内输入"=函数名（若干个变量）"就可以进行函数计算并为此单元格赋值。

参考答案

（42）D

试题（43）

在 Excel 2010 中，设单元格 A1、B1、C1、A2、B2、C2 中的值分别为 1、2、3、4、5、6，若在单元格 D1 中输入函数"=MAX(A1:A2,B1:C2)"，按回车键后，则 D1 单元格中的值为__(43)__。

(43) A．2　　　　　B．3　　　　　C．4　　　　　D．6

试题（43）分析

本题考查办公软件基础知识。

先算出区域 A1:A2 的最大值 4，算出区域 B1:C2 的最大值 6，再算出 4 和 6 之间的最大值 6，赋值给单元格 D1。

参考答案

（43）D

试题（44）

在 Excel 2010 中，设 G3 单元格的公式是"=$D$3+E3+F3"，若以序列方式向下填充，则 G12 单元格的公式是__(44)__。

(44) A．=D12+E12+F12　　　　　　　B．=D3+E3+F3

　　　 C．=$D$12+E12+F12　　　　　　D．=$D$3+E12+F12

试题（44）分析

本题考查办公软件基础知识。

$D$3 是绝对地址，填充到其他单元格后不会变化。E3 和 F3 都是相对地址，从 G3 单元格向下填充到 G12 单元格时，E 和 F 没有变化，第 3 行则会变成第 12 行。

参考答案

（44）D

试题（45）

在 Excel 2010 中，设单元格 A1、A2、A3、B1 中的值分别为 56、97、121、86，若在单元格 C1 中输入函数"=IF(B1>A1,"E",IF(B1>A2,"F","G"))"，按回车键后，则 C1 单元格中显示__(45)__。

(45) A．E　　　　　B．F　　　　　C．G　　　　　D．A3

试题（45）分析

本题考查办公软件基础知识。

由于 86>56，所以 B1>A1，因此 C1 单元格被赋值字符 E。

参考答案

（45）A

试题（46）

在 Excel 2010 中，设 A1 单元格中的值为 20，A2 单元格中的值为 60，若在 C1 单元格中输入函数"=AVERAGE(A1,A2)"，按回车键后，则 C1 单元格中的值为__（46）__。

（46）A．20　　　　　B．40　　　　　C．60　　　　　D．80

试题（46）分析

本题考查办公软件基础知识。

AVERAGE(A1,A2)为 A1 和 A2 单元格内容（20 和 60）的平均值 40。

参考答案

（46）B

试题（47）

Excel 2010 中不存在的填充类型是__（47）__。

（47）A．等差序列　　B．等比序列　　C．排序　　　　D．日期

试题（47）分析

本题考查办公软件基础知识。

填充意味着按一定方式不断延续获得新的内容，等差序列实际上实现了常规的排序方式。

参考答案

（47）C

试题（48）

Excel 2010 公式中可以使用多个运算符，以下关于运算符优先级的叙述中，不正确的是__（48）__。

（48）A．"&"优先级高于"="　　　　　B．"%"优先级高于"+"
　　　　C．"-"优先级高于"&"　　　　　D．"%"优先级高于"："

试题（48）分析

本题考查办公软件基础知识。

Excel 的运算符共有四类，按优先级从高到低分别是：引用运算符（例如冒号表示多个连续的单元格），算术运算符（例如百分比号、加号、减号），文本运算符（例如&表示连接两个字符串），比较运算符（例如等号）。百分比号的优先级大于加号。

参考答案

（48）D

试题（49）

在 Excel 2010 中，设单元格 A1、A2、A3、A4 中的值分别为 20、3、16、20，若在单元格 B1 中输入函数"=PRODUCT(A1:A2)/MAX(A3, A4)"，按回车键后，则 B1 单元格中的值

为__(49)__。

(49) A. 3　　　　　　B. 30　　　　　　C. 48　　　　　　D. 59

试题（49）分析

本题考查办公软件基础知识。

PRODUCT(A1:A2)为 20×3=60，MAX(A3，A4)为 16 与 20 中取最大值 20，60/20=3。

参考答案

(49) A

试题（50）

WPS 表格中有一个数据非常多的报表，打印时需要每页顶部出现表头，可设置__(50)__。

(50) A. 打印范围　　　　　　　　　B. 打印标题行
　　　C. 打印标题列　　　　　　　　　D. 打印区域

试题（50）分析

本题考查办公软件基础知识。

打印时选择"打印标题行"将使每页顶部都出现标题行。

参考答案

(50) B

试题（51）

在 Excel 2010 中的 A1 单元格输入__(51)__，按回车键后，该单元格值为 0.25。

(51) A. 5/20　　　　B. =5/20　　　　C. "5/20"　　　　D. ="5/20"

试题（51）分析

本题考查办公软件基础知识。

公式前有等号才能给单元格赋值。双引号内作为字符串，并不进行算术运算。

参考答案

(51) B

试题（52）

在 Excel 2010 中，设单元格 A1、B1、C1、A2、B2、C2 中的值分别为 1、2、3、4、5、6，若在单元格 D1 中输入公式"=MAX(A1:C2)-MIN(A1:C2)"，按回车键后，则 D1 单元格中的值为__(52)__。

(52) A. 1　　　　　　B. 3　　　　　　C. 5　　　　　　D. 6

试题（52）分析

本题考查办公软件基础知识。

A1:C2 指定了 6 个单元格的矩形区域，该区域的最大值 MAX(A1:C2)为 6，最小值 MIN(A1:C2)为 1，因此 MAX(A1:C2)-MIN(A1:C2)的值为 5。

参考答案

(52) C

试题（53）

在 Excel 2010 中，A1 和 B1 单元格中的值分别为"12"和"34"，在 C1 中输入公式

"=A1&B1",按回车键后,则 C1 中的值为__(53)__。

(53)A. 1234　　　　B. 12　　　　C. 34　　　　D. 46

试题(53)分析

本题考查办公软件基础知识。

"&"是字符串接续的运算符。

参考答案

(53)A

试题(54)

在 Excel 2010 中,为将数据单位定义为"万元",且带两位小数,应自定义__(54)__格式。

(54)A. 0.00 万元　　　　　　　　B. 0!.00 万元
　　 C. 0/10000.00 万元　　　　　D. 0!.00,万元

试题(54)分析

本题考查办公软件基础知识。

Excel 可以自定义数据格式,包括小数点后的位数,数据单位名称等,用 0 表示数位。

参考答案

(54)A

试题(55)

在 PowerPoint 2010 中,应用版式后,版式__(55)__。

(55)A. 不能修改,也不能删除　　　B. 可以修改,也可以删除
　　 C. 可以修改,但不能删除　　　D. 不能修改,但可以删除

试题(55)分析

本题考查办公软件基础知识。

PowerPoint 应用版式后,可以修改,可以删除。

参考答案

(55)B

试题(56)

__(56)__是幻灯片缩小之后的打印件,可供观众观看演示文稿放映时参考。

(56)A. 图片　　　B. 讲义　　　C. 演示文稿大纲　　　D. 演讲者备注

试题(56)分析

本题考查办公软件基础知识。

PowerPoint 可以在打印纸上每页打印六张幻灯片,作为讲义发给参会者。

参考答案

(56)B

试题(57)

当前,许多商业 DBMS 中所用的主要数据模型是__(57)__。

(57)A. 层次模型　　　B. 关系模型　　　C. 网状模型　　　D. 对象模型

试题（57）分析

本题考查办公软件基础知识。

现在主流的数据库为关系数据库，采用的数据模型为关系模型。

参考答案

（57）B

试题（58）

某高校数据库系统中，一个教师可以教授多门课程，一门课程也可以由多个教师讲授，则教师与课程之间的关系类型为__（58）__。

（58）A．一对一联系 B．一对多联系
　　　C．多对多联系 D．无联系

试题（58）分析

本题考查办公软件基础知识。

一般来说，教师与课程之间的关系类型为多对多联系。

参考答案

（58）C

试题（59）

网站一般使用__（59）__协议为客户提供 Web 浏览服务。

（59）A．FTP　　　B．HTTP　　　C．SMTP　　　D．POP3

试题（59）分析

本题考查计算机基础知识。

多数网站采用 HTTP（或加密版的 HTTPs）协议为客户提供 Web 浏览服务。

参考答案

（59）B

试题（60）

电脑安全防护措施不包括__（60）__。

（60）A．定期查杀病毒和木马　　　B．及时下载补丁并修复漏洞
　　　C．加强账户安全和网络安全　D．每周清理垃圾和优化加速

试题（60）分析

本题考查信息安全基础知识。

每周清理垃圾和优化加速不属于安全措施，属于提倡的维护措施。

参考答案

（60）D

试题（61）

__（61）__不属于保护数据安全的技术措施。

（61）A．数据加密　　B．数据备份　　C．数据隔离　　D．数据压缩

试题（61）分析

本题考查信息安全基础知识。

数据压缩不属于信息安全措施，目的是减少存储空间和传送时间。

参考答案

（61）D

试题（62）

信息系统通常会自动实时地将所有用户的操作行为记录在日志中，其目的是使系统安全运维 __(62)__ 。

（62）A．有法可依　　　　　　　　B．有据可查，有迹可循
　　　　C．有错可训　　　　　　　　D．有备份可恢复

试题（62）分析

本题考查信息安全基础知识。

记录日志可供统计、审计、追责等使用。

参考答案

（62）B

试题（63）

《数据中心设计规范》GB50174-2017 属于 __(63)__ 。

（63）A．国际标准　　B．国家强制标准　　C．国家推荐标准　　D．行业标准

试题（63）分析

本题考查法律法规基础知识。

GB 表示强制性的国标（国家标准），GB/T 表示国家推荐标准。

参考答案

（63）B

试题（64）

我国的信息安全法律法规包括国家法律、行政法规和部门规章及规范性文件等。__(64)__ 属于部门规章及规范性文件。

（64）A．全国人民代表大会常务委员会通过的维护互联网安全的决定
　　　　B．国务院发布的中华人民共和国计算机信息系统安全保护条例
　　　　C．国务院发布的中华人民共和国计算机信息网络国际联网管理暂行规定
　　　　D．公安部发布的计算机病毒防治管理办法

试题（64）分析

本题考查法律法规基础知识。

全国人大和国务院颁布的是国家法律法规，各部委颁布的是部门规章制度。

参考答案

（64）D

试题（65）

某机构准备调研并发布中国互联网发展年度报告，分四个方面：全网概况、访问特征、渠道分析和行业视角。用户 24 小时上网时间分布应属于 __(65)__ 方面的内容。

（65）A．全网概况　　B．访问特征　　　　C．渠道分析　　　　D．行业视角

试题（65）分析

本题考查信息处理实务基础知识。

用户 24 小时上网时间分布属于网民上网的行为特征。

参考答案

（65）B

试题（66）

某互联网公司建立的用户画像（标签化的用户信息）包括人口属性和行为特征两大类，___(66)___ 属于行为特征。

（66）A．性别　　　　　B．年龄段　　　　C．消费偏好　　　　D．工作地点

试题（66）分析

本题考查信息处理实务基础知识。

消费偏好、支付偏好等属于上网行为特征。

参考答案

（66）C

试题（67）

数据采集工作的注意事项不包括___(67)___。

（67）A．要全面了解数据的原始面貌
　　　B．要制定科学的规则控制采集过程
　　　C．要从业务上理解数据，发现异常
　　　D．要根据个人爱好筛选采集的数据

试题（67）分析

本题考查信息处理实务基础知识。

数据采集要客观公正，不能根据个人爱好随意筛选。

参考答案

（67）D

试题（68）

对数据分析处理人员的素质要求中不包括___(68)___。

（68）A．业务理解能力和数据敏感度　　B．逻辑思维能力
　　　C．细心、耐心和交流能力　　　　D．速算能力

试题（68）分析

本题考查信息处理实务基础知识。

数据分析处理不要求人有速算能力，计算应由计算机进行，提高准确率和计算速度。

参考答案

（68）D

试题（69）

某种技术在社会上的热度依次经历了萌芽期、狂热期、幻想破灭期、复苏期、成熟期五个阶段。在"时间 T，社会热度 S"坐标系中，这种技术的变化趋势可图示为___(69)___。

(69) A. 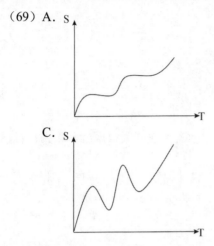 B.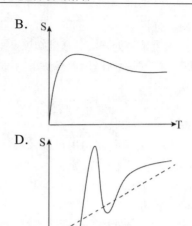

C. D.

试题（69）分析

本题考查信息处理实务基础知识。

在"时间 T，社会热度 S"坐标系中，新技术萌芽期呈现为社会热度在较低水平上逐渐提高，狂热期呈现为社会热度迅速大幅度提高，幻想破灭期呈现为社会热度急剧下降，复苏期呈现为社会热度又从较低水平逐步提高，成熟期呈现为社会热度稳定在较高水平。按照这样的描述，选项 D 比较符合这个规律。

参考答案

（69）D

试题（70）

在实施项目过程中，信息处理员小王在"时间 T-项目剩余工作量 R"平面坐标系上动态地记录了项目实施进度，并与计划进度做了对比。在项目实施中途，从图上可以看出该项目 __（70）__ 。

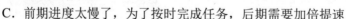

(70) A. 前期进度很快，后期重点应放在提高质量上，放慢些速度

B. 前期进度较快，后期只要按原计划进度就能提前完成项目

C. 前期进度太慢了，为了按时完成任务，后期需要加倍提速

D. 前期进度有点慢，为了按时完成任务，后期需要适当提速

试题（70）分析

本题考查信息处理实务基础知识。

从图上可以看出，项目实施的早期比较慢，滞后于计划，后来加速，在项目中期已接近计划进度。为了按时完成任务，后期应适当提速。

参考答案

（70）D

试题（71）

The ___(71)___ is the brain of the personal computer.

(71) A．microprocessor　　B．storage　　C．keyboard　　D．printer

参考译文

微处理器是个人计算机的头脑。

参考答案

(71) A

试题（72）

The ___(72)___ controls the cursor on the screen and allows the user to access commands by pointing and clicking.

(72) A．program　　B．keyboard　　C．mouse　　D．display

参考译文

鼠标控制屏幕上的光标，让用户通过指向和点击执行命令。

参考答案

(72) C

试题（73）

When you create an account, you are typically asked to enter a user ID and ___(73)___.

(73) A．name　　B．requirement　　C．password　　D．program

参考译文

创建账号时，一般需要输入用户名和口令。

参考答案

(73) C

试题（74）

When saving a new document, you must decide on a name for the document and the ___(74)___ where it will be saved to.

(74) A．address　　B．location　　C．program　　D．application

参考译文

需要保存新文档时，必须为文档起一个名字，并决定保存的位置。

参考答案

(74) B

试题（75）

___(75)___ is a fast, cheap and convenient way to send and receive messages internationally.

(75) A．Telephone　　B．Mail　　C．E-mail　　D．Postcard

参考译文

电子邮件是发送和接收信息的一种快速、便宜、方便的方法。

参考答案

(75) C

第 22 章 2019 上半年信息处理技术员上机考试试题分析与解答

试题一（15 分）

利用系统提供的素材，按题目要求完成后，用 Word 的保存功能直接存盘。

物流管理概述

物流管理（Logistics Management）是指在社会生产过程中，根据物质资料实体流动的规律，应用管理的基本原理和科学方法，对物流活动进行计划、组织、指挥、协调、控制和监督，使各项物流活动实现最佳的协调与配合，以降低物流成本，提高物流效率和经济效益。现代物流管理是建立在系统论、信息论和控制论的基础上的。

要求：

1. 将文章标题"物流管理概述"设置为华文行楷、小初号，水平居中，段前和段后间距均为 1 行。
2. 设置正文字体为黑体、小四号字，左对齐，首行缩进 2 字符，行距为固定值 24 磅。
3. 设置页边距为上、下 2 厘米；左、右 2.5 厘米；装订线为左 0.5 厘米；纸张大小为 A4。
4. 在文档页脚中插入页码，样式为"页面底端""普通数字 1"。
5. 在正文第一自然段后另起行录入第二段文字：特殊物流是指在遵循一般物流规律基础上，带有制约因素的特殊应用领域、特殊管理方式、特殊劳动对象、特殊机械装备特点的物流。

试题一分析

【考查目的】

- 文字录入及编排；
- 开始菜单的使用；
- 页面布局菜单的使用；
- 插入菜单的使用。

【要点分析】

本题要点为文档字体设置、页面设置、文字录入、页码设置。

【操作的关键步骤】

（1）文档格式。选定文档对象，通过"开始"菜单下的"字体"命令，进行文档格式设置。

（2）页面设置。通过"页面布局"菜单下的"页面设置"命令进行设置。

（3）页码设置。通过"插入"菜单下的"页码"命令进行设置。

试题一参考答案

物流管理概述

物流管理（Logistics Management）是指在社会在生产过程中，根据物质资料实体流动的规律，应用管理的基本原理和科学方法，对物流活动进行计划、组织、指挥、协调、控制和监督，使各项物流活动实现最佳的协调与配合，以降低物流成本，提高物流效率和经济效益。现代物流管理是建立在系统论、信息论和控制论的基础上的。

特殊物流是指在遵循一般物流规律基础上，带有制约因素的特殊应用领域、特殊管理方式、特殊劳动对象、特殊机械装备特点的物流。

试题二（15分）

用 Word 软件制作如图所示的学生外语课程学习评价表。按题目要求完成后，用 Word 的保存功能直接存盘。

学生外语课程学习评价表

学生姓名		课程		学习地点		学习时间	
学习内容							
学习评价	口语应用			课文表演		单词认读	
	优秀□ 良好□ 合格□			优秀□ 良好□ 合格□		优秀□ 良好□ 合格□	
	课堂表现			语音语调		学习习惯	
	优秀□ 良好□ 合格□			优秀□ 良好□ 合格□		优秀□ 良好□ 合格□	
	出 勤			作业完成		学习态度	
	优秀□ 良好□ 合格□			优秀□ 良好□ 合格□		优秀□ 良好□ 合格□	
教师评语							
	教师联系电话：			教师签名：			

1. 利用相关工具绘制如图所示的学生外语课程学习评价表。
2. 将标题设置为楷体、二号、黑色、加粗、居中；其他文字设置为宋体、四号、黑色。

试题二分析

【考查目的】

- 文字设置和编排；
- 绘制表格。

【要点分析】

本题要点为：绘制表格、字体设置、录入文字并进行编排。

【操作的关键步骤】

（1）文字编排。使用"开始"菜单下的"字体"命令，进行字号、字体的设置。

（2）表格菜单的使用。使用"插入"菜单下的"表格"命令绘制表格。

试题二参考答案

学生外语课程学习评价表

学生姓名		课程		学习地点		学习时间	
学习内容							
学 习 评 价	口语应用		课文表演		单词认读		
	优秀☐ 良好☐ 合格☐		优秀☐ 良好☐ 合格☐		优秀☐ 良好☐ 合格☐		
	课堂表现		语音语调		学习习惯		
	优秀☐ 良好☐ 合格☐		优秀☐ 良好☐ 合格☐		优秀☐ 良好☐ 合格☐		
	出　勤		作业完成		学习态度		
	优秀☐ 良好☐ 合格☐		优秀☐ 良好☐ 合格☐		优秀☐ 良好☐ 合格☐		
教师评语							
	教师联系电话：			教师签名：			

试题三（15 分）

在 Excel 的 Sheet1 工作表 A1:G13 单元格中创建学生"学生成绩表"（内容如下图所示）。按题目要求完成之后，用 Excel 的保存功能直接存盘。

	A	B	C	D	E	F	G
1				学生成绩表			
2	姓名	性别	数学	英语	计算机	平均分	等级评定
3	方芳	女	89	93	78		
4	程小文	男	83	85	90		
5	宋立	男	78	67	82		
6	杨丽芬	女	91	88	95		
7	李跃进	男	78	72	65		
8	王自强	男	84	89	96		
9	刘刚	男	94	75	93		
10	林敏敏	女	68	83	80		
11	赵凯	男	85	62	78		
12	王红	女	75	95	86		
13	最高分					女生人数	

要求：

1. 表格要有可视的边框，并将表中的文字设置为宋体、12 磅、黑色、居中。
2. 用 AVERAGE 函数计算每名学生的平均分，计算结果保留 1 位小数。
3. 用 MAX 函数计算每门课程的最高分。
4. 用 COUNTIF 函数统计女生人数。
5. 用 IF 函数计算等级评定，计算方法为平均分大于等于 85 为 A，否则为大于等于 60 且小于 85 为 B，否则为 C。

试题三分析

【考查目的】

- 用 Excel 创建工作表；
- 单元格格式设置；
- 函数计算。

【要点分析】

本题要点为：文字的编排（包括字体、字号等）、单元格格式设置、函数计算。

【操作的关键步骤】

（1）文字的编排。使用"开始"菜单下的"字体"命令进行设置。

（2）函数计算。方芳的平均分计算函数为："=AVERAGE (C3:E3)"，等级评定计算函数为："IF(F3>=85,"A",IF(F3>=60,"B","C"))"；数学最高分计算函数为："=MAX (C3:C12)"；女生人数统计计算函数为："=COUNTIF（B3:B12，"女"）"。

（3）数值小数位设置。使用"开始"菜单下的"设置单元格格式"命令进行设置。

试题三参考答案

	A	B	C	D	E	F	G
1	学生成绩表						
2	姓名	性别	数学	英语	计算机	平均分	等级评定
3	方芳	女	89	93	78	86.7	A
4	程小文	男	83	85	90	86.0	A
5	宋立	男	78	67	82	75.7	B
6	杨丽芬	女	91	88	95	91.3	A
7	李跃进	男	78	72	65	71.7	B
8	王自强	男	84	89	96	89.7	A
9	刘刚	男	94	75	93	87.3	A
10	林敏敏	女	68	83	80	77.0	B
11	赵凯	男	85	62	78	75.0	B
12	王红	女	75	95	86	85.3	A
13	最高分		94	95	96	女生人数	4

试题四（15分）

利用系统提供的资料，用 PowerPoint 创意制作演示文稿。按照题目要求完成后，用 PowerPoint 的保存功能直接存盘。

要求：

1. 标题设置为 40 磅、楷体、居中。
2. 正文内容设置为 24 磅、宋体。
3. 演示文稿设置旋转动画效果。
4. 为演示文稿插入页脚，内容为"四个全面"。

试题四分析

【考查目的】

用 PowerPoint 模板制作演示文稿并对文稿进行"动画效果"设置等。

【要点分析】

本题要点为：PowerPoint 的基本操作。

【操作的关键步骤】

（1）熟悉 PowerPoint 的基本操作。

（2）应用"开始"菜单下的"字体"命令设置字体、字号等。

（3）应用"动画"菜单下的"动画"命令进行动画设置。

（4）应用"插入"菜单下的"页脚和页眉"命令插入页脚备注。

试题四参考答案

四个全面

"四个全面"即全面建成小康社会、全面深化改革、全面依法治国、全面从严治党。言简意赅、精辟深刻，既有战略目标又有战略举措，既统揽全局又突出重点，每一个"全面"都有其重大战略意义，相互之间密切联系、有机统一。

四个全面

试题五（15分）

利用系统提供的素材，按题目要求完成后，用 Word 的保存功能直接存盘。

沧浪亭

沧浪亭是一处始建于北宋时代的汉族古典园林建筑，为文人苏舜钦的私人花园。位于苏州市城南三元坊附近，在苏州现存诸园中历史最为悠久。

要求：

1. 将文章标题设置为宋体、二号、加粗、居中；将正文中"苏舜钦"的文字效果设置为"阴影"，将正文设置为宋体、小四。

2. 页面设置为横向，纸张宽度21厘米，高度15厘米，页面内容居中对齐。

3. 为文档添加文字水印，内容为"沧浪亭"，并将文字内容设置白色，背景1，深色50%、仿宋、半透明、斜式。

4. 为正文内容添加红色边框。

5. 在正文第一自然段后另起行录入第二段文字：沧浪亭占地面积 1.08 公顷。园内有一泓清水贯穿，波光倒影，景象万千。

试题五分析

【考查目的】
- 文字录入及编排；
- 开始菜单的使用；
- 页面布局菜单的使用；
- 插入菜单的使用。

【要点分析】
本题要点为文档字体设置、页面设置、文字录入、页码设置。

【操作的关键步骤】
（1）文档格式。选定文档对象，通过"开始"菜单下的"字体"命令，进行文档格式设置。

（2）页面设置。通过"页面布局"菜单下的"页面设置"命令进行设置。
（3）水印设置。通过"页面布局"菜单下的"水印"命令进行设置。
（4）红色边框。通过"插入"菜单下的"绘制表格"命令进行设置。

试题五参考答案

沧浪亭

沧浪亭是一处始建于北宋时代的汉族古典园林建筑，为文人苏舜钦的私人花园。位于苏州市城南三元坊附近，在苏州现存诸园中历史最为悠久。

沧浪亭占地面积1.08公顷。园内有一泓清水贯穿，波光倒影，景象万千。

第 23 章 2019 下半年信息处理技术员上午试题分析与解答

试题（1）

5G 技术将开启万物互联的新时代，其中 5G 技术指的是 （1） 。

(1) A．第五代移动通信技术 B．手机内存达到 5G 的技术
　　C．网速达到 5G 的技术 D．手机 CPU 主频达到 5G 的技术

试题（1）分析

本题考查信息和信息技术基本概念。

5G 技术指的是第五代移动通信技术（5th generation mobile networks/5th generation wireless systems/5th-Generation），简称 5G 或 5G 技术。

参考答案

(1) A

试题（2）

现在，企业数字化转型已是大势所趋。以下关于企业数字化转型的叙述中，不正确的是 （2） 。

(2) A．企业数字化转型需要快速、敏捷、持续地为生产系统提供大量数据
　　B．企业需要精准分析生产数据，实时优化运营数据，挖掘利用价值链数据
　　C．数字化创新和智能化运营构成企业核心数字化能力，为数字化转型赋能
　　D．企业数字化转型将实现无工人、无技术人员、无管理人员的自动化工厂

试题（2）分析

本题考查信息和信息技术基本概念。

自动化工厂会大大减少人员，增加高科技人员，不可能彻底无人。

参考答案

(2) D

试题（3）

物联网中，传感器网络的功能不包括 （3） 。

(3) A．感知识别现实世界 B．信息采集处理
　　C．科学计算 D．自动控制

试题（3）分析

本题考查信息和信息技术基本概念。

科学计算需要较大的信息存储能力和较快的信息处理能力。

参考答案

(3) C

试题（4）

180 的正约数（能整除 180 的自然数，包括 1 和 180 本身）的个数是 __(4)__ 。

(4) A. 15　　　　B. 16　　　　C. 17　　　　D. 18

试题（4）分析

本题考查数学的应用。

$180=2^2×3^2×5$，180 的约数中，含 2 的因子有 3 种情况：2^0，2^1，2^2；含 3 的因子有 3 种情况：3^0，3^1，3^2；含 5 的因子有 2 种情况：5^0，5^1。因此 180 的约数个数为 3×3×2=18。

参考答案

(4) D

试题（5）

某服装店进了一批衣服，原计划按平价销售取得一定的利润（利润=（销售价–进价）×销售量）。该店到目前为止，已按时尚价（比平价增加 60%）销售了 1/3。为了完成预定的总利润计划，剩余的 2/3 衣服可按平价的 __(5)__ 折销售。

(5) A. 四　　　　B. 五　　　　C. 六　　　　D. 七

试题（5）分析

本题考查数学的应用。

设该店进了 $3M$ 件服装，进价为 J 元，平价销售 P 元/件，原计划的总利润为 $3M(P–J)$。时尚价为 $1.6P$，前 1/3 衣服的利润为 $M(1.6P–J)$。设后 2/3 衣服按 X 元/件销售，则后 2/3 的利润为 $2M(X–J)$。从 $M(1.6P–J)+2M(X–J)=3M(P–J)$，得 $1.6P+2X=3P$，$X=0.7P$。

参考答案

(5) D

试题（6）

某玩具车间昨天生产了甲、乙两种零件，数量之比为 5：3。每个玩具需要用 3 个甲零件和 2 个乙零件装配而成。所有玩具装配完成后，乙零件没有剩余了，但甲零件还有 4 个。由此可以推断，该车间昨天共装配了玩具 __(6)__ 个。

(6) A. 12　　　　B. 15　　　　C. 20　　　　D. 24

试题（6）分析

本题考查数学的应用。

假设昨天共装配了玩具 x 个，其中采用了甲零件 $3x$ 个，乙零件 $2x$ 个，该车间昨天共生产了甲零件 $3x+4$ 个，生产了乙零件 $2x$ 个。$(3x+4)/(2x)=5/3$，因此解得 $x=12$。

参考答案

(6) A

试题（7）

基于移动端的信息采集方式，为大数据整理和分析奠定了坚实的基础，其优势不包括 __(7)__ 。

(7) A. 无须打印纸质表格，输入数据后立即进行校验，随时随地上传信息
　　 B. 灵活多样的采集方式，表格页面简洁，操作简单，可清除冗余数据

C. 可实现批量采集和统一处理，可建立表单之间的关联关系
D. 可在信息采集的同时进行数据分析、图表展示和辅助决策

试题（7）分析

本题考查信息处理基础知识。

用手机等移动设备采集数据时可以同时进行简单的处理，例如显示表格、校验数据、清除冗余数据、建立表单之间的关联等。由于数据尚在收集过程中，不可能进行图表展示和辅助决策，也不能进行全局的数据分析。

参考答案

（7）D

试题（8）

问卷调查中的题型可以有多种，__(8)__ 需要被调查者从多个选项中按照自己认为的重要程度依次列出若干选项。

（8）A．单选题　　　B．多选题　　　C．排序题　　　D．开放性文字题

试题（8）分析

本题考查信息处理基础知识。

排序题要求被调查者依照自己认为的重要或优先程度依次选择若干选项。例如，居民对社区改进工作的建议。

参考答案

（8）C

试题（9）

数据类型有多种，可以归纳为两大类：字符型数据（不具计算能力）和数值型数据（可直接参与算术运算）。以下数据类型中，__(9)__ 属于数值型数据。

（9）A．职工编号　　B．性别编码　　C．成绩等级　　D．基本工资

试题（9）分析

本题考查信息处理基础知识。

四个选项中只有基本工资可以直接参与算术运算，例如涨工资10%。

参考答案

（9）D

试题（10）

一批数据的 __(10)__ 代表这批数据的一般水平，掩盖了其中各部分数据的差异。

（10）A．平均数　　　B．方差　　　C．散点图　　　D．趋势曲线

试题（10）分析

本题考查信息处理基础知识。

一批数的平均值代表这批数据的一般水平，但掩盖了其中各部分数据的差异。

参考答案

（10）A

试题（11）

常用的统计软件其功能不包括　(11)　。

(11) A．数据编辑、统计和分析　　B．表格的生成和编辑
　　　C．图表的生成和编辑　　　　D．生成数据分析报告

试题（11）分析

本题考查信息处理基础知识。

常用的统计软件可以处理数据、制作图和表，但不能生成数据分析报告。

参考答案

(11) D

试题（12）

以下关于数据分析的叙述中，　(12)　不正确。

(12) A．数据分析就是对收集的数据进行拆分，弄清其结构、作用和原理
　　　B．数据分析就是采用适当的统计方法对数据进行汇总、理解并消化
　　　C．数据分析旨在从杂乱无章的原始数据中提取有用信息并形成结论
　　　D．数据分析旨在研究数据中隐藏的内在规律帮助管理者判断和决策

试题（12）分析

本题考查信息处理基础知识。

对设备的分析常常需要对其进行拆分，弄清其结构、作用和原理。

参考答案

(12) A

试题（13）

对于时间序列的数据，用　(13)　展现最直观，同时呈现出变化趋势。

(13) A．折线图和柱形图　　　　B．柱形图和圆饼图
　　　C．圆饼图和面积图　　　　D．面积图和雷达图

试题（13）分析

本题考查信息处理基础知识。

随时间变化的数据，例如月销售额，常用折线图和柱形图来描述，非常直观，同时呈现出变化趋势。

参考答案

(13) A

试题（14）

以下关于数据分析报告的叙述中，　(14)　不正确。

(14) A．数据分析报告是数据分析项目的立项报告，包括经费和团队等
　　　B．数据分析报告用数据反映某些事物的现状、问题、原因和规律
　　　C．数据分析报告是决策者认识事物、掌握信息的主要工具之一
　　　D．数据分析报告为决策者提供科学、严谨的依据，降低决策风险

第23章 2019下半年信息处理技术员上午试题分析与解答

试题（14）分析

本题考查信息处理基础知识。

数据分析报告不但供领导看，还要给有关业务人员以及外部人员看。立项报告、经费和团队情况属于工作报告的内容，仅供有关管理人员阅读。

参考答案

（14）A

试题（15）

___(15)___ 属于显示器的性能指标。

（15）A．主频　　　　　B．USB接口数量　　　C．字长　　　　　D．分辨率

试题（15）分析

本题考查计算机基础知识。

主频与字长是CPU的性能指标，USB接口数量是主板以及有些外部设备的指标。分辨率等属于显示器、打印机等的性能指标。许多显示器没有USB接口。

参考答案

（15）D

试题（16）

购买扫描仪时需要考虑的因素中不包括___(16)___。

（16）A．分辨率与色彩位数　　　　　B．扫描幅面
　　　C．能扫描的图像类型　　　　　D．与主机的接口类型

试题（16）分析

本题考查计算机基础知识。

扫描仪是将纸质上的图像扫描输入计算机。图像类型是指在计算机设备中存储图像的信息格式。

参考答案

（16）C

试题（17）

___(17)___ 不属于智能可穿戴设备。

（17）A．智能手表　　　B．智能手机　　　　C．智能头盔　　　D．智能手环

试题（17）分析

本题考查计算机基础知识。

智能手机是便携设备，不属于可穿戴设备。

参考答案

（17）B

试题（18）

___(18)___ 与应用领域密切相关，不属于基础软件。

（18）A．操作系统　　　　　　　　　B．办公软件
　　　C．通用的数据库管理系统　　　D．计算机辅助设计软件

试题（18）分析

本题考查计算机基础知识。

计算机辅助设计软件仅应用于辅助设计应用领域，不属于通用软件。

参考答案

（18）D

试题（19）

文件系统负责对文件进行存储和检索、管理和保护等，文件的隐藏属性属于文件系统的__(19)__功能。

（19）A．存储　　　　B．检索　　　　C．排序　　　　D．保护

试题（19）分析

本题考查计算机基础知识。

重要文件（例如系统文件）需要设置隐藏属性，在文件管理界面上不能直接见到，保护其不被误删和随意移动。

参考答案

（19）D

试题（20）

由若干条直线段和圆弧等构成的图形，可以用一系列指令来描述。用这种方法描述的图形称为__(20)__。

（20）A．位图　　　　B．矢量图　　　　C．结构图　　　　D．3D图

试题（20）分析

本题考查计算机基础知识。

用点阵来描述的图像（包括每个点的灰度和颜色）是矢量图，放大、缩小时不会变形。

参考答案

（20）B

试题（21）

下图所示的网络拓扑结构属于__(21)__。

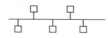

（21）A．总线型拓扑结构　　　　　　B．星型拓扑结构
　　　　C．树状拓扑结构　　　　　　D．分布式拓扑结构

试题（21）分析

本题考查计算机基础知识。

这种网络拓扑结构属于总线型，多个网络节点都连接到一条主干线上。

参考答案

（21）A

试题（22）

台式计算机通过__(22)__与网络传输介质相连。

（22）A．网卡　　　　　　B．集线器　　　　C．路由器　　　　　D．网关

试题（22）分析

本题考查计算机基础知识。

台式计算机需要装有网卡才能与网络传输介质相连。

参考答案

（22）A

试题（23）

软件发行包中都至少包括一个用户可启动/打开的__（23）__。

（23）A．数据文件　　　B．命令文件　　　C．可执行文件　　　D．密码文件

试题（23）分析

本题考查计算机基础知识。

软件发行包中都至少包括一个可执行文件，用于启动安装过程。

参考答案

（23）C

试题（24）

计算机系统运行时，用户不能通过操作来改变__（24）__。

（24）A．屏幕分辨率　　　　　　　　B．物理内存大小

　　　C．汉字输入法　　　　　　　　D．鼠标灵敏度

试题（24）分析

6 本题考查计算机基础知识。

虚存的大小是可以用操作来改变的。改变物理内存需要安装、减少或更换内存条。

参考答案

（24）B

试题（25）

在 Windows 7 中，如果选中了某个文档中的一段文字，按 Ctrl+X 快捷键后，这段文字被__（25）__。

（25）A．移到剪贴板　　　　　　　　B．复制到剪贴板

　　　C．移到回收站　　　　　　　　D．彻底删除

试题（25）分析

本题考查计算机基础知识。

按 Ctrl+X 快捷键后，文档中被选中的文字不见了，被移到内存中的剪贴板上，可以再用 Ctrl+V 快捷键将其粘贴到所需的地方。

参考答案

（25）A

试题（26）

一般情况下，鼠标右键的主要功能是__（26）__。

（26）A．删除当前选择的目标　　　　B．显示当前选择目标的功能菜单

C．复制当前选择的目标　　　　　　D．更名当前选择的目标

试题（26）分析

本题考查计算机基础知识。

在目标对象上单击鼠标右键，将弹出当前情况下可操作的菜单，因此它是与上下文相关的，不同时刻点击同一对象弹出的菜单可能不同。

参考答案

（26）B

试题（27）

采购了多种品牌的部件进行计算机组装，每个部件都正常，连接、安装、配置操作也完全正确，但系统仍不能正常使用。很可能是__(27)__问题。

（27）A．不稳定　　　　B．不可靠　　　　C．不兼容　　　　D．不安全

试题（27）分析

本题考查计算机基础知识。

自己组装计算机采购设备部件时需要特别注意兼容性问题。即使部件质量很好，很先进，但如果与主板或其他设备不兼容，组装后也不能正常运行。

参考答案

（27）C

试题（28）

用户及时下载安装软件补丁的目的不包括__(28)__。

（28）A．增加安全性　　　　　　　　B．修复某些漏洞
　　　C．添加新特性　　　　　　　　D．拓展应用领域

试题（28）分析

本题考查计算机基础知识。

商用软件推出后经常会发布补丁，用户应及时安装补丁，以纠正某些问题，添加新的特性，增加安全性，修复某些漏洞，但一般不会拓展应用领域。

参考答案

（28）D

试题（29）

电脑出现故障时，判断与处理的原则不包括__(29)__。

（29）A．先静后动——先思考问题可能在哪，再动手操作
　　　B．先外后内——先检查外设、线路，后开机箱检查
　　　C．先拆后查——先拆卸各零部件，再逐一进行排查
　　　D．先软后硬——先从软件判断入手，再从硬件着手

试题（29）分析

本题考查计算机基础知识。

对用户来说，大多数部件拆开后不能看出问题，没有专用设备去检查。多个部件的配合问题也不能在拆后检查。

参考答案

（29）C

试题（30）

显示器分辨率调小后，屏幕上文字的大小__(30)__。

(30) A．变大　　　　　B．变小　　　　　C．不变　　　　　D．不变但更清晰

试题（30）分析

本题考查计算机基础知识。

显示器的分辨率是指横向和纵向可显示的像素数目，分辨率小意味着同一屏幕上显示的像素少，显示的文字就显得大，但更模糊。

参考答案

（30）A

试题（31）

由多台计算机组成的一个系统，这些计算机之间可以通过通信来交换信息，互相之间无主次之分，它们共享系统资源，程序由系统中的全部或部分计算机协同执行，执行过程对用户透明。管理上述计算机系统的操作系统是__(31)__。

(31) A．实时操作系统　　　　　B．网络操作系统
　　　C．分布式操作系统　　　　D．嵌入式操作系统

试题（31）分析

本题考查计算机基础知识。

管理由多台计算机连接起来的系统需要采用分布式操作系统。

参考答案

（31）C

试题（32）

许多操作系统运行时会产生备份文件。下列文件中，__(32)__是备份文件。

(32) A．backup.dll　　　　　B．backup.bak
　　　C．backup.sys　　　　　D．backup.exe

试题（32）分析

本题考查计算机基础知识。

文件的扩展名为bak，表明该文件的类型属于备份（Backup）文件。

参考答案

（32）B

试题（33）

在Windows 7中，当一个应用程序窗口被最小化后，该应用程序__(33)__。

(33) A．终止执行　　　　　B．在前台继续执行
　　　C．暂停执行　　　　　D．转入后台继续执行

试题（33）分析

本题考查计算机基础知识。

应用程序的窗口最小化后，该应用程序就转到优先级较低的后台运行，只有当没有前台程序可运行时，才运行。

参考答案

（33）D

试题（34）

　　　(34)　　不是屏幕保护程序的作用。

（34）A．保护显示器　　　　　　　B．节省能源
　　　　C．保护个人隐私　　　　　　D．保护计算机硬盘

试题（34）分析

本题考查计算机基础知识。

当计算机在一定时间内没有操作时就自动运行屏幕保护程序，通常是动态显示某些变化的图像，使所有的屏幕显示点轮流休息，保护显示器，减少能耗，以后再有操作时需要输入正确的密码，防止他人使用自己的计算机。屏幕保护程序不能保护硬盘。

参考答案

（34）D

试题（35）

在 Word 文档操作时，有些命令选项是灰色，原因是　(35)　。

（35）A．文档不可编辑　　　　　　B．文档带病毒
　　　　C．文档需要进行转换　　　　D．这些选项在当前不可使用

试题（35）分析

本题考查文字处理软件的基础知识。

菜单中灰色的项表示当前状态下不可用。

参考答案

（35）D

试题（36）

Word 2010 中有多种视图显示方式，其中　(36)　视图方式可使显示效果与打印预览基本相同。

（36）A．普通　　　B．大纲　　　C．页面　　　D．主控文档

试题（36）分析

本题考查文字处理软件的基础知识。

页面视图将分页显示，显示效果与打印预览基本相同。

参考答案

（36）C

试题（37）

下列对 Word 编辑功能的叙述中，不正确的是　(37)　。

（37）A．可以同时开启多个文档编辑窗口
　　　　B．可以在插入点位置插入多种格式的系统日期

C．可以插入多种类型的图形文件
D．可以使用另存为命令将已选中的对象拷贝到插入点位置

试题（37）分析

本题考查文字处理软件的基础知识。

另存为命令用于换文件名保存文档。

参考答案

（37）D

试题（38）

在 Word 的编辑状态下，单击粘贴按钮，可将剪贴板上的内容粘贴到插入点，此时剪贴板中的内容__（38）__。

（38）A．完全消失　　　　　　　　B．回退到前一次剪切的内容
　　　C．不发生变化　　　　　　　　D．为插入点之前的所有内容

试题（38）分析

本题考查文字处理软件的基础知识。

剪贴板上的内容被粘贴后保持不变，以利于多次粘贴同一内容。

参考答案

（38）C

试题（39）

在 Word 2010 的编辑状态下，对于选定的文字__（39）__。

（39）A．可以设置颜色，不可以设置动态效果
　　　B．可以设置动态效果，不可以设置颜色
　　　C．既可以设置颜色，也可以设置动态效果
　　　D．不可以设置颜色，也不可以设置动态效果

试题（39）分析

本题考查文字处理软件的基础知识。

有些版本的 Word 文字处理软件中，字体或段落菜单下有文字效果选项，可以选择让文字具有某种动态效果（如爆炸粉碎效果等）。

参考答案

（39）C

试题（40）

在 Word 文档中某一段落的最后一行只有一个字符，若想把该字符合并到上一行，__（40）__不能做到。

（40）A．减少页的左右边距　　　　　B．减小该段落的字体的字号
　　　C．减小该段落的字间距　　　　D．减小该段落的行间距

试题（40）分析

本题考查文字处理软件的基础知识。

减少行间距不会导致行数减少。

参考答案

  (40) D

试题（41）

  下述关于 Word 分栏操作的叙述中，正确的是__(41)__。

  (41) A．可以将指定的段落分成指定宽度的两栏

     B．任何视图下均可看到分栏效果

     C．设置的各栏宽度和间距与页面宽度无关

     D．栏与栏之间不可以设置分隔线

试题（41）分析

  本题考查文字处理软件的基础知识。

  分栏操作可以将指定段落的文字分成指定宽度的多栏。

参考答案

  (41) A

试题（42）

  在 Word 中，文本框__(42)__。

  (42) A．不可与文字叠放

     B．文字环绕方式多于两种

     C．随着框内文本内容的增多而增大

     D．文字环绕方式只有两种

试题（42）分析

  本题考查文字处理软件的基础知识。

  文本框中的文字很多时会相应扩大文本框以容纳其中的文字。

参考答案

  (42) C

试题（43）

  在 Word 2010 中，如果用户选中了某段文字，误按了空格键，则选中的文字将被一个空格所代替，此时可用__(43)__命令还原到误操作前的状态。

  (43) A．替换   B．粘贴   C．撤销   D．恢复

试题（43）分析

  本题考查文字处理软件的基础知识。

  撤销操作会将当前状态退回到操作之前的状态。

参考答案

  (43) C

试题（44）

  在 Word 2010 的编辑状态下打开"1.doc"文档后，另存为"2.doc"文档，则__(44)__。

  (44) A．当前文档是 1.doc   B．当前文档是 2.doc

     C．1.doc 与 2.doc 均是当前文档 D．1.doc 与 2.doc 均不是当前文档

试题（44）分析

本题考查文字处理软件的基础知识。

由另存为命令保存文件后，屏幕上仍显示该文档，它就成为当前文档。

参考答案

（44）B

试题（45）

下列关于 Excel 2010 的叙述中，正确的是__（45）__。

（45）A．Excel 将工作簿的每一张工作表分别作为一个文件来保存

　　　B．Excel 允许同时打开多个工作簿文件

　　　C．Excel 的图表必须与生成该图表的有关数据处于同一张工作表上

　　　D．Excel 工作表的名称由文件决定

试题（45）分析

本题考查电子表格处理软件的基础知识。

Excel 允许同时打开多个工作簿文件，以便于互相对照。

参考答案

（45）B

试题（46）

在 Excel 2010 工作表中，__（46）__不是单元格地址。

（46）A．B$3　　　　　B．$B3　　　　　C．B3$3　　　　　D．$B$3

试题（46）分析

本题考查电子表格处理软件的基础知识。

每个单元格地址的格式是列编号字母和行编号数字，字母前或数字前都可以添加符号"$"表示该部分是相对地址，可以随复制地址而变化。

参考答案

（46）C

试题（47）

在 Excel 2010 中，__（47）__属于算术运算符。

（47）A．*　　　　　B．=　　　　　C．&　　　　　D．<>

试题（47）分析

本题考查电子表格处理软件的基础知识。

符号"*"是乘法运算符。

参考答案

（47）A

试题（48）

在 Excel 2010 的 A1 单元格中输入函数"=LEFT("CHINA",1)"，按回车键后，则 A1 单元格中的值为__（48）__。

（48）A．C　　　　　B．H　　　　　C．N　　　　　D．A

试题（48）分析

本题考查电子表格处理软件的基础知识。

函数 LEFT("CHINA",1)表示取字符串 CHINA 中左边第一个字符。

参考答案

（48）A

试题（49）

在 Excel 2010 中，若在单元格 A1 中输入函数 "=MID("RUANKAO",1,4)"，按回车键后，则 A1 单元格中的值为__（49）__。

（49）A. R　　　　　B. RUAN　　　　C. RKAO　　　　D. NKAO

试题（49）分析

本题考查电子表格处理软件的基础知识。

函数 MID("RUANKAO",1,4)表示取字符串 RUANKAO 中第 1 到第 4 个字符组成的子串。

参考答案

（49）B

试题（50）

在 Excel 2010 中，若在单元格 A1 中输入函数 "=AVERAGE(4,8,12)/ROUND(4.2,0)"，按回车键后，则 A1 单元格中的值为__（50）__。

（50）A. 1　　　　　B. 2　　　　　　C. 3　　　　　　D. 6

试题（50）分析

本题考查电子表格处理软件的基础知识。

函数 AVERAGE(4,8,12)表示取 4，8，12 中的算术平均值 8；函数 ROUND(4.2,0)表示对 4.2 舍入到小数点后 0 位得 4；最后 8/4 得 2。

参考答案

（50）B

试题（51）

在 Excel 2010 中，设单元格 A1 中的值为–100,B1 中的值为 100，A2 中的值为 0，B2 中的值为 1，若在 C1 单元格中输入函数 "=IF(A1+B1<=0,A2,B2)"，按回车键后，则 C1 单元格中的值为__（51）__。

（51）A. –100　　　　B. 0　　　　　　C. 1　　　　　　D. 100

试题（51）分析

本题考查电子表格处理软件的基础知识。

函数 IF(A1+B1<=0,A2,B2)表示如果 A1 与 B1 单元格之和小于或等于 0 则取 A2，否则取 B2。由于 A1 的值为–100，B1 的值为 100。A1+B1=0，所以 C1 的值取 A2 的值 0。

参考答案

（51）B

试题（52）

在 Excel 2010 中，若 A1 单元格中的值为 50，B1 单元格中的值为 60，若在 A2 单元格中输入函数"=IF(AND(A1>=60,B1>=60),"合格","不合格")",则 A2 单元格中的值为___(52)___。

(52) A. 50　　　　B. 60　　　　C. 合格　　　　D. 不合格

试题(52)分析

本题考查电子表格处理软件的基础知识。

函数 AND(A1>=60,B1>=60)表示对关系式 A1>=60 和 B1>=60 取逻辑"与"。由于 A1 为 50，B1 为 60，前一个关系式为假，不成立，所以逻辑"与"的结果也是"假"。函数 IF(AND(A1>=60,B1>=60),"合格","不合格")表示函数 AND(A1>=60,B1>=60)的值为"真"时取字符串"合格"，为"假"时取字符串"不合格"。

参考答案

(52) D

试题(53)

在 Excel 2010 中，若 A1、B1、C1、D1 单元格中的值分别为–22.38、21.38、31.56、–30.56，在 E1 单元格中输入函数"=ABS(SUM(A1:B1))/AVERAGE(C1:D1)"，则 E1 单元格中的值为___(53)___。

(53) A. –1　　　　B. 1　　　　C. –2　　　　D. 2

试题(53)分析

本题考查电子表格处理软件的基础知识。

函数 SUM(A1:B1)表示从单位格 A1 到 B1 中各值之和，题中为–22.38+21.38=–1。因此函数 ABS(SUM(A1:B1))表示取–1 的绝对值 1。函数 AVERAGE(C1:D1)表示从单元格 C1 到 D1 中各值的平均值，题中为(31.56–30.56)/2=1/2。

参考答案

(53) D

试题(54)

在 Excel 2010 中，___(54)___可以对 A1 单元格数值的小数部分进行四舍五入运算。

(54) A. =INT(A1)　　　　　　　　B. =INTEGER(A1)
　　　C. =ROUND(A1,0)　　　　　D. =ROUNDUP(A1,0)

试题(54)分析

本题考查电子表格处理软件的基础知识。

函数 ROUND(A1,0)表示对单元格 A1 中的值舍入到小数点后 0 位，即舍入到整数。

参考答案

(54) C

试题(55)

在 WPS 2016 电子表格中，如果要将单元格中存储的 11 位手机号中第 4 到第 7 位用"****"代替，应使用___(55)___函数。

(55) A. MID　　　　B. REPLACE　　　　C. MATCH　　　　D. FIND

试题(55)分析

本题考查电子表格处理软件的基础知识。

函数 REPLACE 具有字符串替换功能。

参考答案

（55）B

试题（56）

在 WPS 2016 电子表格中，如果单元格 A2 到 A50 中存储了学生的成绩（成绩取值在 0~100 之间），若要统计小于 60 分学生的个数，正确的函数是__（56）__。

（56）A．=COUNT(A2:A50,<60)   B．=COUNT(A2:A50,"<60")
        C．=COUNTIF(A2:A50,<60)   D．=COUNTIF(A2:A50,"<60")

试题（56）分析

本题考查电子表格处理软件的基础知识。

函数 COUNTIF(A2:A50,"<60")表示对单元格区域从 A2 到 A50 中"<60"的值进行计数。

参考答案

（56）D

试题（57）

在 WPS 2016 幻灯片放映设置中，选择"幻灯片放映"→"设置放映方式"命令，在打开的"设置放映方式"对话框中不能设置的是__（57）__。

（57）A．放映类型   B．循环放映，按 Esc 键终止
        C．放映幻灯片范围   D．排练计时

试题（57）分析

本题考查演示文稿处理软件的基础知识。

排练计时不属于放映方式。

参考答案

（57）D

试题（58）

在 PowerPoint 2010 新建文稿时可以使用主题创建，还可以根据需要修改应用主题的__（58）__。

（58）A．颜色、效果和字体   B．颜色、效果和动画
        C．颜色、字体和动画   D．动画和放映效果

试题（58）分析

本题考查演示文稿处理软件的基础知识。

新建文稿创建主题时不需要修改应用主题的动画和放映效果等。

参考答案

（58）A

试题（59）

使用 Access 建立数据库，重要步骤之一就是建立表结构。对于下图中的 E-R 模型，需要建立__（59）__。

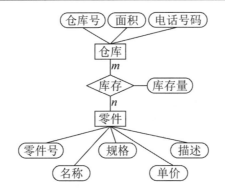

(59) A. 仓库、零件两张表 B. 库存一张表
    C. 仓库、零件、库存三张表 D. 库存、零件两张表

试题（59）分析

本题考查数据库处理软件的基础知识。

基本表有仓库（属性包括仓库号、面积和电话号码）和零件（属性包括零件号、名称、规格、单价和描述），仓库和零件之间的关联由库存表实现（属性包括仓库号、零件号和库存量）。

参考答案

（59）C

试题（60）

解决网络安全问题的技术分为主动防御保护技术和被动防御保护技术两大类，__(60)__ 属于被动防御保护技术。

(60) A. 数据加密 B. 身份认证 C. 入侵检测 D. 访问控制

试题（60）分析

本题考查信息安全基础知识。

主动防御意味着平时一直需要加强的安全措施。入侵检测往往是在怀疑有入侵时，检测问题所在，属于被动防御技术。

参考答案

（60）C

试题（61）

在信息存储和传输过程中，为防止信息被偶然或蓄意修改、删除、伪造、添加、破坏或丢失，需要采取措施保护信息的__(61)__。

(61) A. 完整性 B. 可用性 C. 保密性 D. 可鉴别性

试题（61）分析

本题考查信息安全基础知识。

信息被修改、删除、破坏或丢失等都将导致信息不完整。

参考答案

（61）A

试题（62）

信息安全管理活动不包括 __(62)__ 。

(62) A．制定并实施信息安全策略
　　 B．定期对安全风险进行评估、检查和报告
　　 C．对涉密信息进行集权管理
　　 D．监控信息系统运行，及时报警安全事件

试题（62）分析

本题考查信息安全基础知识。

信息安全管理要求对涉密信息分权管理，不要集中于一人，不受监督。

参考答案

(62) C

试题（63）

《ISO/IEC 27001 信息安全管理体系》属于 __(63)__ 。

(63) A．国际标准　　B．国家强制标准　　C．国家推荐标准　　D．行业标准

试题（63）分析

本题考查信息技术标准和法规基础知识。

ISO（International Organization for Standardization）是国际标准化组织的简称。IEC（International Electrotechnical Commission）是国际电工委员会的简称，它是世界上成立最早的非政府性国际电工标准化机构。

参考答案

(63) A

试题（64）

对个人信息进行大数据采集时，要遵循的原则不包括 __(64)__ 。

(64) A．合法原则，不得窃取或者以其他非法方式获取个人信息
　　 B．正当原则，不得以欺骗、误导、强迫、违约等方式收集个人信息
　　 C．充分原则，为拓展应用范围，收集的个人信息的数据项应尽可能多
　　 D．必要原则，满足信息主体授权目的所需的最少个人信息类型和数量

试题（64）分析

本题考查信息技术标准和法规基础知识。

收集个人信息必须以适用为准，尽可能少，以免泄露个人隐私。

参考答案

(64) C

试题（65）

某企业开发的互联网数据服务平台采用了四层架构，自顶向下分别是 __(65)__ ，顶层最接近用户，底层最接近基础设施。

(65) A．数据加工层、数据采集层、数据应用层、数据整理层
　　 B．数据采集层、数据整理层、数据加工层、数据应用层

C．数据应用层、数据加工层、数据整理层、数据采集层

D．数据整理层、数据应用层、数据采集层、数据加工层

试题（65）分析

本题考查数据处理实务的基础知识。

数据收集是服务的基础，应处于架构的最底层，最靠近基础设施。数据应用层应处于最高层，靠近用户。

参考答案

（65）C

试题（66）

某厂在一次产品质量检查中发现了 70 件次品，按次品原因统计如下表。根据此表，可以推断，___（66）___ 是主要的次品原因，占总次品件数约 70%。

次品原因	料短	裂缝	硬度	开刃	光洁度	其他
件数	30	18	8	6	4	4

（66）A．料短

B．料短和裂缝

C．料短、裂缝和硬度

D．料短、裂缝、硬度和开刃

试题（66）分析

本题考查数据处理实务的基础知识。

最多的三种次品中，料短次品占 30/70（约 43%），裂缝次品占 18/70（约 26%），硬度不够次品占 8/70（约 11%），因此前两种次品接近次品的 70%，是主要矛盾。

参考答案

（66）B

试题（67）

据统计，我国现在 70%的数据集中在政府部门，20%的数据在大企业，剩余 10%的数据分散在各行各业。用 ___（67）___ 最能直观形象地展现该统计结论。

（67）A．柱形图　　　B．圆饼图　　　C．折线图　　　D．面积图

试题（67）分析

本题考查数据处理实务的基础知识。

圆饼图直观地展现了各部分在整体中的比例。

参考答案

（67）B

试题（68）

信息处理员小李调查了本公司各种产品的重要性和客户满意度两种参数，制作了下图，并标出了四个区域：Ⅰ、Ⅱ、Ⅲ和Ⅳ。从业务上看，这四个区域依次为 ___（68）___ 。

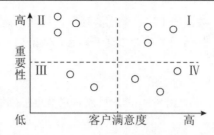

(68) A. 维持优势区、高度关注区、优先改进区、无关紧要区
　　 B. 无关紧要区、高度关注区、优先改进区、维持优势区
　　 C. 优先改进区、维持优势区、高度关注区、无关紧要区
　　 D. 高度关注区、优先改进区、无关紧要区、维持优势区

试题（68）分析

本题考查数据处理实务的基础知识。

重要性高而且客户满意度高的产品应高度关注，重点支持并宣传；重要性高但客户满意度低的产品应优先改进；重要性和客户满意度都低的产品可以逐步撤销，关系不大；重要性低而客户满意度高的产品只要维持优势就可以了。

参考答案

(68) D

试题（69）

通常，网购产品需要依次进行以下操作步骤：浏览商品、放入购物车、生成订单、支付订单、完成交易。某网站对一个月内执行每一步操作的客户人数及其比例做了统计（按浏览商品的人数比例为100%进行统计），制作了如下的漏斗图（只有20%的浏览商品者实际完成了交易）。

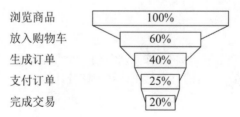

从上图可以发现，从浏览商品开始，每前进一步都有一定的客户流失率（相对于上一步人数减少的比率），经计算，各个步骤客户流失率依次为　(69)　。

(69) A. 66.7%，50%，60%，25%　　　　B. 60%，40%，25%，20%
　　 C. 40%，20%，15%，5%　　　　　　D. 40%，33.3%，37.5%，20%

试题（69）分析

本题考查数据处理实务的基础知识。

设一个月内浏览商品的人数为 N，则放入购物车的人数为 $0.6N$，生成订单的人数为 $0.4N$，支付订单的人数为 $0.25N$，完成交易的人数为 $0.2N$。所以，浏览商品后的客户流失率为 $(N–0.6N)/N=40\%$；放入购物车后的客户流失率为$(0.6N–0.4N)/0.6N≈33.3\%$；生成订单后的客户流失率为(0.4N–0.25N)/0.4N=37.5%；支付订单后（还有撤销订单者）的客户流失率为(0.25N–0.2N)/0.25N=20%。

参考答案

（69）D

试题（70）

某企业信息处理技术员小王总结的以下几条工作经验中，__(70)__ 并不正确。

(70) A．工作认真细致，态度严谨负责，客观评价问题
　　　B．逻辑思维清晰，对业务和实际情况有足够了解
　　　C．要有好奇心，善于发现数据背后隐藏的秘密
　　　D．尽量采用高级的处理方法，展示自己的能力

试题（70）分析

本题考查数据处理实务的基础知识。

信息处理应采用适用的方法，而不是高级处理方法，应注重对业务的支持，让业务人员和管理人员满意。如果只注重展示自己的能力，有时会弄巧成拙。

参考答案

（70）D

试题（71）

The __(71)__ is a pointing device that controls the pointer on the screen.

(71) A．keyboard　　　　B．mouse　　　　C．scanner　　　　D．printer

参考译文

鼠标是一种定位设备，用于控制屏幕上的指针。

参考答案

（71）B

试题（72）

__(72)__ acts as the manager of computer resources.

(72) A．Application　　　　　　　　B．Operating system
　　　C．I/O　　　　　　　　　　　D．Data

参考译文

操作系统起着计算机资源管理者的作用。

参考答案

（72）B

试题（73）

A basic feature of all __(73)__ is the capability to locate records in the file quickly.

(73) A．APP　　　　B．OS　　　　C．CAD　　　　D．DBMS

参考译文

所有数据库管理系统的基本功能之一是在文件中快速找到记录。

参考答案

（73）D

试题（74）

Each Web site has its own unique address known as a ___(74)___.

(74) A．URL(Uniform Resource Locator)

B．IP(Internet Protocol)

C．HTML(Hyper Text Markup Language)

D．WWW(World Wide Web)

参考译文

每个网站都有自己的唯一地址，即统一资源定位 URL。

参考答案

（74）A

试题（75）

Make ___(75)___ copies of important files to protect your information.

(75) A．save　　　　B．back-up　　　　C．support　　　　D．ready

参考译文

对重要文件要备份副本以保护你的信息。

参考答案

（75）B

第 24 章 2019 下半年信息处理技术员上机考试试题分析与解答

试题一（共 15 分）

利用系统提供的素材，按题目要求完成后，用 Word 的保存功能直接存盘。

一滴水经过丽江

我是一片雪，轻盈地落在了玉龙雪山顶上。

有一天，我醒来，发现自己变成了坚硬的冰。和更多的冰挤在一起，缓缓向下流动。在许多年的沉睡里，我变成了玉龙雪山冰川的一部分。我望见了山下绿色的盆地——丽江坝。望见了森林，田野和村庄。张望的时候，我被阳光融化成了一滴水。我想起来，自己的前生，在从高空的雾气化为一片雪，又凝成一粒冰之前，也是一滴水。

要求：

1. 将标题字体设置为"黑体"，字号设置为"小初"、居中显示。正文设定为四号宋体。
2. 将正文中所有的"雪"字加粗显示。
3. 添加页眉，内容为"丽江之美"。
4. 在正文第二自然段后另起行录入第三段文字：是的，我又化成了一滴水，和瀑布里另外的水大声喧哗着扑向山下。在高山上，我们沉默了那么久，终于可以敞开喉咙大声喧哗。一路上，经过了许多高大挺拔的树，名叫松与杉。还有更多的树开满鲜花，叫作杜鹃，叫作山茶。
5. 将最后一段进行分栏，平均分为两栏。

试题一分析

【考查目的】
- 文字录入及编排；
- 开始菜单的使用；
- 页面布局菜单的使用。

【要点分析】

本题要点为文档字体设置、页面设置、文字录入、分栏。

【操作的关键步骤】

（1）文档格式。选定文档对象，通过"开始"菜单下的"字体"命令，进行文档格式设置。

（2）页面设置。通过"页面布局"菜单下的"页面设置"命令进行设置。

（3）分栏设置。通过"页面布局"菜单下的"分栏"命令进行设置。

参考答案

丽江之美

一滴水经过丽江

我是一片雪，轻盈地落在了玉龙雪山顶上。

有一天，我醒来，发现自己变成了坚硬的冰。和更多的冰挤在一起，缓缓向下流动。在许多年的沉睡里，我变成了玉龙雪山冰川的一部分。我望见了山下绿色的盆地——丽江坝。望见了森林，田野和村庄。张望的时候，我被阳光融化成了一滴水。我想起来，自己的前生，在从高空的雾气化为一片雪，又凝成一粒冰之前，也是一滴水。

是的，我又化成了一滴水，和瀑布里另外的水大声喧哗着扑向山下。在高山上，我们沉默了那么久，终于可以敞开喉咙大声喧哗。一路上，经过了许多高大挺拔的树，名叫松与杉。还有更多的树开满鲜花，叫作杜鹃，叫作山茶。

试题二（共 15 分）

用 Word 软件制作如图所示的固定资产申请单。按题目要求完成后，用 Word 的保存功能直接存盘。

固定资产申请单

部　门		申请人		日　期	
使用地点					
申请物品	数量	单位	单价	金额	备注
合计（大写）					
部门意见					
总经办意见					

【考查目的】
- 文字设置和编排；
- 绘制表格。

【要点分析】
本题要点为：绘制表格、字体设置、录入文字并进行编排。

【操作的关键步骤】
（1）文字编排。使用"开始"菜单下的"字体"命令，进行字号、字体的设置。
（2）表格菜单的使用。使用"插入"菜单下的"表格"命令绘制表格。

参考答案

固定资产申请单

部　门		申请人		日　期	
使用地点					
申请物品	数量	单位	单价	金额	备注
合计（大写）					
部门意见					
总经办意见					

试题三（共 15 分）

在 Excel 的 Sheet1 工作表的 A1:K8 单元格内创建"2019 级部分学生成绩表"（内容如下图所示）。按题目要求完成后，用 Excel 的保存功能直接存盘。

	B	C	D	E	F	G	H	I	J	K
1	2019级部分学生成绩表									
2	姓名	性别	数学	语文	计算机	英语	总分	平均分	最高分	最低分
3	赵一	男	72	82	81	62				
4	钱二	男	78	74	78	80				
5	孙三	女	80	70	68	70				
6	李四	男	79	71	62	76				
7	周五	女	58	82	42	65				
8	郑六	女	78	71	70	52				

要求：
1. 表格要有可视的边框，并将表中的文字设置为宋体、12磅、居中。
2. 用 SUM 函数计算总分。
3. 用 AVERAGE 函数计算平均分，计算结果保留 2 位小数。
4. 用 MAX 函数计算最高分。
5. 用 MIN 函数计算最低分。

试题三分析
【考查目的】
- 用 Excel 创建工作表；
- 单元格格式设置；
- 函数计算。

【要点分析】
本题要点为：文字的编排（包括字体、字号等）、单元格格式设置、函数计算。

【操作的关键步骤】
（1）文字的编排。使用"开始"菜单下的"字体"命令进行设置。
（2）函数计算。赵一总分计算函数为" =SUM(D3:G3) "，平均分计算函数为"=AVERAGE(D3:G3)"，最高分计算函数为"=MAX(D3:G3)"，最低分计算函数为"=MIN(D3:G3)"。
（3）数值小数位设置。使用"开始"菜单下的"设置单元格格式"命令进行设置。

参考答案

	B	C	D	E	F	G	H	I	J	K
1				2019级部分学生成绩表						
2	姓名	性别	数学	语文	计算机	英语	总分	平均分	最高分	最低分
3	赵一	男	72	82	81	62	297	74.25	82	62
4	钱二	男	78	74	78	80	310	77.50	80	74
5	孙三	女	80	70	68	70	288	72.00	80	68
6	李四	男	79	71	62	76	288	72.00	79	62
7	周五	女	58	82	42	65	247	61.75	82	42
8	郑六	女	78	71	70	52	271	67.75	78	52

试题四（共 15 分）

利用系统提供的资料，用 PowerPoint 创意制作演示文稿。按照题目要求完成后，用 PowerPoint 的保存功能直接存盘，文件名为"烈火英雄.pptx"。

资料：

英雄事迹

2019 年 3 月 30 日 18 时许，四川省凉山州木里县雅砻江镇发生森林火灾。31 日下午，四川森林消防总队凉山州支队指战员和地方扑火队员共 689 人抵达海拔 4000 余米的原始森林展开扑救。扑火行动中，因风力风向突变，突发林火爆燃，现场扑火人员紧急避险，其中 27 名森林消防指战员和 3 名地方扑火队员壮烈牺牲。

要求：
1. 标题设置为 40 磅、楷体、居中。
2. 正文内容设置为 24 磅、宋体。
3. 演示文稿切换幻灯片采用分割，换片方式为单击鼠标。
4. 为演示文稿插入页脚，内容为"英雄事迹"。

试题四分析
【考查目的】
用 PowerPoint 模板制作演示文稿并对文稿进行"动画效果"设置等。
【要点分析】
本题要点为：PowerPoint 的基本操作。
【操作的关键步骤】
（1）熟悉 PowerPoint 的基本操作。
（2）应用"开始"菜单下的"字体"命令设置字体、字号等。
（3）应用"动画"菜单下的"动画"命令进行动画设置。
（4）应用"插入"菜单下的"页脚和页眉"命令插入页脚备注。

参考答案

> **英雄事迹**
>
> 2019年3月30日18时许，四川省凉山州木里县雅砻江镇发生森林火灾。31日下午，四川森林消防总队凉山州支队指战员和地方扑火队员共689人抵达海拔4000余米的原始森林展开扑救。扑火行动中，因风力风向突变，突发林火爆燃，现场扑火人员紧急避险，其中27名森林消防指战员和3名地方扑火队员壮烈牺牲。
>
> 英雄事迹

试题五（共 15 分）
在 Excel 的 Sheet1 工作表 A1:I22 单元格创建表格（内容如下图所示）。按题目要求完成后，用 Excel 的保存功能直接存盘。文件名为"成绩表.xlsx"。

	A	B	C	D	E	F	G	H	I
1	姓名	数学	英语	计算机	政治	平均分	总分	奖学金	评价
2	徐一航	95	90	90	93				
3	张震	100	86	78	98				
4	邢朝波	77	86	82	76				
5	武一元	74	70	80	89				
6	尉高耀	79	95	79	79				
7	孙俊杰	82	90	83	78				
8	房澳宇	91	79	96	80				
9	孙奥淼	97	72	97	85				
10	邓一琳	77	71	71	79				
11	李清华	97	79	96	92				
12	赵袆静	93	93	86	92				
13	胡若海	90	88	93	88				
14	丁虎	86	97	95	93				
15	王田文	98	93	73	73				
16	路子瑶	91	73	85	89				
17	杨超群	71	72	73	79				
18	王振宇	88	96	86	71				
19	冯晓哲	96	87	90	86				
20	金博涵	86	72	80	93				
21	张兴星	87	76	76	97				
22	夏伟健	77	90	83	86				

要求：

1. 表格要有可视的边框，并将表中的文字设置为宋体、12磅、居中。

2. 用ROUND和AVERAGE函数计算平均分，计算结果保留2位小数。

3. 用SUM函数计算总分。

4. 根据总分，用IF函数计算奖学金，计算方法为总分大于等于350的奖学金为500，否则不显示任何内容。

5. 根据"数学""英语"，用IF函数和AND函数计算评价，计算方法为"数学"和"英语"均大于90分以上，评价为"优秀"，否则不显示任何内容。

试题五分析

【考查目的】

- 用Excel创建工作表；
- 单元格格式设置；
- 函数计算。

【要点分析】

本题要点为：文字的编排（包括字体、字号等）、单元格格式设置、函数计算。

【操作的关键步骤】

（1）文字的编排。使用"开始"菜单下的"字体"命令进行设置。

（2）函数计算。徐一航平均分计算函数为"=AVERAGE (B2:E2)"，总分计算函数为"=SUM (B2:E2)"，奖学金评定计算函数为" =IF (G2>=350,"500","") "，评价的计算函数为"=IF(AND(B2>90,C2>90),"优秀","")"。

（3）数值小数位设置。使用"开始"菜单下的"设置单元格格式"命令进行设置。

参考答案

	A	B	C	D	E	F	G	H	I
1	姓名	数学	英语	计算机	政治	平均分	总分	奖学金	评价
2	徐一航	95	90	90	93	92.00	368	500	
3	张震	100	86	78	98	90.50	362	500	
4	邢朝波	77	86	82	76	80.25	321		
5	武一元	74	70	80	89	78.25	313		
6	尉高耀	79	95	79	79	83.00	332		
7	孙俊杰	82	90	83	78	83.25	333		
8	房澳宇	91	79	96	80	86.50	346		
9	孙奥淼	97	72	97	85	87.75	351	500	
10	邓一琳	77	71	71	79	74.50	298		
11	李清华	97	79	96	92	91.00	364	500	
12	赵炜静	93	93	86	92	91.00	364	500	优秀
13	胡若海	90	88	93	88	89.75	359	500	
14	丁虎	86	97	95	93	92.75	371	500	
15	王田文	98	93	73	73	84.25	337		优秀
16	路子瑶	91	73	85	89	84.50	338		
17	杨超群	71	72	73	79	73.75	295		
18	王振宇	88	96	86	71	85.25	341		
19	冯晓哲	96	87	90	86	89.75	359	500	
20	金博涵	86	72	80	93	82.75	331		
21	张兴星	87	76	76	79	79.50	318		
22	夏伟健	77	90	83	86	84.00	336		